解讀東協

前進東協，
你不可不知道的經濟、政治、歷史背景，
以及現況與未來

THE ASEAN MIRACLE：
a Catalyst for Peace

馬凱碩 & 孫合記
（Kishore Mahbubani & Jeffery Sng）著

翟崑、王麗娜 等譯

目次

Contents

三 東協與世界大國關係／125

四 東協十國概況與未來前景／215

作者序

孫合記跟我有六十年的友誼，但直到今天我們才終於合著了這本書。這本書最終得以付梓，也得益於我們在東南亞近六十年的生活經歷。

從文明的意義上來說，東南亞是地球上最多樣化的地區。沒有其他任何一個地區能夠望其項背。因此，這也是一個難以理解與描述的地區。所幸，孫合記跟我對於其中幾個東南亞社會非常瞭解。

我們都出生並成長於新加坡，一個以華人為主的國家。由於都住在奧南路的貧窮區域，所以我們幼時便相識。從人種上來講，孫合記是華人（福建／客家後裔），我是印度裔（信德後裔）。然而，我們在學校學的都是馬來語，這是東南亞比較通用的語言。

我們在新加坡大學都主攻哲學。但是後來就分道揚鑣了。孫合記在一九八二年取得康乃爾大學東南亞研究的碩士學位，在那裡他結識了幾位東南亞研究的著名學者，例如喬治・卡希（George Kahin）和本・安德森（Ben Anderson）。也是在康乃爾，孫合記認識了他的泰國籍妻子，皮姆拉帕‧比薩布德拉（Pimpraphai Bisalputra）。他從八〇年代起就一直生活在曼谷，因此會說流利的泰語。

孫合記也非常瞭解印尼。當他在貴格會工作時，他認識了幾位印尼領導人，包括前任印尼總理阿卜杜勒拉赫曼‧瓦希德（Abdurrahman Wahid）。事實上，他擔任印尼總理期間，曾任命孫合記為特使，與泰國建立了緊密的關係。

我本人則是在東南亞其他國家生活過。從一九七三年七月到一九七四年六月，我曾在柬埔寨的金邊住了一年。當時金邊正被紅色高棉包圍，每天都遭受瘋狂轟炸。不幸的是，我離開九個月後，紅色高棉接管了金邊。我的許多朋友都死於柬埔寨的戰場。一九七六年至一九七九年，我擔任新加坡駐馬來西亞特使團副團長，深刻瞭解到一九六五年新加坡脫離馬來西亞獨立給人們帶來的傷痛與仇恨，而且我在馬來西亞期間這種情緒仍還未消散。

孫合記和我都經歷過二十世紀下半葉東南亞地區那段動盪的歲月。因此我們可以很有自信地說，東協為東南亞地區帶來奇蹟般的改變。因為我們知道如果沒有東協的話，個別的東南亞國家現在會變成什麼樣子。許多研究東南亞的外國學者似乎都是根據《紐約時報》的報導來得到關於這個地區的訊息，但這樣是無法真正瞭解東南亞地區的。

以上就是驅動我們合著這本書的原因。希望這本書能夠展現出我們對於東南亞多年的研究成果與深刻見解。我們也希望與世界其他地區分享東南亞成功的經驗。如果世界上其他開發中的地區能夠仿效東南亞促進和平與繁榮的經驗，我們的世界或許將會變得更美好。

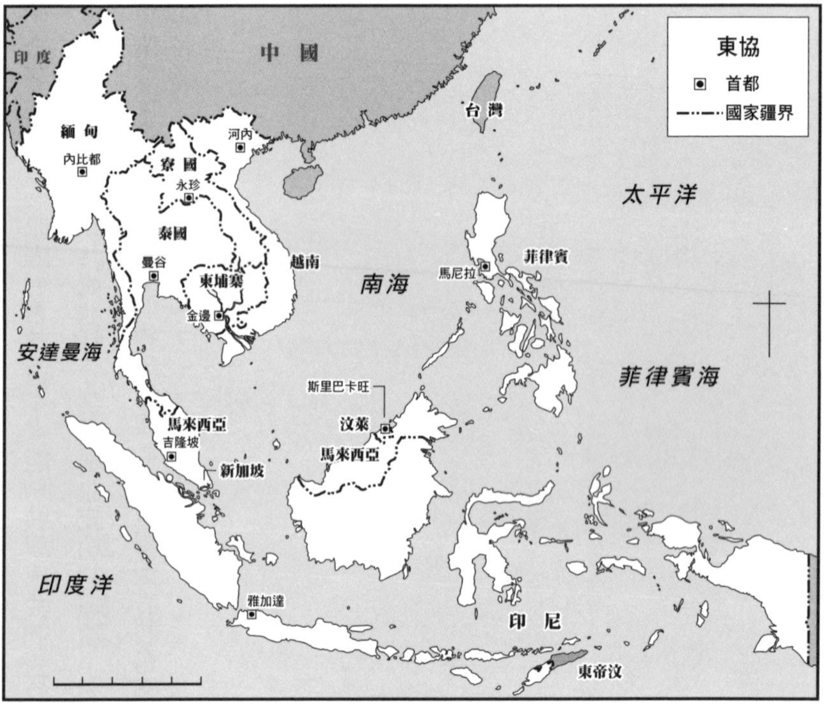
東協
首都
國家疆界
印度
中國
緬甸
內比都
河內
寮國
永珍
泰國
曼谷
越南
東埔寨
金邊
台灣
太平洋
南海
菲律賓
馬尼拉
安達曼海
菲律賓海
斯里巴卡旺
汶萊
馬來西亞
吉隆坡
馬來西亞
新加坡
印度洋
雅加達
印尼
東帝汶

東協地圖

導論

東協是一個真實存在的現代奇蹟。為什麼這麼說？因為世界上還沒有哪個區域組織能和東南亞國協（ASEAN）一樣，在改善廣大人類福祉方面有如此大的貢獻。自東協成立五十年以來，東南亞地區六億多人口的生活條件有了顯著改善。在地球上這個最多樣複雜的地區，東協的成立帶來了和平與繁榮，多種文明和諧共存，為許多人帶來了希望。同時，東協的成立也對中國和平崛起有關鍵性的催化作用。因此，相對於其他任何個人或是組織，東協可說是最有資格獲得下一屆諾貝爾和平獎。

顯然，當今國際瀰漫著各種消極的聲音，但是東協很多地區卻出現了不少樂觀的論述。例如，在這樣一個文化消極主義甚囂塵上的時代，許多有思想且有影響力的人深信，不同的文明，尤其是伊斯蘭和西方，是無法和平共存。而東協卻向世人證明，不同的文明是可以和諧共處的。其實，很少有人意識到，東南亞已經成為我們全球景況的一個微觀世界。過去，不同的文明存在於不同的地緣政治分區。但是，今天我們的世界已經逐漸縮小融合成一個地球村，這意味政治上的分區變得越來越接近。而東南亞則是世界上唯一一個有如此多文明這麼靠近且同存的地區。而且，它們還能和平共處。這樣的奇蹟要歸功於東協。

其次，在這個全球經濟持續被看衰的年代，許多年輕人，尤其是美國和歐洲的年輕人，認為，他們未來的幾十年前景黯淡，但是，東南亞地區的人民對未來滿懷信心。這個曾經貧窮的地區，創造了令人矚目的經濟奇蹟。世界銀行行長金墉說：「短短三十年內，越南的貧困率就從50%減少到3%，這是了不起的成就。」❶印尼曾經是長期貧困的代表，但是現在卻擁有世界上最為積極樂觀的青年群體之一。美國尼爾森公司在二〇一五年五月的一份報告中指出，印尼的消費信心排名「全球第二」。❷一個曾經如此貧困的國家，是如何變得這麼積極樂觀？這還是要歸功於東協，東協為東南亞各國帶來經濟發展的希望。

第三，在這個地緣政治悲觀的年代，許多重要的地緣政治學者預測，大國之間競爭及緊張程度將愈演愈烈，尤其是在中美之間。但是東協卻建立了一個不可或缺的平台，一再將所有大國聚集在一起。此外，東協也為各大國對話提供了有益的環境。因為在東協，有一種和平文化逐漸發展形成，這是由於吸收了印尼「協商一致」的傳統之故。目前，東協已開始與更多亞太地區其他國家分享這種和平文化。例如，當中日出現緊張局勢，導致雙方領導人對話困難，東協就可以為其提供一個保留雙方情面的平台與適當環境，助其重啟對話。再者，東協尤其可以創造一種和平生態系統，化解具有攻擊性的衝動行為，而有助於中國的和平崛起。

難道這代表東協是一個完美的區域組織了？當然不是。東協還有非常多缺點。這就是這個世界無法理解東協的原因。關於東協的諸多缺點，已有很多撰述，尤其是歐洲的媒體報導。

例如，二〇一六年一月二日《經濟學人》的一篇報導宣稱：

東協那些慷慨激昂的宣言和聲明就像是在這個地區燃放的煙火，時不時爆一下，弄出些聲響，卻沒有什麼實質意義……可能這也在所難免，東協內的國家形態各異，它們關於加強區域整合的那些「山盟海誓」以及實現主權共用的美好願望，並不像東協那些得意洋洋聲明中宣揚的那樣厲害。因為並沒有任何機制來執行或實施這個組織簽署的諸多協議和條約。區域銀行系統及資本市場還沒有進行整合。關稅或許會逐漸減免，但是非關稅壁壘又會突然出現。東協會員國仍然各自制定它們自身有關智慧財產權、土地使用，以及移民方面的政策。❸

讀者若是對上述情況存疑，可以上網搜尋一下「ASEAN」。你們一定能看到很多關於東協的負面文章。

這些文章說的並沒有什麼錯。東協從來就不是線性發展，而是猶如一隻爬行的螃蟹，走兩步退一步，有時走了一步又往旁邊走。所以短時間內很難看到東協進步。但是如果從長期來看，比如十年、十年來看，人們就會驚奇地發現東協的進步是顯著的。儘管東協還有很多缺點，但是它一直在往前。本書主旨即是希望解說東協的神祕故事。

本書一開始，我們要特別關注關於東協的一個悖論，即東協的劣勢也正是它的優勢。東協之所以成為亞太地區大國互動不可或缺的平台，原因就在於其太過弱小，不會對任何一方構成威脅。所以所有大國才會對東協本能地產生信任。正如新加坡前外交部長楊榮文所言：

儘管東協沒有什麼顯著的成效，效率也不高，並且發展緩慢，但是所有人最後都不得不同意，有東協總比沒有強。這就是東協外交政策的厲害之處。儘管多數國家都對東協嗤之以鼻，但最終都承認，東協才應該是掌握方向者。毫無疑問，既然沒有任何一個國家可以得到其他各方信任，那麼東協就是最佳選擇。❹

關於東協，在一開始就必須瞭解的另一個基本事實是，東協在成立之初是被認為註定會失敗。的確，東協於一九六七年八月八日在曼谷成立之時，世界上沒有一個地區像東南亞如此紛爭不斷。新加坡的資深外交官比拉哈理．考斯甘曾這樣描述這個地方當時的狀況：

回想一九六七年，當時東協五國都苦於境內有中國支持（即使不是直接支持）的共產黨游擊部隊侵擾。中國自身正陷於「文化大革命」的亂局之中。在東南亞大陸地區，印尼成為冷戰中東西方鬥爭最激烈的前線陣地。就在東協成立的三年前，美國轟炸北越，越戰升級。與此同時，東協五個創始會員國也幾乎都因各種問題互相吵來吵去。馬來西亞和新加坡剛「分離」，因種族問題而關係緊張。血腥鎮壓共產黨政變之後的印尼，剛剛結束那場對新馬不宣而戰的馬印戰爭。菲律賓則是聲稱，沙巴州（東馬的一大塊領土）他們享有主權。而在馬泰以及印菲之間管理鬆散的邊境有基本教義派的民族運動，這裡由於政府法令難以執行，使得這幾國的雙邊關係一直有問題。由於幾乎所有東南亞國家都是人為造就的實體，其邊境都是在殖民時期人為劃分的，一直尚未完全整合，因此很容易長期受到民族主義的侵擾。❺

許多當代學者也對東南亞地區的未來發展持有類似消極的觀點。幾位美國著名學者就預測東南亞地區前景黯淡。時任約翰霍普金斯大學高層國際研究學院主任的菲力浦·塞耶，引用大法官威廉·道格拉斯於一九五四年冬季在《世界事務》期刊上發表的一篇文章，認為東南亞「儘管在人口及資源方面都很豐富，並且得到蘇聯的青睞，但是卻面臨各種問題，將會長期動盪不安。」❻哥倫比亞大學教授納旦尼爾·佩弗對東南亞區域組織未來的效益則是嗤之以鼻：

實際上，考慮到一九五四年東南亞地區面臨的形勢，成立一個東南亞區域組織意味著什麼？情況再明顯不過了，中南半島有部分被共產黨佔領算是最好的狀況了，最壞的狀況就是全部受到共產主義的統治，先是泰國，然後是緬甸，籠罩在赤色「陰霾」下。❼

另一個需要特別強調的關鍵點是，即使一九六七年的東南亞沒有被這些政治難題困擾，這個地區仍不適合進行區域性合作。因為世界上沒有任何一個地區像東南亞那麼複雜多樣。

東南亞地區有近七億人口，分屬於不同的人類文明——猶太基督教、中國儒家學派、伊斯蘭教、印度教和佛教，這還只是其中一些比較重要的文明。在世界上的大部分地區，這些文明都是遠遠分佈在不同的地理區域。基督教文明分佈在歐洲和美國，儒家文明分佈在中國和東亞，伊斯蘭文明分佈在從摩洛哥到印尼的一個弧形區域內。印度教徒主要居住在印度，而佛教徒則遍佈在從斯里蘭卡到中國、韓國和日本的廣大區域內。

只有在東南亞地區，才可見到所有這些文化與文明共存。世界上沒有任何一個地區像東南亞有如此多的文化、宗教、語言和種族。在這麼一個相對算小的地理空間內，就有二一•

四億穆斯林、一．三億基督教徒、一．四億佛教徒，以及七百萬印度教徒。這種宗教多樣性本身就很驚人。但是，這其實還意味著文化上更深層的多樣性。在印尼，亞齊人和大部分爪哇人都是穆斯林，但是他們的文化卻截然不同。這也就是為什麼亞齊人為了脫離印尼而浴血奮戰這麼多年。許多歷史學家和學者都注意到東南亞地區這種獨特的多樣性。一位知名的英國歷史學家費希爾就將這裡稱為「亞洲的巴爾幹」❽，而且還說，這個亞洲的巴爾幹比歐洲的巴爾幹更複雜。他預言，東南亞地區必將麻煩叢生。東協五國創建人之一他納．科曼，同樣也曾在一九六四年的《外交事務》期刊上寫道：「正如一戰前夕的東歐，東南亞地區的權力政治也多少巴爾幹化了。它自有其天命，有自己的政治語言，而其他人是無法理解。東南亞地區並不存在所謂的『大合唱』或是『共通語言』。」❾

這正是讓東協如此與眾不同的原因。縱觀全球，如果針對所有最有利於國際合作的地區進行排名，東南亞一定是墊底的。歐洲應該是最有希望登頂，因為這個地區的絕大部分人口都屬於同一個文明。拉丁美洲也是如此。同樣地，非洲、阿拉伯地區，以及東北亞的人也可以說自己住在一個文化和諧的地區。但是在五十年前，沒有任何人會認為，東南亞會成為區域合作的試驗地，而且還很成功。

的確，歐洲的區域合作是成功的。歐盟是世界上最成功的區域組織。這並不令人意外，因為歐洲人強烈期盼可以擺脫暴力對抗。但令人意外的是，東協竟然會是世界上第二大成功的區域組織，而且是出現在世界上最不可能發生區域合作的地區。東協的成功如此特別，不僅因為它誕生於一個暗淡無光的時代，而且因為它誕生於一片沒有什麼希望的土地上。如果東協是一個嬰兒，那麼現在可能還沒滿月。但是這個還在襁褓期的嬰兒卻成為了一個世界明星。

還有一個我們必須瞭解東協的理由。東協的成功故事會給許多正處於艱難期的地區帶來希望，緩解我們這個世界正在面臨的問題。讓我們想像一下中東和平。這個想法似乎不可思議。那麼再讓我們來想像一下，以色列和巴勒斯坦兩個一分為二的國家能夠和諧相處。不可能嗎？但這正是馬來西亞和新加坡曾經實現的狀況。在經過一九六五年激烈的「離婚」後，這兩個國家現在是相安無事。再想像一下，中東地區穆斯林人口最多的埃及，成為一個穩定且發展前景光明的民主國家。不可能嗎？那麼自問一下，東南亞地區穆斯林人口最多的印尼（穆斯林人口是埃及的四倍）是如何成為民主國家的標竿。埃及和印尼還有許多其他相似之處。兩個國家都飽受腐敗之苦，都曾經歷過數十年在強人領導下的軍人統治——蘇哈托（一九六七—一九九八年）和穆巴拉克（一九八一—二〇一一年）。但是，現在埃及仍然是軍人統治，戰亂叢生，而印尼則成為伊斯蘭世界重要的民主國家。怎麼來解釋這種差別呢？

答案只有一個：東協。

若要反駁以上論點的話，那只有說中東長期遭受戰亂之苦，而東南亞則一直保持和平。當然，中東地區經歷了許多戰爭：一九六七年和一九七三年的以阿戰爭、一九八〇至一九八八年的兩伊戰爭、一九九〇年伊拉克入侵科威特，以及二〇〇三年美國入侵伊拉克。但是二戰期間東南亞地區遭受的轟炸，比世界上任何其他地區都多得多。東南亞地區經歷過的戰爭，其規模都要比中東來得大，時間也更長。越戰往外擴延到寮國和柬埔寨，從一九五四年的奠邊府戰役，一直持續到一九七五年四月西貢陷落，美國外交人員和部隊不得不蒙羞地撤離。但是在此之後，一九七八年十二月，越南軍隊入侵柬埔寨，這反過來引發了中越之間長達十多年的爭鬥。如果簡單以數字來計算，在二戰之後，自一九四六年至二〇〇八年期間，東南亞地區的軍事傷亡人員（估計有一百八十七萬至七百三十五萬），超過了同期中東地區的傷亡人員（估計有五十三萬至兩百四十三萬）。前任美國總統歐巴馬於二〇一六年九月訪問寮國時提醒我們：

> 美國在寮國投擲了超過兩百萬噸的炸彈，比二戰期間美國在德國和日本投擲的總和還多。從而使得寮國成為世界上人均遭受炸彈次數最多的國家。就像一個寮國人所說，

「彈如雨下」。村莊和山谷都被摧毀了。古代石缸平原被破壞，無數平民被殺。⑩

這就是嚴格來講為何東協不得不說是個奇蹟。它為這個曾經經歷過巨大衝突的地區帶來了持久的和平。正如本書結尾強調的，應該要頒給東協的諾貝爾和平獎，實在也等得太久了。

顯然西方對於伊斯蘭世界的未來非常不樂觀。對於伊斯蘭世界的極度悲觀以及恐懼，似乎滲透到西方世界的國家政治中。當唐納德・川普要求「完全阻絕穆斯林進入美國」之時，他將上述情緒推升至極端。⑪儘管川普受到猛烈抨擊，但他還是贏得了總統大選。他充分挖掘出美國人民心裡對於伊斯蘭極大的焦慮情緒。

那些希望從伊斯蘭世界尋找希望的人，若想找到對抗當前這種消極觀點的不同論點，應該去看看東南亞。目前有來自全世界包括西方的兩萬五千名青年加入了「伊斯蘭國」（ISIS）。那麼，我們是應該來關注這兩萬五千名穆斯林呢，還是去關注八千倍於這個數字、居住在印尼（世界上人口最多的伊斯蘭國家）、二・五億愛好和平的穆斯林呢？印尼是伊斯蘭世界最成功的民主國家，它強化了東南亞作為一個和平避風港的地位，這與阿拉伯世界如利比亞、敘利亞、伊拉克、葉門等戰亂叢生的國家形成鮮明對比，而且這種戰亂狀態還會持續。

東南亞地區穆斯林人口的比例（除中東之外），要多於其他的任何地區。如果東南亞地區大批的穆斯林人口——幾乎相當於阿拉伯世界的總人口——能夠與他們的非穆斯林鄰居和平相處，並且經濟能夠持續發展，那麼他們等於提供了一絲希望：世界上不同文明不會發生衝突。

二〇一五年，將近一百萬名敘利亞難民湧入歐洲，讓歐洲清楚意識到，他們的命運和穆斯林世界是緊密相連的。歐洲似乎尤其受到其境內出現的伊斯蘭極端主義攪擾。二〇一五年十一月十三日的巴黎恐攻事件，主要就是由在歐洲出生而非中東出生的年輕穆斯林發動的。現今歐洲知識份子還沒有人能夠找到一種方式，讓其與邊境內外的穆斯林和平共處。目前歐洲的本能反應是想要構築圍牆，控制邊境。即使是在社會相對開放的美國，川普證明了他們也有建立邊境牆並將穆斯林擋在邊境之外的衝動。美國和歐洲的知識份子有必要到東南亞朝聖一番。他們應該關注一下這個充滿希望的地區，並且來感受一下這個不同文明和諧共處、一起進步的世界。

在過去四個世紀中，歐洲是世界上最成功的大陸，尤其是在經濟和社會發展方面。歐洲人從來沒有想過他們可以向世界上其他地區學習重要課題。這是我們想寫本書的原因：為了激發目前歐洲封閉的思想，讓他們願意探索向其他地區學習的可能性。

同樣，美國的知識份子也可以從本書汲取一些有用的內容。美國是人類歷史上所出現最成功的國家。沒有任何一個社會可以在經濟生產力和文化創造力上（或是其超乎想像的軍事力量上）與其匹敵。然而，即使是生活在世界上最成功的社會中，美國中產階級也深受歐洲消極主義的影響。白人中產階級男性的自殺率顯著增加。法里德·紮卡里亞（Fareed Zakaria）寫道，「這些死亡的原因跟自殺、酗酒、藥品濫用以及非法藥物等事實一樣讓人震驚。安格斯·德亞頓（Angus Deaton）告訴我，『人們似乎都或慢或快地在自殺。』這些現象一般都是由於壓力、沮喪和絕望引起的……」[12]不斷上升的自殺率就說明了目前的消極情緒在不斷滋長。

美國和歐洲這種持續蔓延的政治悲觀主義是極為危險的。這種悲觀主義無疑正在扼殺那些理想的中立派領導人未來的希望。二〇一六年美國大選中，共和黨內部總統初選階段，傑布·布希落選，以及更令人感到震驚的二〇一六年十一月總統大選中希拉蕊·柯林頓敗北，都清楚地說明了這點。我們必須提醒西方，正是這種政治悲觀主義為一九三〇年代希特勒的崛起提供了肥沃的土壤，這完全不是杞人憂天。其實馬丁·沃爾夫在二〇一六年三月《金融時報》[13]上已經暗指了這項危險。

這種悲觀主義是否代表我們不可能產生積極、具有改革性的領導人？這裡我們必須再次強調，東協的成長歷史為我們這個動盪的世界帶來了希望。前面我們已經提及，東南亞在一九六〇年代曾經歷過多麼黑暗與艱難的歲月。但是在那段艱難的時期，有五位偉大的領導人跨出了重要的一步，促成了東協的成立。而讓人訝異的是，這五位領導人在文化及政治背景方面有極大的差別。

下面將介紹一九六七年八月八日東協成立時，簽署成立宣言的五位勇士。

他納．科曼：佛教徒，一九一四年出生於泰國，留學法國。由於法國留學的背景，他對於歐洲的紅酒、文學以及飲食，比對東南亞的歷史或文學更熟悉。然而，他可說是一個狂熱的反殖民主義者。他寫道：

> 一九六七年八月八日，《曼谷宣言》簽署，這標誌著東協的誕生，五個國家合力促進經濟合作和人民福祉。經過無數次失敗的嘗試，東協的成立無疑是一項獨一無二的成就，終結了殖民時期這個地區國與國的分隔與疏離。當時殖民地的宗主國，強迫這些國家與鄰國互不往來。⓮

納西索．拉莫斯：基督徒，菲律賓方面的簽署人，一九〇〇年出生於菲律賓，在馬尼拉求學。他對於美國歷史以及美國國父們的瞭解比對東南亞開國元老還多。

亞當．馬利克：穆斯林，一九一七年出生於印尼蘇門答臘，在印尼求學。他會說流利的印尼語和荷蘭語，以及一點英語。反對荷蘭殖民的鬥爭、蘇加諾的民族主義演講，對他的世界觀有很大的影響。儘管他積極促成區域組織的成立，拉馬來西亞和新加坡兩個近鄰加入，但是他還是認同蘇加諾的觀點，認為這兩個國家只是殖民者人為製造的結果。坦白講，它們都應該屬於大印尼國家——馬來世界。但是在面臨「共產主義威脅」下只能先抑制這些民族主義情緒。

阿卜杜勒．拉薩：穆斯林，一九二二年出生於馬來西亞彭亨，在一九四七至一九五〇年赴倫敦林肯律師學院深造之前，就讀於新加坡的萊佛士學院。在倫敦期間，由於共同反擊英國的殖民統治，他結識了許多新加坡的領導人，特別是李光耀、吳慶瑞和拉惹勒南。拉薩非常瞭解新加坡。理論上講，馬利克和拉薩都是說馬來語的穆斯林，他們應該對彼此有著更大的文化親近感。但是實際上，拉薩和其新加坡對手拉惹勒南在文化上更加親近，因為他們早年都是在倫敦一起度過。他們可能經常一起在倫敦的酒吧裡喝酒。

信那談比・拉惹勒南：一九一五年出生於斯里蘭卡賈夫納的一個泰米爾印度家庭。一九一五年（當時他只有三個月大）移居同是英國殖民地的新加坡，一九三七至一九四八年赴倫敦留學。儘管他從來沒有自任何一所大學正式畢業，但是文筆很好，陳詞激昂，能夠透過強大的文字激發起反抗殖民統治的民族主義情緒。

簡而言之，當這五個人——一個泰國佛教徒、一個菲律賓基督教徒、兩個穆斯林，以及一個放棄宗教信仰的印度教徒，聚到一起簽署《東協宣言》時，他們之間的文化背景差異相當大。只有拉薩和拉惹勒南有著共同的英國教育背景。但是拉薩馬來穆斯林的身份對他影響很大，而拉惹勒南對宗教生活沒有什麼興趣。如果真要找幾個人來啟動世界上最成功的區域組織的話，人們一開始肯定不會想到這五個人。

那麼現在我們來想像一下唐納德・川普（基督徒）、習近平（儒家文化背景的共產黨人）、弗拉基米爾・普丁（東正教教徒）、阿亞圖拉・哈梅內伊（穆斯林）以及納倫德拉・莫迪（印度教徒）坐在一起簽署一項和平合作的宣言。考慮到這五位領導人的政治理念分歧，很顯然這是不可能的。但是東協五國創始人的政治分歧較前述幾位是有過之而無不及。本書第二章「和平生態」將會解釋東協是如何成立，以及如何成功的。

但是，光是檢視過去五十年，還是無法讓人理解東南亞的故事。其實，東協特點以及身份認同還有其更深層的文化根源。這也是本書會從這點開始談起的原因。

本書首先會解釋，東南亞如此巨大的多樣性是怎麼形成的。在許多關於這個地區歷史的介紹中，有一個不可忽略的事實，那就是兩千多年來，東南亞一直是世界的十字路口。其巨大的文化多樣性就是其結果之一。至少有四次重大的文化浪潮曾強烈襲捲東南亞，分別是：印度浪潮、中國浪潮、穆斯林浪潮，以及西方浪潮。如果無法理解這四次浪潮是如何攪動東南亞的歷史、並且持續影響當地現今社會，以及如何形成這個地區文化豐富多樣性的基礎，就無法真正理解東南亞。

這四次浪潮中一個驚人的特點是，其中三次相對來說都是和平的。只有西方浪潮伴隨著暴力。從以下葡萄牙海軍上將瓦斯科·達伽馬如何對待一艘到麥加朝聖的穆斯林船上的婦女和兒童，就可以清楚看出西方殖民者在亞洲的暴行。

托梅·洛佩斯生動地描述起那時的情景，船上的女人揮動著她們的金銀首飾和寶石，哭求海軍上將饒命，她們願意把這些寶物全部上交。一些女人甚至抱起她們的孩子並且指著他們，「這些女人比手劃腳的，我們猜她們是在求我們可憐一下這些無辜的孩子」。⑮

但是最後，「海軍上將已經下令把那艘載人的船全部燒掉，他們無比殘忍，毫無憐憫之情」。當時船上有兩百人，「除了十七個孩子和一個駝背的舵手，所有人都被殺了……」

第二章會解釋為什麼在世界上那個最黯淡無光的時代以及如此沒有希望的地區會出現和平。事實上，東協已發展出一個有彈性的和平生態系統。自從一九六七年該組織成立後，就沒有任何兩個東協國家之間發生過戰爭。儘管發生過爭吵，甚至有小型的軍事衝突（柬埔寨和泰國之間），但是類似中東和巴爾幹地區發生的那種戰爭在東南亞地區從來沒有發生過。這本書的一個主要假設就是，這個和平生態系統在世界上其他看似悲慘的地區是可以被複製的。東協將成為世界希望的燈塔。如果能夠更了解東協，也許世界會更為和平。

第三章強調，東協仍然需要其他大國的支援與合作，以維持現在這種和平發展的情勢。前一章將會解釋東協如何受益於冷戰期間的地緣政治情勢。一九八〇年代中美建立起來的戰略聯盟關係，對於強化東協國家之間的凝聚力有關鍵性的影響。確實，八〇年代可能也正是這五個創始會員國形成強烈的東協意識的最關鍵時期。

但是，如果說有利的地緣政治環境促進了東協的建構，那麼現在東協就要準備好迎接對其並不有利的地緣政治環境了。最重要的戰略關係永遠都是世界上最強的大國（現在是美國）以及最強大的崛起國（中國）之間的關係。一九八〇年代中美兩國曾緊密合作，遏制了蘇聯的擴張。這在某種程度上幫助了東協。現在，儘管中美之間明顯在合作，但是競爭程度也在激增。一旦這種競爭情勢失控，東協就可能分崩離析。這就是為什麼本章主要討論的重點是，所有大國，包括美國、中國、印度、日本和歐盟，都與東協的凝聚力有關。沒有一個大國是善意的，作者在這裡也沒有任何想要挖掘它們善良本質的意願。相反的，本章的目的是要赤裸裸揭發它們利己的本性。

第四章將分別以概論方式介紹東協的十個國家。每一個國家都有其豐富複雜的歷史，概論是無法清楚闡述這些複雜性。但是，我們希望讀者能夠充分去瞭解這些東協國家，包括它們目前面臨的挑戰、它們的地緣政治情勢，以及它們與這個區域組織的關係。

第五章試圖透過對東協進行情勢分析，來評估東協目前面臨的優勢、劣勢、機會和挑戰（即 SWOT 分析）。東協就像一個複雜的生物體，如果忽視它或是稍有怠慢，它就會消亡。目前東協的領導人肩負重責大任，他們不能讓東協創始成員們所做的努力付諸東流。他們必須擔負起責任，將東協建設為一個強大的區域組織，繼續擔任人類希望的燈塔。如果當前的東協領導人能夠繼續維持東協的發展並且加以強化，那麼這個地區六・二五億人口都將從中受益。但是本書在這裡想要強調的是，世界上其他地區的六十七億人口也將受益匪淺，因為他們將會有除美國之外可以仰望的第二個和平燈塔。

最後，本書第六章會展望東協的未來。這章會提出一些有助於強化東協的具體步驟。值得慶幸的是，任何一個建議實施起來都不是那麼困難。其中一些甚至成本也不高。顯然，東協需要強化其秘書處。相對於歐盟一千五百四十億美元的預算，東協每年的預算僅一千九百萬美元。由於東協整體的GDP從一九七〇年的九百五十億美元成長到二〇一四年的二・五兆美元，在東協秘書處的資金問題上就不能這麼吝嗇了，因為後者目前資金短缺。一旦東協領導人意識到這個組織已是一項資產，他們就應該瞭解多為東協提供資金支持是符合國家利益的。

當秘書處更強大、東協組織運行更好時，所產生的重要成果應該是，東協會員國民眾將長期建立起對東協更強的歸屬感。在成立的前五十年中，東協主要是由會員國的政府負責運作。儘管東協還存在很多缺點和弱勢，但是各會員國政府已做得非常好了。然而，如果要保障這個地區持續發展和成功，東協的主導權就必須由政府交到人民手中。一旦可以做到這點，東協可能就會成為世界上最成功的區域組織。

目前看來，以上所述要成真還很遙遠。但是想到東協在一九六七年成立的當時，再看看東協的現在，成就豈是「壯觀」二字可以形容的。只要東協能夠保持現在的動能，前途必然無可限量。東協發展得越好，它成為人類希望燈塔的前景就越明朗。

1. Jim Yong Kim, "Lessons from Vietnam in a Slowing Global Economy"，*Straits Times*, 24 Feb. 2016, http://www.straitstimes.com/opinion/lessonsfromvietnaminaslowing-globaleconomy，瀏覽時間：二〇一六年十月十四日。
2. Mila Lubis, "Indonesia Remains the 2nd Most Optimistic Country Globally"，*Nielsen*, 30 May 2015, http://www.nielsen.com/id/en/pressroom/2015/indonesiaremains-the2ndmostoptimisticcountryglobally.html/，瀏覽時間：二〇一六年十月十二日。
3. "More Hat than Catt le"，*The Economist*, 2 Jan. 2016, http://www.economist.com/news/financeandeconomics/21684811seamlessregionaleconomicblocjustaround-cornerasalwaysmorehat/，瀏覽時間：二〇一六年十月十二日。
4. 根據作者對楊榮文的訪談，二〇一六年二月十五日。
5. Bilahari Kausikan, "The Ages of ASEAN"，in *The Inclusive Regionalist: A Festschrift Dedicated to Jusuf Wanandi*, ed. Hadi Soesastro and Clara Joewono（Jakarta: Centre for Strategic and International Studies, 2007）.
6. Philip Warren Thayer, ed., *Southeast Asia in the Coming World*（Baltimore: Johns Hopkins Press, 1971）.
7. Nathaniel Peffer, "Regional Security in Southeast Asia"，*International Organization* 8, 3（一九五四年）: 3115.
8. Charles A. Fisher, "Southeast Asia: The Balkans of the Orient? A Study in Continuity and Change"，*Geography* 47, 4（1962）.
9. Thanat Khoman, "Which Road for Southeast Asia?" *Foreign Affairs* 42, 4（一九六四年）：629.
10. "Remarks of President Obama to the People of Laos"，White House, 6 Sept. 2016, https://www.whitehouse.gov/thepressoffice/2016/09/06/remarkspresidentobama-peoplelaos，瀏覽時間：二〇一六年十一月二十一日。
11. "Donald J. Trump Statement on Preventing Muslim Immigration"，Donald J. Trump for President, 7 Dec. 2015, https://www.donaldjtrump.com/pressreleases/donaldj.trumpstatementonpreventingmuslimimmigration/，瀏覽時間：二〇一六年十月十二日。
12. Fareed Zakaria，"America's Selfdestructive Whites"，*Washington Post*, 31 Dec.2015, https://www.washingtonpost.com/opinions/americasselfdestructivewhites/2015/12/31/5017f958afdc11e59ab0884d1cc4b33e_story.html/，瀏覽時間：二〇一六年十月十二日。
13. Martin Wolf, "Donald Trump Embodies How Great Republics Meet Their End"，*Financial Times*, 2 Mar. 2016, http://www. ft. com/cms/s/2/743d91b8df8d11e5b67f-a61732c1d 025.html#axzz4Kxj87a3R/，瀏覽時間：二〇一六年十月十二日。
14. Thanat Khoman, "ASEAN Conception and Evolution"，ASEAN, 1 Sept. 1992, http://asean.org/?static_post = aseanconceptionandevolutionbythanatkhoman/，瀏覽時間：二〇一六年十月十二日。
15. Sanjay Subrahmanyam, *The Career and Legend of Vasco Da Gama*（Cambridge: Cambridge University Press 1997）, pp. 2067.

第1章

四次浪潮

為什麼東南亞是我們地球上最具文化多樣性的地區？答案很簡單，可能是因為東南亞是唯一一個受到四種不同文化浪潮影響的地區。東南亞一直與這四種偉大的普世文化和文明密切相關，並深涉其中。這四種文化（文明）分別是：印度文明、中華文明、伊斯蘭文明和西方文明。將這些文明的影響視為「浪潮」或許是過於低估。鑒於它們的長期影響，其實應將其稱為「海嘯」才是。然而，除了西方文明，其他外來文明與東南亞的「互動」大多是和平的，所以用「浪潮」這個詞可能比較合適。重點是我們應該要瞭解，一如楊榮文所言，「東協只是東南亞在歷史意義上的延續」。❶

本章一開始還是要強調，「浪潮」一詞是一種比喻的說法。這四種不同文明的到來，以及其對東南亞的影響，是完全不同的。然而，使東南亞真正獨特的是：它是唯一一個曾吸納如此多不同文明的地區。「四次浪潮」的說法即點出東南亞的這種特殊性，這種特殊性也使東南亞成為歷史研究的人類實驗地。本章的目的就是探究這個地區在歷史上如此獨特的原因。

然而，在一開始，有個重要問題必須先回答：在這四次浪潮到來之前東南亞有哪些歷史？二十世紀初，歷史學家通常會回答「不是很多」。一九四一年，印度民族主義歷史學家馬宗達宣稱：「印度殖民者將他們的整個文化和文明移植到了一個尚未擺脫原始野蠻狀態的地區。」❷法國學者喬治．克代斯在同一時期也發表過相似的意見。

但是較近期的歷史學家則完全顛覆了馬宗達和克代斯的論斷。另外，新的研究也顯示，在亞洲長距離的海運貿易中，東南亞人其實很積極地參與。[3]在印度教和梵語在東南亞開始流行的約五百年前，東南亞船隻就已經在印度洋[4]上進行貿易活動了。

近年來，歷史學家已特別強調東南亞這個地區之間的共同性，透過這些共同性可以解釋外來的宗教、宮廷禮樂等重大思想潮流對這個地區的影響。著名的歷史學家安東尼·里德這麼認為：

> 東南亞地區讓人眼花瞭亂的各種語言、文化和宗教，以及這個地區在歷史上對外來水運貿易的開放性，乍看之下是無法讓人對這個地區有任何概論。然而，如果我們的關注焦點從宮廷政治和宗教這些「偉大傳統」，轉移到東南亞一般人的民間信仰和社會習俗，東南亞的共同性就會逐漸變得明顯。[5]

東南亞深層的文化多樣性反映在其語言分布上：東南亞是世界上語言最多樣化的地區之一。然而，數百種東南亞語言和方言可以歸入若干語系，每種語系又包括由同根語種構成的諸多語族。東南亞的語言分屬於南島語系（印尼、馬來西亞和菲律賓的大多數語種，以及夏威夷和紐西蘭使用的波利尼西亞語族的幾種語種）；南亞語系（包括高棉語和越南語）；泰語系（泰國與寮國語）；藏緬語系（緬語）。❻地理和文化上的一致性強化了這個地區的基本分區：東南亞大陸上的主要語言是南亞語系以及泰語和緬語，諸群島則以南島語系為主。所有這些語言在前述四種文化浪潮的影響下，都經歷改變和調整，並納入了四種文化浪潮語言的詞彙，包括梵語、各種印度語言、阿拉伯語、漢語、葡萄牙語、荷蘭語、英語等。

在西元前幾個世紀，統治海岸和海洋的人都屬於南島語系，其文化以水上為本。南島語系者是第一批在東亞、印度洋甚至太平洋開拓海上貿易、探險，以及定居的人。他們的往外開拓要遠勝於傳說中的地中海盆地的腓尼基人。南島語系的航海員技術嫻熟，從非洲海岸的馬達加斯加到位於太平洋深海地區的紐西蘭和夏威夷，他們在面對廣濶大海上的危險區域是毫無懼怕。

在後來的幾個世紀中，一群生活在麻六甲海峽和爪哇海岸的南島語系者，充分發揮了其地理位置的優勢，即被中國旅行者稱為季風結束的地方。早期的印尼人就因佔據了這個大範圍海上貿易的戰略位置而受惠。位於東北和西南季風交匯處的麻六甲海峽是人員、思想和貿易貨物流通的十字路口。得益於南海和印度洋盛行的季風，從中國出發向西南行駛以及從印度或波斯出發向東南行駛的船隻，得以在麻六甲海峽和馬來半島交會，並在那裡進行貨物交易。當風向逆轉時，他們就開始返航。由於佔據了麻六甲海峽這個戰略位置，早期馬來－印尼航海人員主導了在中國的貿易和印度洋上的貿易。印尼人「在西元前五百年與印度交易，在西元前四百年與中國交易，在西元紀年開始之際，他們在中印之間運送商品」❼。西元三世紀，一位中國的觀察者就對五十多公尺長、能夠乘載六百到七百人和六百噸貨物的大型多桅船印象深刻。❽

隨著中國和印度再次成為世界上最大的兩個經濟體，東南亞與中印之間因長期西方殖民統治而阻斷的密切聯繫，自然將得以恢復。這也是為何現代東南亞應該多努力去瞭解，這個地區與歐洲、南亞、中東和東亞之間悠久歷史淵源的另一個原因。當我們試圖去理解這些文化浪潮對東南亞的影響時，我們應該牢記在心，東南亞人不只是外來影響的被動接受者。相反的，他們也在探索外部世界，為自身的目的利用外來的思想。這或許可以解釋，泰戈爾在一九二七年訪問東南亞時所作的比較隱晦的評論。他說，他在東南亞看到印度的影響無處不在，但是印度人似乎沒有意識到這點。

印度浪潮

泰戈爾發現印度在東南亞的影響無處不在，這點並不讓人意外。一些歷史記載顯示，印度和東南亞之間的聯繫可追溯到三千年前。數千年的文化接觸顯然在東南亞留下深刻的烙印。

非常明顯可以看出，印度文化的影響滲透到了東南亞大陸和島嶼地區。任何對此有所懷疑的人都應該參觀一下柬埔寨的吳哥窟和爪哇的婆羅浮屠遺蹟。英國歷史學家威廉．達爾林普爾在其文章中是這樣描述吳哥寺廟建築群中的塔普倫寺：

> 樹幹從拱形的佛教寺廟屋頂盤旋而出，像一個哥德式大教堂的扶壁；樹枝纏結在梵語的銘文上面，拼寫和語法純正，前邊圍繞的則是刻有印度獅子和大象、大小神靈、精靈和樹靈的浮雕。樹的根部像交錯的蜘蛛網蔓延，攀附在似乎一碰即碎的橫飾帶，上面有幾近裸胸的天神（天上舞者）和蓄著長髮的聖者（流浪的聖人）。9

東南亞與印度那些高雅文化的接觸，不僅僅可以在靜態的紀念碑上找到蹤跡，從至今還留存在東南亞國家的宮廷禮儀也可以看到印度的影響力，而且目前仍然保存完整。例如，直到今天，婆羅門在泰國宮廷禮儀中仍扮演著特殊角色。

中國對於泰國的影響也是根深蒂固。卻克里王朝的開創者國王拉瑪一世，是中國後裔（一七八二年開始執政）。事實上，他的繼承人之一拉瑪四世蒙固（一八五一——一八六八年在位）對其中國血統非常引以為傲。今天，中國人已經完全融入泰國的文化，在泰國社會中，很難分清誰是泰國人，誰是中國人。但是，在中國人融入泰國社會的同時，他們也接受了已深深嵌入泰國的藝術、哲學、書寫體系和宗教中的印度文化遺產。因此，泰國華裔在中國和印度文化交融的泰國生活得很自在。

泰國輕易吸收中國和印度文化的能力，或許可以展現東南亞社會一個文化特點：接受與忍受差異並存的能力。這或者可以解釋，為什麼東南亞同時開始與中國和印度文明互動時，這兩種文明浪潮能夠自然地重疊，卻不會引發衝突。

在新的世紀初期，印度洋上的貿易活動往來更頻繁，社會階層開始更分化，統治階層以皇室王權機構鞏固權力。在一定程度上，他們接受了新的思想和來自印度的語言。謝爾登·波洛克在其權威著作《人類世界中眾神的語言》中說明了，梵語是如何成為印度洋世界中的有力語言，當時「從喀什米爾到吉蘭丹」的國王和王子們都使用這種語言。[10]同一時期，亞洲各地（被波洛克稱為「梵文國際大都市」）的王室都開始培育及推行印度教和佛教。

在東南亞地區，可以很容易就發現王權中出現印度思想，在宮廷和宗教禮儀所使用的神聖語言中則可以看到梵語的蹤跡。[11]特別是在東南亞大陸，原本當地精英講的是完全不同的語言——例如高棉語、泰語和馬來語，生活在不同的文化世界，但都突然開始使用梵語並學習與之相關的政治哲學和文學美學。[12]（而大約在同一時期，印度的不同地區也開始了這個進程。）隨著禮儀、大型寺廟以及宮殿的出現，東南亞大陸平原和三角洲的社會越來越有組織性。出現的各種象徵性符號、名稱和文本都是印度的。儘管歷史學家很難重現印度人在東南亞社會中的數量、角色和確切地位，但是來自印度的工匠、婆羅門與專家等肯定是宮廷裡「國際大都會」場景中的一部分，彷彿好像是東南亞人在印度一般。[13]

一個最早期的高棉銘文中記錄了一個五世紀的統治者，如何在屬於現在寮國的地方取了一個印度名字「德瓦尼卡」，以及在一次慶典中取了個梵文名字「馬哈拉傑·阿迪拉賈」（意思是國王的國王）。在這次慶典中，他在一座可俯瞰占巴塞省首府、形似陰莖的山下設立了一個濕婆林伽（象徵印度教濕婆神的男性生殖器塑像）。此外，他在印度梵文史詩《摩訶婆羅多》中爆發偉大戰爭的地方，將一個水槽奉為神祉，並命名為「古魯格舍德拉」。[14]

雖然熱心皈依印度文明的人大部分是精英份子，但是透過印度文明引進的新宗教思想、神話和民間傳說，與東南亞舊的故事和思想相互作用後，也豐富了東南亞當地的民間文化。印度教和佛教都透過印度這個連結，傳播到這些早期的國家，並且在幾個世紀中彼此相互作用。最終，佛教成為東南亞大陸的主流宗教。

顯然，無論是在東南亞大陸，還是東南亞島嶼國家，都能感受到印度化的存在。最早的印度化國家出現在東南亞大陸的湄公河下游地帶，即當今柬埔寨和越南的南部海岸，它們因為與印度和中國的海運貿易而受益。在印尼港口政體崛起之前，這些地區曾是最繁榮的國家。這些印度化的國家中，第一個取得歷史重要地位的是扶南，它位於湄公河附近，靠近現在的金邊和湄公河三角洲。扶南的當地居民很可能像今天的柬埔寨人一樣講高棉語。事實上，今天柬埔寨人的祖先就可以追溯到扶南。扶南人建立的印度教－高棉帝國大約繁榮了五百年。

扶南的崛起可說揭露了印度文明和中華文明之間的關係。這時正是全球貿易的第一個偉大時期，當時絲綢之路開通，跨越亞洲連接了漢代中國和羅馬帝國。橫越陸上絲綢之路的大篷車和綠洲激發了人們的想像力。但是近年來，我們對於跨越東南亞海域的海上航線有了更多的瞭解。在全盛時期，扶南與穆倫達王朝時期的印度和三國時期的中國，曾進行著利潤豐厚的貿易活動。

在海上貿易的初期，來自中國、往返於南海海域的貨物似乎並不是通過麻六甲海峽，而是通過泰國南部狹窄的克拉地峽，先進行陸上運輸的。一到達安達曼海的海岸港口，例如伊達港，貨物會被重新裝載上船，穿過孟加拉灣，到達印度和波斯灣，然後再走陸路到達歐洲。來自相反方向的貨物則在克拉地峽轉運，通過陸路運到中國南海海岸。然後，商人登上沿泰國灣航行的其他船隻，到達扶南。

扶南在貿易網絡中的主導地位，後來受到東南亞（尤其是麻六甲海峽附近）的海上貿易競爭對手挑戰。這也可能是絲綢之路始末兩端形勢變遷的結果，當時羅馬帝國衰落，而漢王朝也不再開放陸上絲綢之路。扶南的衰落預示著東南亞印度化初期階段的結束。隨著扶南勢力在印支大陸的消逝，印度化的中心從東南亞大陸轉向印尼的海洋群島。

七世紀之後，婆羅浮屠成為大乘佛教的象徵，從印度向東南亞、中國和日本傳播。當時，佛教和婆羅門教並存，相互影響，有時還會受到敵對的政治部落的刺激，那時必定是一個知識和宗教繁榮的偉大時代。綿延數十公里的不朽建築文化遺跡——普蘭巴南和婆羅浮屠，見證了印度教和佛教在爪哇中部地區的繁盛。

很快蘇門答臘就出現了一個新的佛教王國，以巴領旁為中心。這個地區由於擁有一個天然良港，足以容納最大型的遠洋船隻，而且位於麻六甲海峽戰略要地。三佛齊這個新的王國遂成為一個更具競爭力的停靠港口，因為南海與印度洋的貿易都會通過這個海峽。三佛齊迅速繁榮，並維持了在印尼群島上小型港口的商業霸權，主導七到十一世紀的海上貿易。三佛齊是第一個因佔有麻六甲海峽附件優越位置而興起的港口，之後一連串還有其他海港因為同樣的原因興盛起來，例如麻六甲、亞齊、巴達維雅、檳榔島和新加坡。

與扶南一樣，東南亞港口的命運也與全球貿易模式相關。三佛齊的興起恰逢中國唐朝時海上和陸上絲綢之路的復興。對於借助東北季風航行的中國船隻，巴領旁很快成為受到青睞的港口。但三佛齊之所以重要不僅僅是因為貿易，其實還與僧人阿底峽有關。他出生於一個孟加拉王室，前往三佛齊向一位著名的佛教大師學習。在蘇門答臘生活了十二年後，阿底峽回到了南亞，最後在一〇四三年前往西藏，創立了佛教的噶當派，直到現在仍為後世所紀念。⓯

十一世紀時，唐朝衰落，宋朝崛起後，中國出現了新的需求，三佛齊在東南亞的主導地位受到一個不尋常對手——印度的挑戰。當時印度南部坦焦爾的朱羅王朝正在發展一支強大的海軍，開始沿著東向航線拓展商業，進逼麻六甲。朱羅王朝和三佛齊似乎維持了一段時間的友好關係。西元一〇〇五年，三佛齊在柯洛曼德海岸的納加伯蒂納姆修建了一座佛教寺廟。⓰

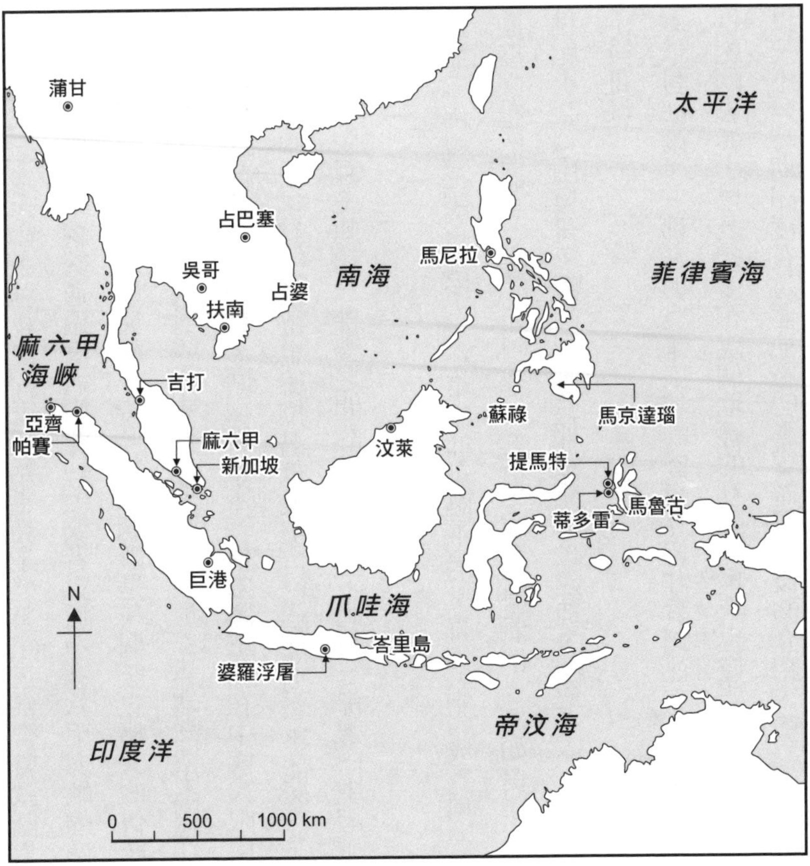
蒲甘
太平洋
占巴塞
馬尼拉
吳哥
南海
菲律賓海
占婆
扶南
麻六甲
海峽
吉打
蘇祿
馬京達瑙
亞齊
帕賽
麻六甲
汶萊
新加坡
提馬特
馬魯古
蒂多雷
巨港
N
爪哇海
峇里島
婆羅浮屠
帝汶海
印度洋
0
500
1000 km

古代的東南亞

但是不久之後，兩大強權之間就開始了商業競爭。三佛齊曾試圖對朱羅王朝的商業貿易加以限制或阻礙，不讓其通過麻六甲海峽，或者對通過麻六甲海峽的商船徵收高額的過境稅和港口稅。畢竟，在麻六甲海峽一帶，貿易壟斷是一個歷史悠久的傳統。三佛齊還積極要阻斷中國的貿易，很不入流地自誇是印度洋地區的霸權，在那裡向中國耀武揚威。一〇一七年，一個泰米爾使團前往中國朝貢，回國後報告，稱朱羅王朝在中國人眼中乃是屬於三佛齊的一個屬國。新登基的年輕國王拉金德拉渴望證明自己的能力，不能容忍受到如此的羞辱。[17]於是就此引發了朱羅王朝和三佛齊之間的幾次戰爭，此後三佛齊向中國派遣朝貢使節的次數急劇下降。

雖然三佛齊王國衰落了，在東南亞大陸上的吳哥卻崛起成為另一個強大的印度化的帝國。印度文化的影響之深，可以從一些偉大的建築看出，例如吳哥窟和吳哥城。吳哥窟是十二世紀上半葉由吳哥王國的國王蘇耶跋摩二世建造，闍耶跋摩七世則是在十二世紀下半葉修建了吳哥城。

本章對扶南、三佛齊與吳哥王朝的簡短介紹其實無法完全說明，印度文化對東南亞長達幾個世紀的影響，以及印度和這個地區的互動。本章也僅能對東南亞地區的「梵文國際大都市」以及不同時期印度在這個地區的影響做個大概的介紹。約一千四百年前，著名的中國僧人玄奘曾寫道：「住在遙遠地區、有著不同風俗的人，通常會把他們崇敬的那片土地稱為印度。」一⑱東南亞整個歷史進程中對印度文化的接受程度可以用這句話來驗證。

我們認為，這段歷史可以解釋為什麼東南亞的文化是「柔性」的，相對來說，東北亞的則是一種「剛性」的。誠然，這是一種對文化比較主觀和個人化的看法，但這是基於長期經驗得出的。如果要找到證據來支持這點，我們大可以拿泰國和韓國這兩個不同的社會來做文化上的比較。這兩個國家雖然都深受中國文化的影響，例如泰國很多當權者就有中國的血統，但是，正是因為泰國有一千多年的印度文化的影響，而韓國沒有，所以說泰國社會有一種「柔性」的面向，而韓國社會文化則是有「剛性」的部分。這個比較或許可以有助於解釋東南亞社會中潛在的文化邏輯。

中國浪潮

東南亞受到印度文化滲透的幾個世紀中，中國在東南亞的存在感也同樣強烈。雖然東南亞是「梵文國際大都市」的一部分，但中國在政治和經濟領域對東南亞的影響更大。

中國和東南亞國家之間的陸地邊界多山，地形複雜。目前兩者之間的邊陲地帶長期受到規模較小的政體、山地部落和各種複雜的少數民族群體統治，而且他們非常看重自主權。雖然航線和季風路線更適合貿易開展，也是旅居者及移居者較好的選擇，但在歷史上有許多時期，中國的海岸及其貿易潛力並未受到重視。

中國與東南亞關係中一直有個特點，即幾個世紀以來，東南亞地區印度化的幾個王國都向中國的皇帝朝貢。我們不知道這個朝貢體系確切開始的時間和原因，但我們可以確定的是，早在約一千五百年前，即西元五百年，扶南王國就向中國朝貢。

人們或許認為，中國接受東南亞的朝貢是其在東南亞擁有霸權地位的象徵。事實上，當時東南亞國家的統治者是非常願意向中國朝貢，因為此舉效益可觀。中國認為自己與外國使團的關係是一種「主從」關係。[19]中國人習慣舉行「封典儀式」，並將此視為是外國對中國霸權在政治上的認可和一種象徵性的臣服。[20]而東南亞統治者向中國進貢，總能換回更有價值的物品。外國使團還能夠按照市場價格在中國市場出售他們的商品。因此，東南亞國家從與中國的朝貢關係中獲得了巨大的利益。

透過朝貢，這些王國也可以與中國進行貿易，利潤可觀。它們向中國出口錫、香料和各種林產品，同時進口令人垂涎的中國奢侈品（如陶瓷、茶和絲綢）和金屬（如鐵和銅）。精明的中國統治者明白，一旦阻止市場輸入或限制中國奢侈品供應，中國對這些國家的影響力便顯而易見。因此，中國統治者會時不時地實行制裁，規範或限制私人貿易，來實現外交政策的目標。

朝貢貿易的性質隨著時間而發生變化，但是米切爾和麥吉弗特發現了一個規律、長期的模式，也就是「在朝貢關係中，中國通常給朝貢國家的回禮會比他們進貢的多很多，這反映了當時朝廷的態度，即中國通過這種方式來顯示，弱小的鄰國能為中國這個大國提供的東西不多，可是中國對待鄰居很慷慨」[21]。但是這些來自中國的「豪禮」並沒有強烈的文化內涵，使節朝貢更側重於實用性：

> 朝貢系統的主要目的是為促進朝貢國之間的貿易。雖然這個體系有缺陷，但從經濟和安全的角度而言，此體系對中國及其朝貢國都有益。朝貢國家既能獲得貿易利益，也能在某些情況下獲得安全保障。而中國則獲得戰略上的安心感，重申其自我價值，也可以節省一大筆成立巡防軍隊的費用。[22]

雙向貿易的互惠互利以及東南亞統治者（至少象徵性地）向中國朝貢的意願，也可以解釋為何數世紀以來，中國和東南亞沒什麼軍事衝突。但越南是一個例外，從西元前一一一年開始，當時漢武帝征服了南越（包括現在的廣東省和越南北部的部分地區），此後的將近一千年內，越南都是中國的屬國。直到大約西元九六三—九七九年，丁部領才在越南北部建立了一個獨立於中國統治的王國。在歷史上，緬甸也與中國交戰過，但不像越南那樣長期受到中國的威脅，例如蒙古人在十三世紀末打敗了緬甸蒲甘王朝，十八世紀中期清朝也試圖進攻緬甸，這些都多多少少塑造了今天東南亞與中國的邊界。

然而，雖然越南在一千多年前擺脫了中國的統治而獨立，可是它仍然深受中華文化的影響。被泰國同化的中國人放棄了儒家學說和祖先崇拜，接受了印度的宗法儀式。與此相反，雖然越南人努力爭取政治獨立，擺脫中國的統治，但他們卻接受了中國文化，採用儒家思想、中國政治哲學和中央集權的中國模式。越南的身份定位是在其與中國的對立和深刻洞悉中形成的。

儘管小國向帝國朝廷進貢並尋求庇護，但是中國並不總是處於統治的地位。例如，王賡武教授這樣描述占婆：「它是越南的常年敵人，也是中國的忠實臣民。它依靠中國來對抗越南……中國的權威地位是由其龐大的軍事力量所支撐，這是越南人不敢去試探的。明代皇帝的警告就產生很有效的威懾。」[23]可悲的是，「當明代軍隊一次又一次敗給越南『叛軍』時，中央王朝的權威就失去了其威懾力量」。這最終導致了占婆被越南擊潰。

中國曾派遣最大規模的海軍遠征隊到東南亞地區，這顯示中國想更積極向南探索還未開發的潛在可能性。這一連串的海上遠征，是由鄭和率領——他是一個穆斯林，第一次出現在東南亞是奉明朝皇帝旨意，於一四〇五年率領三百餘艘船、兩萬七千多人出發，其中有六十二艘船是巨大的「寶船」。據測，這些船長達一百二十二公尺，寬五十二公尺。[24]從一四〇五到一四三三年，鄭和先後七次參與航海活動。王賡武教授寫道：「鄭和的航海活動是中國海洋史上偏離常規的單一事件。這些航行顯示出中國有能力、但沒有任何企圖控制海權或建立海洋帝國的野心。當這些航海者確認，在這些海域不存在對中國的威脅後，航海活動就停止了。」[25]

鄭和的航海活動有一部份是為了考察外交，例如，永樂皇帝就給予麻六甲的貿易港口特別的認可。麻六甲港是十四世紀末由新加坡的一位落難王子所建，後被鄭和當做航海基地。一四〇五年十一月，明成祖在麻六甲西部的山嶺題字，封此山為「鎮國山」。王賡武指出：

> 了不起的是，麻六甲是第一個接受中國皇帝題字的國家。總共只有三個國家接受過這樣的儀式：一四〇六年的日本（麻六甲之後的三個月）、一四〇八年的汶萊和

一四一六年的印度柯欽。但麻六甲是唯一一個在第一次向中國朝貢時就獲得封授的國家。[26]

除了受到中國厚愛，隨後的統治者又皈依伊斯蘭，麻六甲作為亞洲商貿市場的龍頭地位從此確立。

隨著中國重新崛起為一個大國，東南亞國家要面臨的一個大問題是，兩者之間的關係是否會回到東南亞國家向中國「朝貢」的古老模式。在現代，很難想像「磕頭朝拜」的舊封建儀式會再次出現。然而，若是認為千百年來中國與東南亞之間的關係模式沒有一些象徵性的力量也是不客觀的。這就是為什麼東南亞國家需要深入瞭解，中國是如何看待這股中國浪潮的長期影響。

穆斯林浪潮

我們在學校學到，伊斯蘭教是經由商人和平地傳入東南亞。歷史學家今天描述的「伊斯蘭國際大都會」的世界，是從七世紀到十六世紀，橫跨西班牙的安達盧斯到中國的泉州這個廣大區域，由商人、旅行者、朝聖者和教師連結傳播。除了阿拉伯人和印度人，中國穆斯林的角色也很重要，他們在伊斯蘭教引進東南亞的故事中扮演重要的角色。

但這個故事不僅是「誰」的問題，還有「如何」和「為何」的問題。伊斯蘭如何進入東南亞仍然是個謎。在西元六七四年，蘇門答臘西海岸有一個外國穆斯林的小殖民地，西元八七八年以後，其他穆斯林移居地點才開始出現。但直到十二世紀或十三世紀，我們才開始看到穆斯林融入東南亞的證據。

從十二世紀和十三世紀開始，還有之後的幾個世紀間，是什麼突然引發東南亞對伊斯蘭教的興趣？如同幾個世紀前東南亞的印度化，我們知道這與政治、權力和貿易息息相關。一個常見的模式是統治者或酋長採行伊斯蘭教，也許是因為他們希望吸引商人；或是想與強大的穆斯林王國，如馬穆魯克時期的埃及、後來的鄂圖曼土耳其和蒙兀兒王朝時期的印度建立關係；或者因為伊斯蘭教義的吸引力。例如伊斯蘭教中的神秘主義教派蘇菲派，主張透過使用諸如冥想和催眠等方式，在精神導師的幫助下與阿拉直接接觸，這對於尋求增加自身魅力的統治者非常有吸引力。

伊斯蘭教在東南亞的影響力快速提升之際，東南亞也正要開始發生革命性的變化。從十四世紀末到十七世紀中期，東南亞貿易迅速擴張。當時隨著十字軍東征後出現的「香料狂熱」，以及連結紅海和地中海的蘇彝士運河的開鑿，使得歐洲對東南亞產品的需求大增。

因此，許多東南亞人開始接受伊斯蘭教的時期，恰好正是國際貿易環境出現革命性變革以及其帶來經濟和社會改變的時期。在這個時期，城市開始以驚人的速度發展。麻六甲、玉射、望加錫、亞齊、萬丹和帕塔尼都在這個時期迅速發展。這些城市不但對商品有需求，對思想也有需求。

古吉拉特、孟加拉和南印度的穆斯林地區都與東南亞有著牢固的貿易關係。據十六世紀的葡萄牙商人和作家托梅．皮雷斯所言，孟加拉的商人長期在北蘇門答臘的帕賽港口經商；在十三世紀的晚期，他們一直負責將「屬孟加拉種姓的摩爾帝國國王」推上帕賽的寶座。[27]從帕賽，伊斯蘭教接著傳播到鄰近的亞齊。十四世紀中期，亞齊接受了伊斯蘭教，並迅速發展成為穆斯林貿易的中心。亞齊統治者因為他們對伊斯蘭教的皈依而聞名，他們還沿著蘇門答臘的東部和西部海岸傳播伊斯蘭教。

隨著麻六甲統治者接受伊斯蘭教，穆斯林浪潮中出現了一個轉捩點。托梅．皮雷斯在其偉大的著作《東方簡志》中寫道，由於帕賽穆斯林從與印度穆斯林的貿易往來中獲利，這刺激了麻六甲的統治者。皮雷斯（一位基督徒）認為，伊斯蘭教的成功歸因於其務實主義，而不是精神動機。

十五世紀，穆斯林的商業網絡主導了世界貿易，並控制了從歐洲到中國的東西方貿易路線，以及東印度尼西亞香料群島的馬魯古。[28]明朝的鄭和，這位率領航海船隊在十五世紀的前三十年主導了東南亞海域的領袖，除了他本身之外，許多他的主要將官也是穆斯林。[29]於是政治和商業之間就浮現出一個矛盾：東南亞島嶼的港口城市出現了這種情況——國王是異教徒，商人是穆斯林。

皈依伊斯蘭教就成了解決這個政治權威和商業權力之間矛盾的方法。麻六甲藉由信奉伊斯蘭教獲得了所有利益。此外，伊斯蘭教還提供了麻六甲具有巨大潛在價值的政治工具。麻六甲透過正式皈依伊斯蘭教，確保其成為荷蘭學者雅各·科內利斯·範·勒爾所描述的「伊斯蘭一體」的一部分，並得到了其強大盟友的承諾。[30]

整個東南亞地區的伊斯蘭化步伐到了十六和十七世紀才加速。有幾個因素共同加快了西元一五〇〇年後伊斯蘭化的速度，尤其是葡萄牙攻陷麻六甲後，許多王子和商人紛紛逃離麻六甲，將伊斯蘭教傳播到了更廣大的其他地區。

伊斯蘭教傳播的另一個重要港口是在婆羅洲的汶萊。一五二〇年左右，汶萊的統治者皈依伊斯蘭教，雖然在此兩百年前就有穆斯林王子統治汶萊的記錄。[31]汶萊由於贊助伊斯蘭在菲律賓群島的傳教活動而很快贏得了聲譽。一五六五年，當西班牙人抵達菲律賓時，蘇祿和馬丁達諾的朝廷已經在穆斯林統治者之下。馬尼拉則是由汶萊蘇丹的親屬所控制。32

雖然馬來－印尼群島的海洋世界最終被穆斯林商人和古蘭經學者所主導，但也有抵抗穆斯林推進的力量。儘管麻六甲和香料群島之間主要貿易路線上的大多數港口都有穆斯林商人群聚，這些地方可說是長期接觸穆斯林，但並非所有沿海統治者都接受伊斯蘭教信仰。

此外，伊斯蘭教的傳播主要集中在東南亞島嶼國家，除了占婆之外，很少成功進入東南亞大陸地區。即使是在東南亞島嶼國家，伊斯蘭教的傳播也經過了好幾個世紀，才逐漸滲透到爪哇和香料群島的東部地區。一五九七年左右，當荷蘭人第一次到達爪哇時，大部分地區仍然是「異教徒」。

峇里島則是成功地擊退了所有試圖引入伊斯蘭教的企圖，即使在一六三〇年代馬塔蘭的蘇丹阿貢發動針對峇里島王室和人民的聖戰，也沒有在這個地區得逞。儘管伊斯蘭教進入爪哇，導致傳統爪哇文化及文學作品在這個地區以及其他地區都消失不見，但是峇里島卻一直與東爪哇的印度教－佛教國家保持緊密連結，成為保存傳統爪哇文化和文學的儲存地。

最後，東南亞人對強大的本土萬物有靈論以及印度教－佛教文化傳統的堅定信仰，對伊斯蘭進入東南亞也構成了阻礙。在許多東南亞島嶼地區，民眾對在地的風俗習慣奉行不懈，這代表他們對較為嚴格、教條主義的伊斯蘭教不感興趣。無怪乎，非正統和神秘的蘇菲派在東南亞相對比較容易被接受。

正如克利福．格爾茨等人類學家所記錄的，東南亞的伊斯蘭教十分多樣化，不同地區之間各有差異，即使同一個地區或村莊的不同人之間也有所不同。例如，亞齊是蘇門答臘最北邊的省份，長期以其強大的伊斯蘭教信仰而聞名，即使今天在這個地區，還擁有最保守的伊斯蘭律法。它實施了伊斯蘭教法，其中包括嚴厲的懲罰。

相比之下，伊斯蘭教並不是爪哇人的核心信仰[33]，格爾茨指出，幾個世紀以來：

> 爪哇的上層階級失去了印度的儀典部分，但保留了其泛神論，變得越來越傾向主觀主義，形成了一種本質上是照明學派的思想（這是一種遠東的諾斯替主義，加上神秘主義思辨和心理玄學等）。只要理解伊斯蘭的概念和信奉方式，東南亞的農民便可以吸收，納入一般的東南亞民間信仰中，就像之前他們吸收過印度教方面的內容，將鬼、神、精靈和先知，納入一個很明顯是冥想、甚至是哲學意義的萬物有靈論中。而那些越來越依賴麥加朝聖、以與更廣大伊斯蘭世界連接的商人階層，則是在他們沿著這條連結管道所吸取的東西（與他們在東南亞之外島嶼遇到的較為樸質的同行），與在爪哇所

接觸到的東西間，取得某種折衷，從而發展出一種宗教體系，既不像中東的伊斯蘭那樣教條化，也不似南亞的那般超凡飄渺。[34]

只消看一看雅加達的印尼獨立紀念碑附近的主要交通要道，就可以找到伊斯蘭教在爪哇溫柔紮根的痕跡。這條要道有一個著名的阿朱納．瓦加亞戰車雕塑，它是一輛由幾匹戰馬拉著的戰車，比實際尺寸大好幾倍。這個雕塑描繪的是《摩訶婆羅多》中的一個場景。

這個雕塑豎立於一九八七年，離印尼一九四五年獨立已超過四十年。簡言之，這個印度史詩場景的雕塑是在爪哇人皈依伊斯蘭教幾個世紀後所建。核准豎立這座大型雕塑的是總統蘇哈托，他是個穆斯林。然而，他相信，生動又具體地描繪著名印度史詩的一個故事場景，會感動爪哇人的內在靈魂。

印度傳說也以其他方式留在爪哇人的意識當中。爪哇文化以其傳統的哇揚皮影戲而聞名。哇揚皮影戲的很多故事場景來自印度史詩《羅摩衍那》、《摩訶婆羅多》，或Serat Menak。其中一個特別受到喜愛的是著名的印度神猴哈奴曼。

這種伊斯蘭教與印度教神話共存的文化，是印尼社會發展出來的「寬容差異」文化的一部分。而蘇加諾總統提出的「潘查希拉」五原則，就展現了這種寬容文化的精神。這五個原則分別是：信仰（信仰唯一的神）、公正和文明的人性、印尼的統一、民主，以及社會正義。這種寬容文化也可以解釋印尼獨立後所展現出來的彈性。從其地理、歷史和文化背景來看，印尼是世界上最具多樣性的國家之一，它比前南斯拉夫更加複雜。

而儘管印尼比前南斯拉夫遭受過更嚴重的危機，例如一九九七－一九九八年的亞洲金融危機、一九六五年可怕的暴力事件，但是這個國家從未分崩離析過。寬容文化並不總是能防止族裔間的暴力，但它已經滲入印尼社會中。這種文化並非一夕之間出現，而是經過若干世紀的培育。就像幾個世紀以來，不同派別的伊斯蘭教在爪哇的共存便是這種寬容文化的一部分。

這種寬容文化也可以解釋峇里島的堅韌。在一個被伊斯蘭鄰居包圍的地方，峇里島能以一個印度教文化的孤島而生存下來，的確是有些不尋常。歷史上很少有這樣的例子。例如，歐洲號稱先進的基督教社會，卻連在文化上相對而言與其相似的猶太教都不能容忍，就顯示人類社會對不同的文化族群是難以包容的。有趣的是，正如印尼的伊斯蘭社會能夠容忍和保護峇里島的印度教群體一樣，西班牙和土耳其的伊斯蘭社會也能夠保護猶太人群體，其中包括在歐洲受到基督教迫害的猶太人。

即使今天仍有許多基督教社會認為，伊斯蘭社會是不具包容力的，這些基督教國家倒是應該提醒一下自己：世界上許多伊斯蘭社會對其他文明的包容度，在歷史上的時間更長久。蒙兀兒王朝皇帝阿克巴爾（一五五六－一六〇五年在位）是歷史上最開明的統治者之一。阿瑪蒂亞·森在其著作《慣於爭鳴的印度人》中就曾描述過，「阿克巴爾的首要觀點就是『追求理性』，而不是『依賴傳統』。這是解決破壞社會和諧問題的方法，其中蘊涵著對理性對話的極大頌揚」。他補充說：

值得回顧的是，從四百年前阿克巴爾關於國家需要宗教中立的聲明，我們可以確定一個政教分離的世俗國家需要哪些基礎，儘管當時此類國家尚未在印度或其他地方出現。因此，阿克巴爾的這項理性觀點（在一五九一至一五九二年被記錄下來）是具有普世意義的。[35]

相比之下，當印度的伊斯蘭統治者實施寬容和開明統治時，西班牙卻正在進行著宗教法庭的審判。

西方浪潮

西方浪潮對東南亞的影響裡頭，有一個很矛盾的現象是：西方文明在某些方面徹底改變了這個區域，在其他方面卻完全沒有影響到。特別是在過去的一百五十年裡，這個地區的政治和經濟制度遭到徹底顛覆。然而，除了西班牙殖民統治下的菲律賓被基督教化之外，東南亞區域文化結構中最重要的宗教，卻沒有受到西方文明影響。

為什麼東南亞國家沒有像菲律賓那樣成為基督教國家呢？要明確回答這個問題可能不太容易，但顯然，西方浪潮有兩大關鍵特點：商業主義和暴力。平心而論，葡萄牙人曾發動十字軍東征，合理化其屠殺穆斯林的動機，而且第一批來到東南亞的歐洲人其最主要目的絕不是傳教。十六世紀和十七世紀歐洲人被吸引到東南亞，是緣於這段時間東南亞的「淘金熱」：亦即尋求直接獲得東南亞珍貴的香料。在十九世紀中期到十九世紀末期的工業革命之前，對於茶、香料、瓷器和絲綢等商品的需求也驅使著歐洲帝國主義者進入東南亞。

葡萄牙人是最早進入東南亞的歐洲人，而尋找香料是其主要目的。事實上，葡萄牙人在五百多年前就到達了東南亞。由於十四世紀和十五世紀中東情勢的變化破壞了東南亞和歐洲之間的香料貿易，為了解決這個問題，葡萄牙人開始尋找替代路線。一四九七年，一艘由瓦斯科・達伽馬率領的船隊航行繞過非洲南部的好望角時，突破性的進展出現了。結果，達伽馬在一四九八年五月抵達印度的馬拉巴爾海岸。

毫無疑問，葡萄牙人的目的是想從印度到達當時最繁榮的港口麻六甲。一五一一年七月一日，當人們正在慶祝麻六甲蘇丹女兒的婚禮時，葡萄牙印度總督阿豐索・德・阿爾布克開克，「麾下所有的兵力都出動，包括十九艘船、八百名歐洲士兵和六百名本地印度兵，號角高鳴、旗幟揮舞，到處開槍掃射，每一次進攻似乎都欲引發海港船隻和當地軍隊的恐慌」。36 一五一一年八月二十四日，葡萄牙攻陷麻六甲。另外，里德認為，「葡萄牙人之所以能夠攻下麻六甲城，是因為他們在下風處（無風地帶）集中火力，進行前所未見的猛烈攻擊」。37

葡萄牙人用來征服麻六甲的壓倒性軍事力量，成了西方浪潮及其對東南亞影響的里程碑。隨著時間過去，西方浪潮給這個地區帶來了許多利益。的確，沒有西方浪潮，這個地區就不可能出現現代化。然而，儘管許多西方歷史學家總是強調西方影響對這個地區文明開化的部分，我們也必須明瞭，第一批西方人出現在東南亞時可沒有懷著教化本地人的意圖。相反的，他們來這裡純粹是尋求利益，並準備不擇手段確保他們的商業目標。他們在使用暴力手段上，可說是無所不用其極。

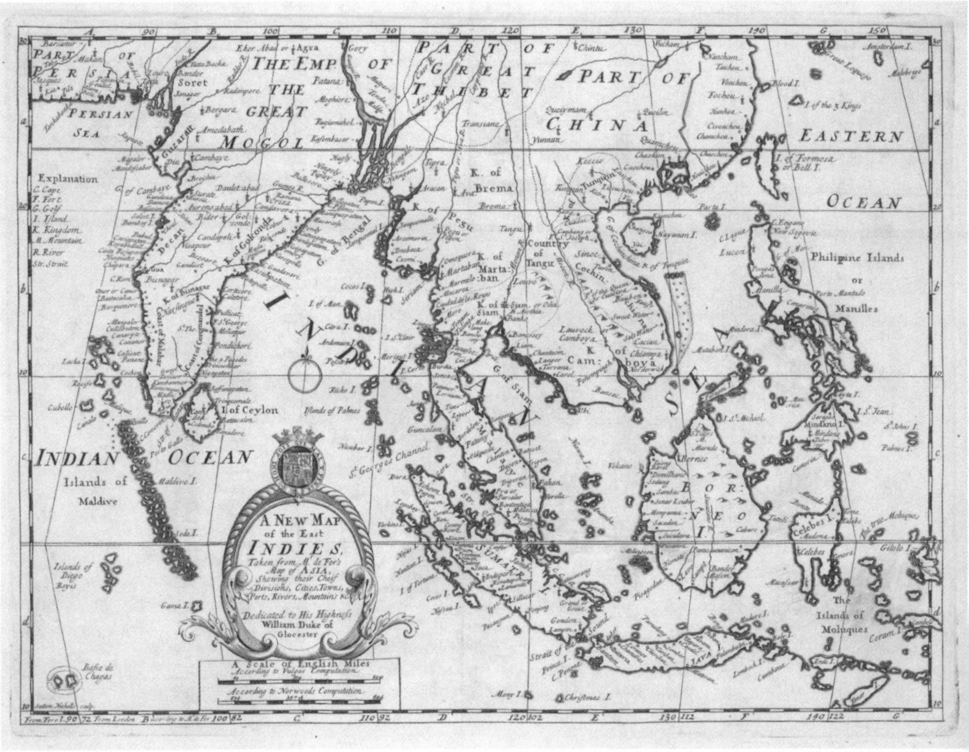

Lionel Pincus and Princess Firyal Map Division, The New York Public Library. “A new map to East Indies, taken from Mr de Fer’s Map of Asia, shewing their chief divisions, cities, towns, ports, rivers, mountains &c.” New York Public Library Digital Collections.

布萊恩．哈里森說過：

葡萄牙的商業戰爭和宗教十字軍的特殊組合，對東南亞而言是完全陌生的東西。對葡萄牙來說，挺進東方不僅僅是沿著亞洲主要貿易通道進行的侵略活動，同時也是基督教和伊斯蘭教聖戰中勝過對方的一項行動。因此，葡萄牙的商業目的，及為達此目的所使用的手段，例如對穆斯林的暴力行為，或者對穆斯林船隻的掠奪，都有著神聖的宗教目的。[38]

換句話說，基督教的目的就是神聖化其暴力手段。

從當地統治者和商人的角度看，歐洲人的武力和優異的武器並沒有改變東南亞世界的基本形態，甚至沒有改變其貿易體制。歐洲人僅只是表面上在擴張勢力。從那時起到十九世紀，亞洲人很快學會了如何使用與製造更好的武器，使得歐洲的軍事優勢降至最弱。[39]一旦歐洲人有了什麼厲害的武器，他們便會毫不猶豫地使用。葡萄牙人和西班牙人，還有英國人、荷蘭人和法國人，在使用暴力方面都一樣毫無節制。但值得注意的是，西方浪潮剛開始的速度較慢，經過一段時間之後才出現影響。在西方人進入亞洲的前三百年左右，歐洲人對亞洲的影響無足輕重，在這段時間他們也沒有想要掌控東南亞的領土。

由於殖民者的主要目標是商業，所以，每個殖民者都旨在征服和保持對重要貿易據點的控制。殖民者對這些據點相互爭奪，這甚至優先於他們與亞洲在貿易權力上的爭奪。東南亞殖民勢力之間的戰爭基本上是他們在歐洲的戰爭和對抗的延伸。一五一一年，葡萄牙人征服了麻六甲，但一六四一年他們敗給了更強大的荷蘭軍隊。荷蘭統治麻六甲近兩個世紀，之後按照一八二四年《英荷條約》，英國接手控制了麻六甲。

同樣，葡萄牙人和西班牙人也在爭奪著名的香料群島——馬魯古群島的控制權。葡萄牙和西班牙都趁機利用蒂多雷島和特爾納特島這兩個關鍵島嶼的統治者之間的世仇來爭戰。顯然，西班牙人和葡萄牙人走了完全不同的路線抵達香料群島。西班牙人向西穿過大西洋、經過南美洲，而葡萄牙人則向東穿過印度洋、經過非洲，到達香料群島。十六世紀初，葡萄牙人贏得了這場競爭。一五二七年，西班牙人被驅逐出香料群島，這直接導致西班牙人將重心集中在對菲律賓的殖民，經過四個世紀持續擴張的殖民統治，西班牙在菲律賓人身上烙下了深刻的印記。

這些新興的殖民者都沒有想在東南亞建立帝國的意圖。葡萄牙人只想控制幾個商業據點：麻六甲、帝汶、新幾內亞和馬魯古群島。同樣，當荷蘭人到達東南亞時，他們也遵循一樣的模式，集中在幾個戰略要點，目的是控制香料貿易。經過了四百多年，他們才逐漸開始控制爪哇更大範圍的土地、蘇門答臘一部分、婆羅洲、小巽他群島、蘇拉威西、馬魯古一部分和巴布亞等地。

英國和法國人來到東南亞的時間相對較晚。十七世紀和十八世紀，英國人專注於控制印度，在東南亞並沒有實質性的存在，直到從一七六二年到一七六四年這兩年，他們才佔領了馬尼拉。一七〇三年，柔佛的蘇丹為了得到英國的支援來對抗地方勢力，向一個名叫亞歷山大·漢密爾頓的英國商人承諾六十年的新加坡使用權。漢密爾頓解釋了他拒絕的理由：

伊斯蘭教紀元一七〇三年，我在去中國的途中拜訪柔佛，柔佛蘇丹阿卜杜勒·阿奇茲·里阿亞圖·沙阿·利亞沙很友好地接待了我，想把新加坡當作禮物送給我。但我告訴他，對我個人來講，這個島可能沒什麼用，但是這是一個非常適合開設公司的地方，可以發展成為貿易中心，還有良好的河流和安全的港口條件，地點便利，不論哪個方向的船運都很方便。這裡的黑土非常肥沃，還有大量木材可用來建造船運用的上好桅杆，也適合營建。我看到大豆在樹林裡瘋狂地生長，口味和外觀不亞於歐洲最好的種類。五、六英寸長的甘蔗同樣瘋狂地生長在這片土地上。[40]

一六〇〇年代，英國人企圖控制香料群島，但遭到荷蘭人箝制。一六二三年，荷蘭在安汶屠殺了英國人。一百五十多年後，真正的競爭才開始。一七八〇年十二月，英國向荷蘭宣戰，因為英國人發現荷蘭支持美洲殖民地獨立。一七八一年，英國佔領了一家位於蘇門答臘巴東市的荷蘭工廠。奇怪的是，英國雖然最後失去了美洲殖民地，卻在亞洲（包括東南亞）獲得了更強大的地位。

一切都隨著工業革命的到來而改變。歐洲對原料的需求急劇增加。農業組織改變為種植園的新模式，糖、靛藍染料、棉花和咖啡等開始大面積種植，而需要勞動力的來源，並且要控制人口，以及採用暴力手段強迫執行。十八世紀，歐洲人關注新世界，但到了十九世紀，英國人、法國人和荷蘭人開始將目光轉向東南亞。至此，西方浪潮猛烈襲擊著東南亞。從十九世紀中葉到二十世紀中葉，這個階段的殖民主義持續了約一百年。

現代東南亞的地圖顯示了歐洲強權大國之間的地緣政治衝突和鬥爭的結果。蘇門答臘之所以會被劃給荷蘭，馬來半島被劃給英國，純粹是因為一八二四年《英荷條約》簽訂造成的（這個條約是在拿破崙戰爭中，英荷兩國聯合對抗法國。戰爭結束後，兩國於一八二四年簽訂）。這些殖民勢力受到外部地緣政治較量而非本土趨勢的影響，決定了東南亞各國現代的邊界，同時也為這個地區留下了混亂模糊、政治上難以運作的邊界。

不過，現代東南亞地區最後還是有了確實可行的邊界，這真是一個地緣政治上的奇蹟。為了說明這點，我們來舉一個明顯的反例。一九一六年，在中東地區，英國外交官馬克．塞克斯爵士和法國外交官弗朗索瓦．喬治－皮科兩人自己畫出完全虛構的邊界。他們畫的這個地圖對該地區有如一道咒詛。羅賓．賴特說：「《塞克斯－皮科協定》，以及其他協議、聲明和條約，引發了一個為期九年的劃界過程，從鄂圖曼帝國的廢墟中創造了現代中東國家。雖然最後真正新的邊界與原始的『塞克斯－皮科地圖』相似度很小，但那個地圖仍然被視為是之後引發許多爭端的根源。」㊶他還寫道：「這種殖民地的劃分一直有很多缺陷，因為他們往往會忽略當地居民的認同和政治偏好。於是邊界就淪為統治者武斷決定的結果。」幾個現代評論家一致認為《塞克斯－皮科協定》造成了一定的破壞。伊拉克的埃爾比勒省省長納瓦紮德．哈迪．穆盧德告訴賴特：「數以萬計的人因為《塞克斯－皮科協定》及其造成的問題而被殺害。它改變了歷史和自然界的進程。」庫爾德斯坦總統馬蘇德．巴爾紮尼的顧問茲克里．摩薩說：「當然，《塞克斯－皮科協定》是一個錯誤，這就像逼婚。它從一開始就註定要失敗。它是不道德的，因為它未經人們同意就決定了他們的未來。」㊷

和中東的「塞克斯－皮科地圖」一樣，東南亞本來也會有幾個以人為劃分、非自然形成的政治邊界。但令人驚訝的是，東南亞大陸的國界最終都與其傳統上的邊界非常契合。英國對緬甸（現代緬甸）的統治和法國對中南半島（包括現代越南、寮國和柬埔寨）的統治，皆導致這些地區在去殖民化後出現了能夠有效運行的國家。泰國從來沒有被殖民過，但它卻巧妙地利用法國來對抗英國，而保護了大部分本國的領土。當然，這其中是有運氣的成分。

西方的影響也有助於保護一些小國或比較弱勢的國家。在面對越南的大舉擴張，柬埔寨要維持一個獨立國家的地位是岌岌可危。但法國的統治使柬埔寨免受越南和泰國的侵略。事實上，目前東南亞唯一的邊界爭端是柬埔寨和泰國之間在柏威夏古寺上的爭端。二〇一一年，泰國和柬埔寨幾乎快要全面開戰。此事件令人不安，但它的特殊性也從側面說明了東南亞的大部分邊界已經確定。

雖然在緬甸、泰國、寮國、柬埔寨和越南這些相對穩定的國家周圍，東南亞大陸的邊界已經形成，但是，正如前面提到的，東南亞各個群島國家的邊界並不容易確定。在當代的前兩個千年中，出現在這個地區的許多王國和帝國都是橫跨麻六甲海峽的。

西方浪潮退卻後，東南亞群島地區劃分為兩個獨立的「馬來」實體：馬來西亞和之後的印尼（如果包括汶萊，則為三個），這其實是人為的分裂。然而，這項分裂卻運作良好，並且已經被各方和平地接受，至少在一九六三到一九六六年蘇加諾總統加強「摧毀馬來西亞」

運動之後是這樣。馬來西亞當時的總理東古．阿卜杜．拉赫曼在他的回憶錄中解釋說，蘇加諾總統擔心，馬來西亞的獨立可能引發蘇門答臘想擺脫印尼獨立而加入馬來西亞。他寫道：

蘇加諾很難搞，因為在他心中，他總是想壓制我們。我認為，最重要的原因是，他懷疑我們和蘇門答臘之間存在著強大的馬來情感。毫無疑問，蘇門答臘對我們是有著強烈的情感。他覺得，相對於爪哇人，蘇門答臘人與我們更親近。蘇門答臘的大多數馬來人認為他們應該跟我們在一起……㊸

雖然把歐洲對東南亞的殖民統治界定為仁慈並不精確，但客觀地說，歐洲殖民統治者確實在進行殖民統治的一個世紀中將現代化的各個方面帶到了東南亞。

一八六九年，蘇彝士運河的開通「促進了東南亞海域輪船數量的快速增加，迅速使這個地區進入海上運輸的新機械化時代……這條新路線穿過紅海，連接地中海和印度洋，將蒸汽船從歐洲到達亞洲所需的時間縮短了三分之一……新加坡迅速獲益，其貿易額從一八六八年的五千八百萬英鎊，猛增到一八七三年的近九千萬英鎊」。㊹

二十世紀後期，東南亞地區橡膠生產顯著成長，這是這個地區貿易擴張和西方對這個地區自然資源強大新需求的一個例證。一九〇五年，東南亞出口兩百噸橡膠。到一九二〇年，這個數字已經增加到一九・六萬噸，一九四八年，橡膠出口數量已經達到七十萬噸。㊺

在十九世紀末和二十世紀初的歐洲殖民統治期間，東南亞的經濟活動和資源出口顯著增加，這導致了另一個領域的發展，即中國和印度經濟移民的到來，這也是西方對東南亞的一個重要影響。這些移民數量之多，改變了幾個東南亞國家的政治和經濟氛圍。

自英國統治印度和緬甸以來，大量的印度移民在十九世紀中葉來到緬甸。他們：

在各個領域工作，包括從事非技術性與技術性勞工、職員、教師、工程師等各行各業的工作。鐵路、河運、郵政、碾米機廠、礦山、油田、銀行及商店尤其需要人力。在緬甸，無論是新的大眾機構，還是軍隊、員警、行政機關，無不充斥著印度人。隨之而來的還有一些人，他們提供的服務正是歐洲人和印度人所需要的，例如僕人、洗衣人（印度的一個特殊種姓）、鞋匠、看門人（也是一個特殊的種姓）、貨幣兌換商、餐館老闆、酒店經營者等。這些都是緬甸人之前從未聽說過的職業。㊻

同樣的，從一九〇七年到一九五七年間，也有許多印度人前往馬來亞，在橡膠種植園工作。根據「康甘尼」契約制度，泰米爾工頭負責從印度招聘工人，並且監督他們在馬來亞種植園工作，於是大量的泰米爾人移民到馬來亞。泰米爾人還在馬來亞和緬甸的各個城市做著各式各樣的工作。後來在二十世紀，日本在東南亞的侵略行為對泰米爾種植園的工人帶來了可怕的災難：其中約十萬人被日本人徵召去建造泰國和緬甸之間的「死亡鐵路」。㊼

戰後，在馬來亞的印度種植園工人並沒有遭受到「本地人」的壓迫，不像其他印度工人在東南亞其他國家遇到的境況，尤其是在緬甸，一九六二年印度人就被緬甸人驅逐出境。另一方面，馬來西亞和新加坡的印度社區非常繁盛，印度人活躍在法律、商業和政治的各種領域。馬來亞印度裔最有名的成功例子就是新加坡前總統塞拉潘·納丹。他的父親移民到馬來亞，是一個橡膠種植園的法律部門職員。同樣，馬來西亞印度國民大會黨前主席敦善班丹（與東古·阿卜杜·拉赫曼和陳禎祿同為馬來西亞的開國元老），他的父親是最早一批前往馬來西亞和豐地區種植橡膠的人。

中國人在東南亞的數量非常多，對這個地區的經濟和社會產生更大的影響。吸收中國人最多的國家是泰國，泰國接受中國移民也已經有好幾個世紀。在大多數情況下，中國人都能幸福地融入泰國。孫合記和妻子皮姆就寫了一本書記錄這點。㊽

十九世紀和二十世紀初，印尼、馬來西亞和菲律賓也吸引了大量的中國移民。雖然這段時期，中國人在這三個國家就經濟方面極為成功，但他們在政治方面往往不太受歡迎。

菲律賓作為一個基督教國家，發現自己更容易吸收近代的中國移民，其中許多人皈依天主教或取了西班牙語的名字。中國移民到菲律賓的歷史或許可以追溯到西元十世紀。一八七九年，西班牙作家卡洛斯・雷圖爾寫道：「從商業的角度來看，菲律賓是一個擁有西班牙印記的英中殖民地。」[49]歐洲殖民勢力喜歡中國人充當中間人，而且這裡有許多華裔菲律賓企業家。許多菲律賓的大型集團都是由華裔菲律賓人創辦，他們剛開始可都是白手起家。

相比之下，中國人並不太容易融入馬來西亞或印尼社會。在這兩個地方，二十世紀的中國人在經濟上非常成功，但必須應對嚴重的政治挑戰。相對上而言，馬來西亞吸納了更多的中國人。中國人主要是在十九世紀到達這裡，最初是在錫礦裡工作，後來也在種植園工作。正如查理斯・赫希曼所描述的：

一八四〇、五〇年代是一個具有關鍵性的時代，標誌著人口和經濟發展模式與過去完全不同。貿易的擴張，特別是西方的工業革命，促進了經濟活動和勞工移民大量增加。對錫的需求是最初的原因，但隨後農業性（咖啡、糖等）的商業活動也需要更多的廉價勞力來供應不斷成長的出口部門。馬來亞人口稀少、勞力短缺。不難理解，馬來農民是不願意到早期礦山和種植園那種非常艱苦的環境中工作。而其他亞洲人選擇不多，只能以契約工人的身份到馬來亞工作。[50]

等到一九五七年馬來亞獨立時，中國人的數量已經增加到了其總人口數的38％。由於馬來人（馬來人和後來的馬來西亞人）害怕失去自己的政治權力，所以努力限制華人的政治權力。即使是馬來亞和馬來西亞第一任總理東古·阿卜杜·拉赫曼（他算是比較包容和開放的領導人），也對此表示擔憂。他說，將新加坡分離出去的決定，「完全是我個人的決定，如果有任何責難，我來承擔。但在我心裡，這是正確的決策。否則，華人將主宰我們的國家，其人口比馬來人多兩百萬，他們會完全主宰我們國家」。許多年前，當他還是一個學生的時候，他就曾寫道：「如果馬來亞要實現獨立，那就必須先被分裂。我們無法在一起，因為華人會佔主導地位，而且佔據著比馬來人強大許多的地位。所以我們別無選擇，它就像一條壞腿，必須截肢。」[51]

和菲律賓一樣，中國人移民到印尼也有悠久的歷史。但是，始於十九世紀的移民潮是一個完全不同的數量。德威·蘇桑蒂觀察到：

自一九四五年印尼獨立到一九九八年，出於政治原因，印尼華裔的地位和身份始終沒有得到改善。在「新秩序」期間（一九六六－一九九八年），印尼華裔在政治和文化上被疏遠。他們因擁有商業頭腦而被「規定」只能從商，這樣就不會對政府構成政治威脅。在社會生活方面，他們也是經常自動疏遠其他印尼人。[52]

鑒於他們在印尼有著強大的經濟實力，並且與印尼本土人存在蘇桑蒂所描述的社會疏離，在動亂時期，華裔發現自己往往成了暴力大屠殺的目標，如一九四六年的丹格朗、五〇年代的蘇門答臘與一九六五年的印尼大屠殺，以及一九九八年五月的騷亂。

東協所有國家都有中國移民。然而，除了上述國家和新加坡以外，華人數量並不明顯特別多。但是這些小型的華人社群在促進東南亞內部貿易方面扮演了關鍵角色，創造了一個如「竹網」的網絡。根據默里．韋登鮑姆所言，「『竹網』超越了現有的國界。它佔據著關鍵的位置，在這些位置，例如擁有華裔背景的商業行政人員、商人和金融家等，決定大多數日常經濟的決策」。[53]

毫無疑問，西方的浪潮對東南亞歷史影響深遠。尼克．奈特說：

歐洲殖民主義對東亞和東南亞的影響是不平均和零星的，但是累積起來非常顯著。本地歷史和文化在形塑本土歷史方面仍然很重要。但西方透過殖民主義，對東亞和東南亞施加外來的影響，例如以資本主義、工業化和商業化農業生產為基礎的國際貿易體系、民族國家以及民族主義，這些都對這個地區的各國人民和社會造成嚴重後果。54

至於東南亞現代邊界的劃分，則是西方浪潮作用的結果。里德指出：

東南亞國家曾試圖以歷史、文化或意識形態的名義改變國家邊界，但失敗了，這說明了「帝國」可怕的力量。泰國在戰時吞併了柬埔寨西部、部分緬甸東部，以及馬來亞北部（一九四一—一九四五年），印尼在一九七五到一九九九年吞併了葡屬東帝汶，越南在一九五四至一九七五年處於分裂狀態（儘管與其前殖民歷史一致），印尼（一九五六—一九六二年）爆發地方叛亂，一九七八年柬埔寨在其東南邊界試探越南，隨後越南入侵柬埔寨……這些最後都告失敗，都沒有破壞帝國時期定下的邊界。馬來西亞在馬來世界中繼承了紊亂的不列顛帝國，隨後在一九六二到一九六六年遭到印尼的挑釁，同時還遭到了菲律賓的對抗（一九六二年，菲律賓提出對沙巴的領土要求）。

但從長遠來看，只有小汶萊（一九六二年）和新加坡（一九六五年）的分離，削弱了帝國的遺緒。[55]

幸運的是，這些邊界與東南亞社會的政治和社會基本結構相當一致。或者說，這些邊界劃分對東南亞地方社會的衝擊，遠不如中東地區或印度和巴基斯坦之間的邊界衝突。

在東南亞的大部分現代基礎設施，像是公路、鐵路、學校、醫院等等，都是在殖民時代修建的，並有幸保存下來。除了一九七五到一九七八年柬埔寨在波布的統治下實行過種族滅絕政策外，還沒有哪個東南亞國家瀕臨徹底失敗的狀況。殖民時代留下的各種現代行政制度（包括未被殖民的泰國）存續至今，為許多東南亞國家提供行政體系支撐。新加坡在獨立之後的超凡成就得益於諸多因素，例如能夠在英國遺留下來的許多政府機構繼續發展並強化治理的能力。

但這些並不意味著現代東南亞國家應該感謝西方殖民者。歐洲殖民統治其實也留下了同樣巨大的負面遺緒：包括對軍事力量較弱的社會實施的野蠻暴力，以及對農民和城市勞工無情剝削。例如，在一八四〇年代，由於荷蘭對當地農村勞力大量需求，迫使他們種植咖啡、甘蔗和藍靛等經濟作物。這種荷蘭種植體系致使整個爪哇地區饑荒和傳染病盛行。[56]甚至在正式獨立之後，東南亞人花費了幾十年在精神上去殖民化。這推遲了東南亞社會的復興。總之，西方浪潮對現代東南亞的影響是複雜的，值得歷代東南亞歷史學家進一步深入研究。

1. 作者對楊榮文的訪談，訪談時間：二〇一六年二月五日。
2. Pierre Yves Manguin, A. Mani and Geoff Wade, eds., *Early Interactions Between South and Southeast Asia: Reflechon Crosscultural Exchange*（Singapore: Institute of Southeast Asian Studies, 2011）, p. xv.
3. Craig A. Lockard，*Southeast Asia in World History*（Oxford: Oxford University Press, 2009）, p. 15.
4. Kenneth R. Hall, "Review: 'Borderless' Southeast Asia Historiography: New Scholarship on the Interactions Between Southeast Asia and Its South Asian and Chinese Neighbours in the Pre1500 Era"，*Bijdragen tot de Taal, Land en Volkenkunde* 167, 4（2011）: 527-42.
5. Anthony Reid, *Southeast Asia in the Age of Commerce:* 14501680（New Haven: Yale University Press）, p. 3.
6. Lockard, *Southeast Asia*, p. 13.
7. Ibid., p,15.
8. "*Nan-fang Ts'ao-mu Chuang*" [A Fourth Century Flora of SouthEast Asia], trans. Li HuiLin（Hong Kong: Chinese University Press, 1979）.
9. William Dalrymple, "The Great & Beautiful Lost Kingdoms"，*New York Review of Books*, 21 May 2015. http://www.nybooks.com/articles/2015/05/21/greatand-beautifullostkingdoms/，瀏覽時間：二〇一六年十月十二日。
10. Sheldon I. Pollock, *The Language of the Gods in the World of Men: Sanskrit, Culture, and Power in Premodern India*（Berkeley: University of California Press, 2006）, p. 257.
11. George Coedes, *The Indianized States of Southeast Asia*（Honolulu: EastWest Center Press, 1968）, p. 15.
12. Pollock, *Language of the Gods*, p. 124.
13. Charles Higham, "The Long and Winding Road That Leads to Angkor"，*Cambridge Archaeological Journal* 22, 2（2012）: 265.
14. Dalrymple, "The Great & Beautiful Lost Kingdoms". http://www.nybooks.com/articles/2015/05/21/greatandbeautifullostkingdoms/，瀏覽時間：二〇一六年十月十二日。
15. John N. Miksic, *Historical Dictionaries of Ancient Civilizations and Historical Eras, No. 18*（Lanham: Scarecrow Press, 2007）, p. 33; Damien Keown, *A Dictionary of Buddhism*（Oxford: Oxford University Press, 2004）.
16. Brian Harrison, *SouthEast Asia, a Short History*（London: Macmillan, 1963）, p. 30.
17. Arthur Cotterell, *A History of Southeast Asia*（Singapore: Marshall Cavendish, 2014）, p. 114.
18. Xuanzang, *The Great Tang Dynasty Record of the Western Regions*, trans. Li Rongxi（Berkeley: Numata Center for Buddhist Translation and Research, 1995）, p. 49.
19. Martin StuartFox, *A Short History of China and Southeast Asia: Tribute, Trade and Influence*（Crows Nest: Allen & Unwin, 2003）, p. 30.
20. Ibid., p. 31.
21. Derek Mitchell and Carola McGiffert, "Expanding the 'Strategic Periphery': A History of China's Interaction with the Developing World"，in *China and the Developing World: Beijing's Strategy for the Twentyfirst Century*, ed. Joshua Eisenman, Eric Heginbotham and Derek Mitchell（Armonk: M・E. Sharpe, 2007）, pp. 3-28.

22. Joshua Eisenman, Eric Heginbotham and Derek Mitchell, eds, *China and the Developing World: Beijing's Strategy for the Twentyfirst Century* （Armonk: M・E. Sharpe, 2007）, pp. 8-9.
23. Wang Gungwu, "Ming Foreign Relations: Southeast Asia"， in *The Cambridge History of China*, ed. Denis Twitchet （Cambridge: Cambridge University Press, 1998）, pp. 317-8.
24. Frank Viviano, "China's Great Armada, Admiral Zheng He"， *National Geographic*, July 2005, http://ngm.nationalgeographic.com/features/world/asia/china/zhenghe-text/，瀏覽時間：二〇一六年十月十二日。
25. Wang Gungwu, "Singapore's 'Chinese Dilemma' as China Rises"， *Straits Times*, 1 June 2015.
26. Wang Gungwu, "The Opening of Relations between China and Malacca, 1403-05"， in *Admiral Zheng He & Southeast Asia*, ed. Leo Suryadinata （Singapore: Institute of Southeast Asian Studies, 2005）.
27. Tome Pires, *Suma Oriental of Tome Pires: An Account of the East, from the Red Sea to China, Written in Malacca and India in 1512-1515*, ed. and trans. Armando Cortesao （New Delhi: Asian Educational Services, 2005）, p. 143.
28. D.G.E. Hall，*A History of SouthEast Asia* （London: Macmillan, 1955）, p. 180.
29. 關於麻六甲和東南亞伊斯蘭化中的中國因素，參見：Geoff Wade, "Early Muslim Expansion in SouthEast Asia, Eighth to Fifteenth Centuries"， in *The New Cambridge History of Islam*, Vol. 3: *The Eastern Islamic World, Eleventh to Eighteenth Centuries*, ed. David O. Morgan and Anthony Reid （Cambridge: Cambridge University Press, 2010）, pp. 395-7。
30. Jacob Cornelis van Leur, *Indonesian Trade and Society: Essays in Asian Social and Economic History* （The Hague: W. Van Horve, 1967）.
31. Wade, "Early Muslim Expansion"， p. 369.
32. Nicholas Tarling, ed., *The Cambridge History of Southeast Asia*, Vol. 1: *From Early Times to c. 1800* （Cambridge: Cambridge University Press, 1992）, p. 519.
33. Clifford Geertz, *Islam Observed: Religious Development in Morocco and Indonesia* （Chicago: University of Chicago Press, 1971）, p. 15.
34. Ibid, p. 13
35. Amartya Sen, *The Argumentative Indian: Writings on Indian History, Culture, and Identity* （New York: Farrar, Straus and Giroux, 2005）.
36. R.J. Wilkinson, "The Capture of Malacca, A. D. 1511"， *Journal of the Straits Branch of the Royal Asiatic Society*61 （1912）: 716.
37. Anthony Reid, *Southeast Asia in the Age of Commerce 1450-1680*, Vol. 2: *Expansion and Crisis* （New Haven and London: Yale University Press, 1993）, p. 271.
38. Harrison, SouthEast Asia, p. 70.
39. Tonio Andrade, *The Gunpowder Age: China, Military Innovation, and the Rise of the West in World History* （Princeton: Princeton University Press, 2016）.
40. Alexander Hamilton, *A New Account of the East Indies*, Vol. 2 （Edinburgh: John Mosman, 1727）, p. 97.
41. Robin Wright, "How the Curse of SykesPicot Still Haunts the Middle East"， *New Yorker*, 20 Apr. 2016, http://www.newyorker.com/news/newsdesk/howthecurseof-sykespicotstillhauntsthemiddleeast/, accessed 12 Oct. 2016.
42. Ibid.

43. Tan Sri Abdullah Ahmad, *Conversations with Tunku Abdul Rahman* （Singapore: Marshall Cavendish, 2016） , p. 68.
44. S. Dobbs, *The Singapore River: A Social History, 1819-2002* （Singapore: Singapore University Press, 2003） , p. 10.
45. Harrison, *SouthEast Asia*, p. 212.
46. Moshe Yegar, *The Muslims of Burma: A Study of a Minority Group* （Wiesbaden: Otto Harrassowitz, 1972） ‧
47. Ravindra K. Jain, *South Indians on the Plantation Frontier in Malaya* （New Haven and London: Yale University Press, 1970） , in Christophe Z. Guilmoto, "The Tamil Migration Cycle, 1830-1950" ‧ *Economic and Political Weekly* （1623 Jan. 1993） : 111-20.
48. Sng and Bisalputra, *A History of the Thai Chinese.*
49. Carlos Recury Carazo, *Filipinas: estudios administrativosy comerciales* （Madrid: Imprenta de Ramón Morenoy Richardo Rojas, 1879） , in E. Wichberg, *Early Chinese Economic Influnce in the Philippines, 1850-1898* （Lawrence: Center for East Asian Studies, University of Kansas, 1962） , p. 110.
50. Charles Hirschman, "The Meaning and Measurement of Ethnicity in Malaysia: An Analysis of Census Classi cations" ‧ *Journal of Asian Studies* 46, 3 （1987） : 555-82.
51. Tan Sri Abdullah Ahmad, *Conversations with Tunku Abdul Rahman.*
52. Dewi Susanti, "Paradoxes of Discriminatory Policies and Educational Attainment: Chinese Indonesians in Contemporary Indonesia" ‧ in *Equity, Opportunity and Education in Postcolonial Southeast Asia*, ed. C. Joseph and J. Matthews （New York: Routledge, 2014） , p. 135.
53. Murray Weidenbaum, *One Armed Economist: On the Intersection of Business and Government* （New Brunswick and London: Transaction Publishers, 2005） , pp. 26-45.
54. Nick Knight, *Understanding Australia's Neighbours: An Introduction to East and Southeast Asia* （New York: Cambridge University Press, 2011） , pp. 6-12.
55. Anthony Reid, *Imperial Alchemy: Nationalism and Political Identity in Southeast Asia* （Cambridge: Cambridge University Press, 2010） , p. 2.
56. Siddharth Chandra and Timothy Vogelsang, "Change and Involution in Sugar Production in Cultivation System Java, 18401870" ‧ *Journal of Economic History* 59, 4 （1998） : 885-911.

第2章

和平生態

在全世界，沒有任何一個其他地區能夠和東南亞一樣，對差異極大的各種文明浪潮保持如此開放的姿態。這點或許也可以解釋，為什麼世界上沒有其他地區能夠像東南亞一樣具有如此豐富的多樣性和差異性。簡言之，東南亞應該是世界上最不適合積極發展區域合作的地方。

從歷史經驗來看，東協本應註定要失敗。東協能在一個這麼不利的環境成功發展，並且維持地區的和平與繁榮，不得不說是一項奇蹟。那麼，東協為什麼、以及是如何，為這個所謂的「亞洲巴爾幹」帶來和平？某位睿智的人曾經說過，每一千本關於戰爭起源的書中，只有一本是討論和平緣由。的確，無論是在科索沃，還是喬治亞、敘利亞，還是利比亞，一旦爆發戰爭，我們都會立即注意到。成千上萬的文章會探討其衝突的原因。然而，一個持久的和平生態系統出現時，卻少有人注意到。更不用說去加以解釋了。東協，這個曾經動亂不斷的地方，現在卻已長期維持和平。這是一個巨大的謎題，可是沒什麼人去解開這個謎題。

令人遺憾的是，西方國際關係學者似乎不太可能來填補這個空白。那些學者憑著一些新聞報導（如科索沃戰爭）做為經驗依據的資料來進行學術研究。但是和平無法稱得上是具體的事件，沒有人會加以報導。多年的和平總是無人問津，而一個衝突事件卻會成為新聞。這或許可以說明，為什麼東協地區內部的和平沒有引起學界的重視。

本章旨在解釋這個歷史謎題，即一個長期和平的生態系統如何在最不可能和最沒有希望的地區——東南亞地區——誕生。這是一個複雜的故事，有許多曲折過程。如同其他最具生命力的進程一樣，東協的發展歷程也總是福禍相依。

在詳細說明影響這個生態系統發展的因素之前，必須先瞭解與其相關的一些大事。東協發展的第一階段、也是最重要的階段是在冷戰時期，即一九六七至一九九〇年。但這個關鍵階段又可分為兩個部分。從一九六七到一九七五年，東協的創始會員國（印尼、馬來西亞、菲律賓、新加坡、泰國）國內共產主義運動興起、盛行，統治者非常害怕其政權被顛覆。然而，很快地，顯然共產主義分裂成兩個陣營。蘇聯和中國出現了很深的裂痕（在東南亞地區，則是越南與柬埔寨的戰爭），東協對共產主義的恐懼逐漸減退。事實上，東協對於越南在一九七八年十二月入侵柬埔寨，採取團結一致的態度，在反對越南入侵柬埔寨的全球運動中，也採取一致的行動。這促進了五個創始國（汶萊於一九八四年加入東協）之間深厚的共同體意識。如果沒有這十年密切合作反對越南佔領柬埔寨，東協也許就無法成功地創造出現今這個和平生態系統。

第二階段貫穿了一九九〇年代的大部分時間，開始於冷戰結束，結束於一九九七—一九九八年，當時的亞洲金融危機對幾個東協國家造成災難性的影響。這十年間，東協靠著前二十年團結合作累積下來的政治資本，以及幾位重要領導人的推動，如李光耀、馬哈地和蘇哈托。同時，東協共同體的性質也隨著越南（一九九五年）、寮國（一九九七年）、緬甸（一九九七年）和柬埔寨（一九九九年）的加入而有所改變。令人驚訝的是，一些曾經敵對的國家也很快相繼加入東協。一個更具包容性的東南亞共同體因此而出現。

第三階段開始於二十一世紀初。在這個階段，東協顯著加強了制度面的發展。從一九九三年開始實施的東協自由貿易區（AFTA），已於二〇〇三年生效（越南二〇〇六年生效，寮國、緬甸為二〇〇八年，柬埔寨為二〇一〇年）。最重要的是，《東協憲章》在二〇〇七年一—十一月這十一個月內完成談判，達成協議。這個階段的制度發展建立於過去三十年積累、在政治上團結所打下的堅實基礎之上，並且成就了今天全世界所看到的東協。

我們在本章將要嘗試回答一個重要的問題，那就是：形成東協今天所在的這個和平生態系統的關鍵因素是什麼？主要因素包括以下：第一，凝聚東協五個創始國的主要動力是恐懼。這些創始國擔心，共產主義若擴大，他們將受到「骨牌效應」的影響而倒下。第二，東協國家有著相當優秀的領導人。一個國家的領導層在國際事務上永遠是重要的關鍵因素。第三，運氣也是一個因素。東協在二十世紀後期的主要地緣政治競爭中（即美蘇冷戰），站到了勝利的一方。還有其他重要的地緣政治事件，如一九六九年的中蘇交惡也幫助了東協。第四，東協國家成功地融入了繁榮的東亞經濟生態系統。在這個時期，世界貿易進入快速擴張階段，東協國家向日本和「四小龍」學習經濟發展經驗，並且在其國家發展政策中效仿東亞國家和地區的成功經驗。其實對於東協國家而言，最初它們並沒有要實行自由貿易以及開放市場。東協國家都曾是聯合國77國集團的成員，該集團提倡民族主義（由勞爾．普雷維什的民族主義思想啟發）與保護主義政策。❶但是東協國家拒絕這些第三世界的傳統政策。第五，東協的發展動能逐步增強，並且每年都召開上百場多邊會議。東南亞地區因此變得關係更為緊密，而且在不同的領域形成了相應的網絡。只是，這些網絡對維持區域和平的影響並未得到很好的闡釋。

另一個因素也很重要。馬凱碩經常半開玩笑提及，東南亞地區的和平離不開四個字，那就是「高爾夫球」。馬凱碩與他的東協同事經常在一局愉快的高爾夫球賽之後解決掉許多棘手的問題，而打高爾夫球促進了彼此的同志友誼。新加坡前外交部長黃根成也同意說：「高爾夫球是很重要的因素。它能夠消除障礙，並促進情誼。我們甚至曾經在某一年聯合國大會後的週末，舉辦東協高爾夫球賽。」❷他還補充道：

每年聯合國的東協晚宴就是一種團結的表現。部長們的夫人都會到場與大家握手——

這在其他區域性組織中是沒有的。我們也會準備一些簡單的紀念品。例如在招待會後送上蘭花。許多人都會到場，包括聯合國秘書長。

簡言之，在聯合國，全世界都可以親眼目睹東協的和平合作模式。東協創造的這個和平生態系統既可以強化自身，也能夠給東協的鄰國帶來好處。一些東協的對話夥伴國，包括日本、韓國、澳洲和紐西蘭，發現了參與東協會議的意義，同時能在這個和平生態系統中獲益，如此等於也將東協的合作精神傳播到更廣大的東亞和亞太地區去。

因素一：對共產主義的恐懼

讓我們從東協的起源開始談起。東協國家團結起來的關鍵因素是對共產主義的恐懼。如果對一九六〇年代的政治環境沒有深刻的瞭解，現在可能很難理解這種恐懼。從今天看來，以美國領導的非共產主義世界對抗由蘇聯領導的共產主義世界，由美國取得勝利似乎是毫無疑問，很容易可以預測得到。但是對於生長在一九六〇年代東南亞的我們來說，這個勝利並不是必然的。事實上，當時的共產主義看起來是一股不可抗拒的潮流。

東協的五個創始國很害怕共產主義，因為它們國內都經歷過共產主義者的暴亂。一九四〇年代和五〇年代，馬來西亞和新加坡都經歷了馬來亞共產黨領導的暴動。當時由蘇哈托總統執政的印尼政府，受到印尼共產黨（PKI）在一九六五年試圖發動的未遂政變重創。政變策劃者殺害了幾名印尼將軍，並將目標鎖定在蘇哈托及戰略儲備司令部指揮官。泰國也受到類似困擾，並且擔心，如果中南半島倒向共產主義，泰國將成為東南亞對抗共產主義的前線。菲律賓則在一九四二至一九五四年經歷了「虎克黨」的暴動。

一九四九年中國成為共產黨國家，隨後朝鮮半島和中南半島爆發了兩次針對共產主義的戰爭。一九五三年七月二十七日《朝鮮半島停戰協議》簽訂，戰爭結束，朝鮮的局勢穩定下來，但朝鮮半島一分為二。然而，戰火卻在其他地區愈演愈烈，最初是在越南和寮國，隨後蔓延到柬埔寨，尤其是在一九七〇年三月十八日美國中情局廢黜西哈努克之後。馬凱碩曾在一九七三年七月到一九七四年六月住在柬埔寨金邊，親眼目睹了紅色高棉每日對當地的炮擊。他永遠不會忘記家裡遭到炮彈碎片擊中，所有窗戶玻璃碎裂的經歷。越南、寮國和柬埔寨共產黨的決心是可畏的。他們堅信歷史站在他們一邊。

與之相比，東協創始國的非共產黨領導人非常擔心他們的生命和國家安全。時任美國國家安全委員會執行秘書的詹姆斯．萊曾在一九五二年的報告中預測：

在中國共產黨公開或非公開的攻擊下，任何一個落入共產主義政權的東南亞國家，都將會產生嚴重的心理、政治和經濟後果。若沒有進行及時和有效的反擊，那麼任何國家的淪陷將導致其他國家迅速地倒向共產主義及其聯盟。❸

不少人認同這個觀點。一九五四年，美國總統艾森豪表示，中南半島有著重要的戰略意義，因為「將一排骨牌立起之後，只要推倒第一塊骨牌，最後一塊很快也會跟著倒下去。因此，只要有一個地方開始瓦解，就會產生極為重大的影響」。❹

這個理論帶來的心理影響非常可怕。一九七五年五月，馬來西亞內政部長加紮利．沙菲曾說過：「骨牌效應在理論和實踐上雖然明顯令人存疑……但當前的事件似乎顯示未來是黑暗和不確定的。在這種讓人沮喪的氣氛中，骨牌效應可能會諷刺地成為一種自我實現的預言。」❺在這種普遍恐懼的氛圍下，一九六七年八月在曼谷召開的東協成立會議上，時任新加坡外長的拉惹勒南堅定地對其他東協代表說：「如果我們不團結（hang together），那麼我們就會四分五裂（hang separately）。」大多數說英語的人很容易理解這句話，但是這句話卻被泰國代表團幽默地誤解了。在拉惹勒南外長發言後，泰國代表說：「身為佛教徒，我們是反對『絞刑』（hang）的。為什麼你們只提供我們兩種不同的『絞刑』（hang）方式呢？」還好，在跟他解釋了這句話句的原意後，泰國代表團同意拉惹勒南外長的提議。

這就是為什麼恐懼這個因素是重要的。因為它是將五個國家團結在一起的重要凝合劑。尤其當東協各國眼看，共產主義部隊一步步攻陷柬埔寨、寮國和越南南部後，這種恐懼情緒就愈發強烈。確實，馬凱碩在金邊的那段時間，整個城市都被圍攻，從城市到農村的道路根本走不通。同時，一九七二年「水門案」及一九七四年八月九日理查．尼克森總統的辭職，讓東協國家認知到，它們依賴的安全盟友美國自己也受到國內問題的牽制與煩擾。所以，東協國家愈加清晰地體認到，套用拉惹勒南外長的話來說便是，「要麼團結，要麼分裂」。一九六八年八月七日，馬來西亞副總理阿卜杜勒．拉薩對其他東協國家代表發出明確警告，「我們應該共同關心且確保沒有任何事情能危害東協未來的發展」。❻

一九七五年四月三十日西貢淪陷時，東協領導人內心覺得最黑暗的時刻已經來臨。美國外交官和士兵從西貢的美國大使館撤離，這戲劇性的一幕發生加深了東協領導人對共產黨將佔領全東南亞的擔憂。在此八年前，即一九六七年十月十九日，李光耀曾經對美國副總統休伯特．韓弗理說過，如果美國自越南撤退，「在其後一年半至兩年間，泰國將爆發戰爭，緊接著就是馬來西亞，不到三年我肯定會在眾目睽睽之下被吊死」[7]。當西貢淪陷時，這種黑暗的日子似乎近在眼前。一九七五年五月八日，李光耀告訴福特總統說：「我當時的第一反應就是震驚，擔憂局勢迅速崩潰。」[8]在談及東南亞的混亂局勢時，李光耀說到，泰國人認為「美國沒有道德，媒體在湊熱鬧……寮國已經瀕臨垂死的局面，柬埔寨則在中國和越南之間掙扎」。

這種對共產黨擴張的擔憂，促使東協領導人在一九七六年二月二十三到二十四日於峇里島召開高層會議，那是在中南半島解放一年之際。馬凱碩參加了那次會議。美國學者唐納德·韋瑟比說道：

> 一九七五年共產黨在中南半島的勝利，促使東協國家為加強安全合作採取緊急措施。一九七六年二月，東協國家元首在印尼峇里島召開了第一屆東協峰會。這為東協加強政治和經濟合作奠定了基礎，但是並未關上與中南半島國家和解的大門。[9]

在峇里島開會的東協領導人充滿恐懼和擔憂，相形之下，越南的領導人則顯得非常傲慢。他們相信，東南亞地區的歷史終將站在他們那邊。一九七六年八月，在斯里蘭卡召開的不結盟運動（NAM）峰會上，新加坡前總統納丹看到了越南領導人對局勢充滿自信。當時，納丹總統碰巧讀到了越南總理范文同寫給斯里蘭卡總理西麗瑪沃．班達拉奈克夫人的便條，上面寫著：「隨著美國的失敗和越南的統一，革命已經開始。共產主義將橫掃整個東南亞地區。」❿

越南領導人的這種傲慢，導致其做出一個越南歷史上最慘烈的戰略決定。一九七五年共產黨政權佔領中南半島後，一般認為，柬埔寨、寮國和越南共產黨應該會形成一個統一的集團，因為它們曾共同抵抗過美國在其國內支持的軍事力量。然而，相反的情況發生了。三個國家的共產黨各自執政後，柬埔寨和越南以前持續了好幾個世紀的傳統競爭關係再次上演。由種族滅絕獨裁者波布領導的柬埔寨紅色高棉，和越南斷交。波布開始站在中國那邊，以抵抗越南和蘇聯的聯盟。中蘇分裂的情勢蔓延到了中南半島。

隨著中蘇的分裂，越南開始計畫入侵和佔領柬埔寨。由於越南領導人在打敗一個超級大國之後信心滿滿，而且他們相信可以依靠蘇聯的軍事力量打倒中國，因此他們無視中國的警告，於一九七八年十二月入侵柬埔寨。

越南這個行動存在著幾個誤判。第一，中國在一九七九年二月對越南發動大規模進攻，以作為回應。幾十萬中國人和越南人陷入戰爭泥沼。雖然越南士兵氣勢如虹，也贏得多場戰役，但最後是越南以割讓土地向入侵的中國軍隊投降。在教訓了越南之後，中國將軍隊撤回。然而，這給了越南一個明確的信號，即中國將毫不留情地反對越南侵略柬埔寨。

第二個誤判是越南低估了東協的反抗力量。打敗了中南半島的非共產主義勢力後，越南領導人認為，東協國家的非共產主義領導人一樣是無能和軟弱的。他們這種想法也不是完全沒有道理。泰國在歐洲殖民時期從未被殖民過，其中一個原因就是泰國已經形成了一種適應性文化，習慣了新的勢力直接出現在自家門口。所以，當越南坦克迅速橫越柬埔寨境內，並到達東泰邊境時，部分泰國政治家非常自然地適應與接受了越南侵佔柬埔寨的事實。有人幽默地評論道，唯一能阻止越南侵佔泰國的是曼谷糟糕的交通，因為越南的坦克將寸步難行。

出乎越南人意料之外的是，東協領導人堅定且團結一致地反對越南侵佔柬埔寨。拉惹勒南曾在一九九二年的一篇文章中寫道：「這並不是對地區主義的信念，而是出於面臨共同的恐懼，最終導致了越共的失敗。」⓫在撰寫東協完整的歷史時，這將會被記載是東協做過的最重要的決定。東協奮力反對越南侵佔柬埔寨的這十年，幫助了東協建立高度的團結。就如李光耀曾說：「正是受到這種艱難抉擇的衝擊，才有了這個必須嚴肅以對的目標。當務之急就是要加強經濟合作，加速經濟成長，降低貧窮，減少共產黨游擊隊招募人員的可能性。我們找到了各方共同的政治意願，凝聚起來，共同面對新出現的問題。」⓬

東協主要藉助多邊論壇來反對越南的侵略行徑，尤其是聯合國。馬凱碩在一九八四到一九八九年擔任新加坡駐聯合國大使時便曾親身經歷。在這過程中，他與東協重要的外交官員建立了深厚的交情，其中包括印尼前外長阿里．阿拉塔斯、馬來西亞的紮因．阿茲萊、泰國外長尼．披汶頌甘。即使在反對越南侵略行動結束後，他們之間的私交仍持續多年。這種協力合作產生了更深厚的社會和政治資本。這種資本的累積，將東協團結成一個整體，使其在接下來幾十年裡熬過不可避免的困難和壓力。值得注意的是，雖然東協的這種友誼形成於一九八〇與九〇年代，但是其積極影響一直持續到二十一世紀初，這時東協國家一起制定了《東協憲章》。負責起草《東協憲章》的名人小組（EPG）的成員之一賈古瑪教授說道：

雖然我們面臨各種問題，但是名人小組最終完成了意見一致的報告。一個重要的原因是，大部分名人小組成員在東協圈裡往來多年，對彼此已非常熟悉。我與馬來西亞的穆薩．希塔姆很熟，從學生會時代就認識，他是名人小組的主席。我也與印尼的代表、外交部長阿里．阿拉塔斯非常熟。同樣地，泰國和越南的代表都是其前外交部長。菲律賓前總統羅慕斯和汶萊代表林玉成與我也是熟識。名人小組內的成員都有私交，這有助於消除我們之間的歧見。⓭

更令人驚訝的是，從東協累積的社會政治資本中獲益最多的國家竟然是越南，而其恰恰是導致這種資本產生的源頭。冷戰結束和蘇聯解體後，越南領導人意識到自己失去了保護者，必須尋求新的朋友和盟友以加強國家安全，尤其是對抗其老對手中國。一九九〇年代，在尋求加強國家安全的新途徑過程中，越南領導人體認到，東協是一個合適的安全夥伴。然而，東協之所以能擔任這樣的角色，是由於它們在過去十年對抗越南的結果，並且因此形成了一種緊密的團結意識。一九九五年七月越南決定加入東協，這個決定將會是歷史上最具諷刺意味的事件之一。

只需回顧越南在將近十年前發表過詆毀東協的言論，便可理解越南在一九九五年決定加入東協是多麼引入注目。那個時候，越南經常譴責東協。一九七七年末，越南總理范文同說道：「在東南亞地區，建立像東協這樣的軍事集團的策略已經失敗，而且永遠不會成功。」艾麗．巴曾記錄當時的情形：

例如，河內方面曾多次提到「真正的中立」和「真正的獨立」這些字眼，一直暗示東協既不是真正的中立，也不是真正的獨立。同樣，在一九七六年二月的峇里島東協領導人峰會上，越南和寮國領導人繼續譴責東協，認為東協和東南亞條約組織（SEATO）一樣，是另一個帝國主義支持的產物……在他們呼籲不結盟運動國家支持「東南亞人民抵抗新殖民主義的鬥爭」的同時，他們不僅質疑東協各國政府的合法性，還建議越南繼續在政治上（即使不是物質上）支持各東協國家的反抗活動。事實上，儘管河內方面與個別東協國家互相交往，但始終拒絕將東協看作是一個組織，從而否定東協及其目標的意義與合法性。

……如同他納．科曼以一個普通人的角度，描述了一九七六年當時的狀況：「當東協國家不斷地對越南和其他中南半島新政權伸出友誼之手時，這些國家的領導人卻還是揮舞拳頭來回應。」⓮

儘管這些譴責留下了不愉快的記憶，東協還是在一九九五年七月決定接納越南成為其會員國。這個決定顯示出東協多年來所獲得、其自身原本就有的地緣政治智慧。要理解這個現象的最好方式，就是將東協的方式與冷戰後歐洲對待其昔日對手俄羅斯的態度加以比較。一開始，在一九九〇年代，歐盟非常明智地接納了俄羅斯。一九九六年二月俄羅斯加入歐洲委員會，一九九七年六月加入八國峰會，這些似乎表明了歐盟有能力去包容接納一個以前的對手。然而，歐盟主要的國家，尤其是英國、法國和德國，相當缺乏智慧地將北約擴展到俄羅斯邊界。更令人震驚的是，在二〇〇八年，這些歐盟國家通過了一個由喬治·布希提出的《北約宣言》，裡面要求烏克蘭加入北約。這種對俄羅斯故意挑釁的行為，顯然就像在公牛面前揮舞紅旗。與東協相比，歐盟會員國的行為就缺乏地緣政治的智慧，而東協則是明智地將前對手——越南——納入自己的組織中。

這也是為什麼，東協的故事非常特別。最初，東協是因為恐懼而團結在一起。恐懼是一種負面情緒。但是，這種負面情緒產生了正能量，驅動東協這些年不斷一直發展。一九七〇年代，東協國家並沒有因為共產主義國家的進逼被嚇倒，反而更努力齊心面對這個地區所出現的挑戰，逐漸增強東協的團結和凝聚力，尤其是在八〇年代。

因素二：政治強人的角色

上述情況會出現，是因為在一九八〇年代（東協的形成期），東協國家幸運地出現了一些政治強人。代表人物包括印尼的蘇哈托總統、新加坡的李光耀總理、馬來西亞的馬哈地總理、泰國外長西提．沙衛西拉等。從性格和個性來看，他們是迥然不同的。他們來自不同的文化背景，這反映出東協特有的文化多樣性。但是，他們都有一項強大的共同特質：他們都是硬骨頭。

拉惹勒南最喜歡的一句話是列寧的名言：「用刺刀插入時，遇到軟的東西就繼續用力，遇到鋼鐵的則抽回。」越南領導人從列寧身上學到了許多事情。一九七八年十二月，他們在進攻柬埔寨時，本來預期東協國家會軟弱地應對。但令他們吃驚的是，東協國家如鋼鐵一般強硬。

以下是對四位東協國家領導人的簡單介紹，可以看出他們都有如鋼鐵般的強硬性格。同樣重要的是，他們都深藏政治智慧。在東協發展的早期，最重要的領導人無疑是蘇哈托總統。和其他東協領導人比起來，他可以說是將東協團結起來的人。新加坡前外長黃根成曾說：「東協成功的重要原因，有部分得歸功於蘇哈托總統有足夠的影響力，並且願意支持東協。」[15]

為了理解蘇哈托總統的重要性，我們可以對比一下其他類似的區域組織所面臨的問題，如美洲國家組織和南亞區域合作聯盟。前者的失敗在於美國，這個勢力最強大的會員國總是想主導該組織。因此，美國阻礙了這個區域組織在內部形成一種區域性的共同體意識。同樣，南亞區域合作聯盟的失敗是因為印度，它顯然是其中最強大的會員國，也試圖主導該組織。這也阻礙了地區凝聚力的產生。就像美國和印度，印尼是東協內最強大的會員國。但是與美國和印度不同，印尼有著非凡的智慧，它並不試圖主導東協。相反地，蘇哈托總統讓較小的會員國，例如泰國、馬來西亞和新加坡，來領導東協。新加坡總統納丹在接受我們訪談中提到：「蘇哈托總統的老練之處在於，他決定在東協中扮演幕後角色，讓其他會員國自己處理彼此的關係。」[16]這有助於東協培育真正且活潑的共同體意識。

蘇哈托總統願意站到幕後，允許其他國家來經營東協，是非常了不起的。因為在國內，眾所周知，他是個強勢的領導人，不是一個畏首畏尾的人。雖然蘇哈托可能並不是一位理想的印尼領導人，但是他卻成為印尼的強勢領導者。他的前任蘇加諾總統是一位有魅力的領導人，他精彩的演講足以號召印尼民眾。雖然蘇加諾總統的經濟政策很糟，但是印尼不同種族的民眾都凝聚在他的魅力之下。

蘇哈托總統則與蘇加諾總統截然不同。蘇哈托總統的公開演講相對遜色。他看起來似乎很難將國家團結在一起。他唯一受過的訓練和教育來自於軍隊。本以為他對印尼的統治會和其他強勢的軍人領導一樣糟，如伊拉克的薩達姆．海珊、敘利亞的哈菲茲．阿薩德，或者緬甸的奈溫將軍。但令人訝異的是，蘇哈托的統治恰恰相反。在他的領導下，印尼經濟蓬勃發展。印尼經濟規模從一九六五年（他就任時）的兩百六十億美元成長到一九九五年（下台前三年）的二〇二〇億美元。更重要的是，印尼的窮人受益於蘇哈托的執政。由於蘇哈托在印尼稻米自給自足方面締造的成就，一九八五年聯合國糧農組織授予其金質勳章。亞當・施瓦茨清楚地說明蘇哈托的貢獻：

> 在蘇哈托任期內，數以千萬計的印尼人擺脫了貧困。雅加達、泗水和棉蘭的新興中產階級住進了新式公寓，在亮麗的購物中心裡購物。外國投資者每年投資數十億擴建新的工廠，讓貧苦農民的孩子在工廠工作，他們負責生產的東西，從Reebok運動鞋到索尼電視機等各式各樣產品都有。一個穩定和日益繁榮的印尼，加上蘇哈托這位資深政治家扮演的角色，為東協提供穩定的支撐力量與領導基礎。[17]

當然，他執政期間確實存在腐敗問題。譬如他的直系親屬就變得很有錢。但是，印尼人民同樣也受益匪淺，東協人民也從中獲益。蘇哈托在他沒有試圖主導或遏制東協這點上，展現出非凡的地緣政治智慧。他聽從其他東協鄰國的意願，例如，他支持其他東協國家反對越南對柬埔寨的侵略。這是十分難得的，因為蘇哈托對中國疑慮極深。中國共產黨曾經支持印尼共產黨，在一九六五年的可怕政變中，印尼共產黨還把蘇哈托當作主要攻擊目標。而且在其政府內部也有許多聲音希望蘇哈托支援越南對抗中國，包括當時擔任國家首席安全顧問的貝尼．穆達尼。

印尼著名的知識份子林綿基曾記錄當時印尼政府內部的鬥爭，這是以貝尼．穆達尼為首的親越勢力，和以外交部長莫克塔爾．庫蘇、馬哈查教授為首的反越勢力間的角力鬥爭。林綿基描述道：

最後這些鬥爭都到了蘇哈托那裡。蘇哈托同意莫克塔爾的觀點，即東協是最重要的考量。事實也是如此。貝尼曾經公開支持越南，但是現在他被迫做出少許讓步，這種轉變讓東協不甚理解。然而當時整個國際社會都反對越南侵略柬埔寨，因此從外交上看，也別無選擇。⑱

認為東協的團結與合作是理所當然的人，應該要先瞭解這點：這並不是自然而然發生，而是在東協歷史的關鍵時刻做出重要決定造就的結果。由於蘇哈托對中國有強烈疑慮，他若是支援貝尼一方而非莫克塔爾，是完全可以理解的。但這就可能會損及東協的團結。如果蘇哈托帶領印尼往相反的方向，東南亞的命運將會完全不同。這是為什麼領導人的角色對理解東協的成功至關重要。

東協歷史上另一個驚人的發展是蘇哈托和李光耀在一九八〇年代建立了特殊深厚的友誼。兩位領導人的內在世界迥然不同。蘇哈托僅在軍隊受過訓練，深受傳統爪哇文化影響。李光耀接受英式教育，有律師資格，深受歐洲對現代世界觀點的影響，並且也傳承中華傳統文化和土生華人文化的遺緒。因此，很難想像這兩個人能形成如此緊密的合作關係。

然而，兩位領導人在一九八〇年代做到了定期會晤。李光耀在回憶錄中寫道：「在一九七〇年代和八〇年代，我們幾乎每年都會見面，保持聯繫，交流觀點，討論遇到的問題。」[19]他們會面時，都是兩人私下談話。透過這些私人會面，他們能夠建立對彼此的信任和信心。兩位重要領導人的信任和對合作的信心為東協的建立奠定了基礎。李光耀評論蘇哈托說：「我覺得他是一個信守承諾的人。他很少承諾，可是一旦給出承諾就必然會做到。言行一致是他的優點。」一九八六年，李光耀告訴澳洲媒體：

回顧過去，沒有什麼比得上印尼總統蘇哈托的個性和眼界，對這個地區發展有更深遠的影響了。在過去二十年間，印尼全力發展經濟、振興社會，而這一切如果沒有蘇哈托是不會成功的。蘇哈托的策略，讓東協得以在會員國之間建立具有建設性與合作性的關係，在遇到外部問題時它們能夠團結一致。如果在一九九〇年代，能夠出現一位像蘇哈托那樣致力於印尼發展和社會進步的接班人，那麼東協在二〇〇〇年之後的發展就有保障了。[20]

東協內另一對意想不到的夥伴關係是李光耀和馬哈地。從一九六三年到一九六五年，當新加坡還是馬來西亞聯邦的一員時，兩位領導人曾是彼此仇視的政治對手。李光耀曾宣導馬來西亞內部的種族平等，而馬哈地則主張給予馬來人特殊待遇。一九六五年五月二十六日，馬哈地開除了李光耀，因為「這個人有瘋狂的野心，將自己視為馬來西亞第一位華人總理」，並說他是「狹隘、自私和傲慢」的中華沙文主義的典型代表。[21]同樣的，李光耀也說過：「我來告訴馬哈地吧：當我們加入馬來西亞時，我們同意的是馬來西亞的統治，而從來都不是馬來人的統治。看起來這些都是廢話。如果有人認為我們會同意馬來人的統治，那麼他就大錯特錯了。」[22]但是，當一九七六年三月五日馬哈地出任馬來西亞副總理時，這兩位領導人決定摒棄前嫌，試著共同合作。馬哈地出任副總理後，在兩位領導人第一次會晤中，馬凱碩就在場。那是一場由時任新加坡駐馬來西亞最高代表黃金輝在吉隆坡舉行的小型晚宴。兩位領導人對這第一次會面都小心謹慎，期間都沒有流露出明顯的敵意。

儘管兩位領導人的政治理念不和，但是他們在一九八〇年代卻能夠相互合作。兩方都同意進行雙邊軍事演習，這些演習「最初遭到了反對，因為這可能會導致來訪國的安全部隊熟悉東道國的『領土』」㉓。這些演習包括一九八九年開始的「團結精神」軍演和一九八四年開始的「馬來坡拉」海軍演習。另外還有聯合軍事訓練。從一九八一年到一九九〇年，新加坡是馬來西亞柔佛州的最大投資者（雖然日本是馬來西亞的最大投資者）。由於意識到這個地區的經濟成長潛力，當時的新加坡副總理吳作棟，在一九八九年提出建立「新加坡—柔佛—廖內成長三角」，以加強這三個地區間的經濟聯繫和互補。後來印尼和馬來西亞更多的州加入，於是就演變成了「印尼—馬來西亞—新加坡成長三角」。

第四位領導人是泰國的空軍元帥西提．沙衛西拉，他在一九八〇年代越南侵略柬埔寨的關鍵時刻，展現出強烈的決心與勇氣。從一九七五年到一九九一年，泰國出現了幾位總理，包括社尼．巴莫、克立．巴莫、他寧．蓋威遷、江薩．差瑪南上將、炳．廷素拉暖、差猜．春哈旺和阿南．班雅拉春。幸運的是，從一九八〇年到一九九〇年，西提．沙衛西拉一直擔任泰國外交部長。泰國國王和政府的重要官員都對他有信心。在越南侵略柬埔寨的事件中，儘管政府內部有要員提議對越南妥協，但是他確保了泰國外交政策對此事的立場堅定，絕不動搖。

由於菲律賓在地理上與東南亞大陸分離，其領導人對越南侵略柬埔寨一事的關切程度不如其他東南亞的陸上國家。但是，菲律賓仍積極參與了東協反對越南侵略柬埔寨的行動。這得益於一九六八至一九八四年的菲律賓外交部長，即傳奇人物卡洛斯．羅慕洛。在一九八〇年代以前，他是少數僅存、在一九四五年《聯合國憲章》上簽字的人之一。他非常迷人且有魅力，經常講精彩的笑話。他在動員國際支持反對越南侵略行為上扮演了重要角色。

回顧一九八〇年代，可以清楚看到，東協幸運地在不同層面擁有許多優秀的外交官員，他們為東協在國際社會視野中建立起強大的形象。一些值得特別提到的外交官還有：新加坡的許通美教授、印尼的阿里．阿拉塔斯、馬來西亞的紮因．阿茲萊、泰國的尼．披汶頌甘。當時的許多外交部長也是政治領導強人。除了西提．沙衛西拉和卡洛斯．羅慕洛外，還有新加坡的拉惹勒南和印尼的莫克塔爾．庫蘇馬哈查。沒有這些人的貢獻，東協很難在一九八〇年代形成強烈的團結意識。

如果有任何人在一九六七年東協成立時預測，在二十年後，信仰伊斯蘭教的馬來西亞和印尼、信仰佛教的泰國、信仰基督教的菲律賓，以及世俗國家新加坡的領導人會有深厚的友誼和信任，那這個人一定會被當作傻瓜。然而，不可能的事情發生了。深刻的恐懼以及強大的領導人促成了東協之間的友誼建立起來。

因素三：地緣政治上的運氣

領導人重要，運氣也同樣重要。東協很幸運的是，一九八〇年代一連串地緣政治事件都對它有利。首先，東協恰好是在美蘇冷戰中勝利的一方。它也從世界兩大共產主義陣營中的信任和合作徹底崩塌（即中蘇交惡）中獲益。的確，如果中蘇關係沒有分裂，那麼可以想像，整個東南亞地區都有可能成為共產主義或親共產主義的政權。

當然，東協也獲益於中國一些事件發生的時間點。中國的改革對東協的發展是有積極的影響。一九六七年八月，東協成立時，中國稱它為「新帝國主義」的產物。《北京週報》稱東協創始國為「美帝國主義在東南亞的走狗」，並將東協斥責為「針對中國、共產主義和人民的徹頭徹尾的反革命聯盟，美帝國主義和蘇聯修正主義在亞洲追求新殖民主義的另一項工具」。[24]相較之下，一九七八年十一月，鄧小平當權後，他做的第一件事情就是訪問三個東協國家的首都。這些訪問讓他意識到，即使與東協國家相比，中國都十分落後。一九九二年，鄧小平在視察南方時說：「新加坡的社會秩序很好，他們領導人管理嚴厲，我們應當學習他們的經驗，而且要比他們管得更好。」鄧小平還提到廣東應該在二十年內超越「四小龍」，「不僅經濟方面要趕上，社會秩序、社會風氣也要趕上」。[25]因此，中國政府很快開始向東協國家學習，而不是譴責東協。

從馬克思主義思想中可以看到，信奉馬克思主義的領導人喜歡談論「力量對比」，意指歷史總是站在革命的一方，不同國家的革命力量最終會聯合起來推翻資本主義的剝削。而中蘇分裂的諷刺結果是，非共產主義的東協和共產主義的越南較量後，由東協獲勝了。

越南被孤立並不是必然的。在一九七〇年代末期，越南一直為亞洲、非洲、拉丁美洲新獨立的殖民地國家帶來一線光明。畢竟，它曾以一種驚人的方式，挫敗了西方最強大的國家——美國。因此，在一九七八年十二月，越南入侵柬埔寨時，越南領導人完全期望第三世界國家會支持他們。但是出乎他們意料的是，越南被第三世界國家孤立了。

一九七九年八月，越南及其支持者蘇聯在古巴哈瓦那，利用古巴不結盟運動峰會主席國的身份，阻止紅色高棉政權在不結盟論壇中獲得合法席位，以策劃出有利於越南的結果，當時馬凱碩就在現場。古巴違反所有程序規則，操弄成一個有利於親蘇政權的結果。期間，菲德爾・卡斯楚召開了一個小型會議來決定誰將在不結盟運動中代表柬埔寨：是波布的「合法」政府，還是越南支持的偽政權。這個小會議室聚集著親蘇聯的各國領導人：菲德爾・卡斯楚（古巴）、薩達姆・海珊（伊拉克）、哈菲茲・阿薩德（敘利亞）等。新加坡外交部長拉惹勒南投了在場唯一的反對票。面對這種壓倒性的局勢，他本可退縮。但是，他像獅子一般反擊，展現出新加坡開國領導人的氣概。

古巴企圖挾持第三世界的粗暴嘗試完全失敗了。峰會後的一個月，聯合國大會中大多數第三世界國家，透過投票支持要求越南撤離柬埔寨的決議，並譴責了古巴的行徑。聯合國大會的強烈譴責顯明，越南侵佔柬埔寨的行動即將結束。就在聯合國大會投票從一九七九年的九十一票贊成票，增加到一九八九年的一百二十四票時，東協也不斷以外交手段爭取更多的支持。東協嫻熟的外交手段是越南被孤立的一個重要原因。

而兩個大國——美國和中國，在這件事情上支援東協也是另一個重要原因。理論上，它們支持東協是因為其立場符合國際法。但是在現實中，美國和中國只有一個重要目標，那就是羞辱蘇聯。東協在一九八一年七月聯合國舉行關於柬埔寨的一場會議中，不經意地發現了這點。當時蘇聯及其支持者都抵制了這次會議。這次會議要解決的關鍵問題就是，在越南侵佔柬埔寨的行動結束之後，柬埔寨應該由哪個政府接管。

中國政府根據國際法採取了正確的立場，堅持前波布政府有權重新執政。東協國家反對中國的這個立場。東協認為，鑒於波布政府從一九七五至一九七八年有著可怕的種族滅絕記錄，國際社會不應讓其重新執政。當東協和中國的分歧越演越烈，美國代表開始干預。由於美國往往是堅定的人權捍衛者，東協國家希望美國能支持它們的道德立場。但是讓東協國家意外的是，美國決定支持中國，甚至想逼迫東協接受中國的立場。簡言之，世界人權衛士美國，加上中國，一起支持有種族滅絕行徑的波布政權重新執政。馬凱碩說若非他當時在場，親自參與了此次會議，他是不會相信這種事情會真的發生。

但是，它的確發生了。這只是證明了一條最古老的地緣政治規則。作為大國的美國和中國，不會因為東協在國際法上的立場是對是錯，或者東協對非共產主義政權友好，就與東協合作。相反的，美國和中國視東協為用來羞辱蘇聯的有利工具。東協明顯被兩大國利用了。儘管有此一無可避免的現實，東協即使被利用，但還算是走運。在兩大國的支持下，東協最終成功扭轉了越南侵佔柬埔寨的局勢。這個成功反過來提高了東協的國際地位，而且（同樣重要的）也提高了東協國家的自信。所有東協會員國意識到自己是屬於勝利的一方。它們對彼此的承諾也因此加碼。一九八〇年代的這些事件為日後東協發展成為更成功的區域組織奠定了基礎。

美國對東協的有力支持也讓美國許多重要的盟友接受東協，包括歐盟、日本、韓國、加拿大、澳洲和紐西蘭。事實上，它們都成為了東協的對話夥伴國。一九七四年澳洲成為東協的對話夥伴國；一九七五年是紐西蘭；一九七七年是加拿大、日本、歐盟和美國；一九九一年是韓國。由於東協發展得不錯，它們都認為來參加東協會議時應該帶些好東西來。

因素四：以市場為導向的經濟政策

許多親西方的已開發國家對東協提供的支援非常有幫助，但是這點並不算是一九八〇、九〇年代東協經濟成功的主要原因。比這重要的是，東協從東亞重要的經濟體中學到了最好的經濟發展經驗，尤其是從日本和「四小龍」。簡單來說，東協創始國——印尼、馬來西亞、新加坡、泰國和菲律賓——融入了繁榮的東亞經濟生態系統，利用全球貿易擴大帶來的優勢（也幫助推動全球貿易的發展）。雖然菲律賓的發展受到內部政治動亂的阻撓，但是印尼、馬來西亞、新加坡和泰國在一九八〇年代都出現了經濟快速成長。從一九八〇至一九九〇年，東協五國的平均經濟成長率達到6.1％，其中印尼達到6.6％，馬來西亞6.2％，新加坡7.6％，以及泰國7.7％。（遺憾的是，菲律賓在這個時期的經濟成長率僅為2.1％。[26]）

一九八一年七月十六日，馬哈地成為馬來西亞總理，他掌握了時代精神，實施「向東看」政策。他曾說道：

馬來西亞找到了日本成功的原因：愛國主義、紀律、良好的工作倫理、有效能的管理系統，尤其是政府和私人企業間的緊密合作。因此，我們嘗試來採行這些經驗，在國民中灌輸這種文化。現在每個人都認為馬來西亞有了比大多數其他開發中國家更好的發展。在馬來西亞實施「向東看」的政策同時，馬來西亞在過去二十年間也有了最快速的發展。[27]

在東協與東亞經濟生態系統逐步合為一體的過程中，這個區域的氛圍也發生了變化。從一九四〇年代二戰爆發，到一九五〇年代共產主義叛亂，從中南半島毀滅性的戰事（導致一九七五年西貢淪陷），到一九七九年的中越戰爭，這四十年間此地區一直是衝突不斷。本來，這種戰爭和衝突的持續模式應該算是合乎常規。但是，脫離常規的情況發生了。經濟成長代替了戰爭。

當初，東協創始五國原本是有可能決定不加入以美國為首的自由市場生態系統。一九七〇和八〇年代，五個東協創始國都是77國集團（G77）的成員，該組織是由開發中國家所成立的。其核心思想是反資本主義和反自由市場，對外投資是被唾棄。事實上，對外投資者經常被描繪成資本主義的吸血鬼，專門吸取第三世界農民和工人的血液。

馬凱碩在一九八四到一九八九年擔任新加坡駐聯合國大使時，就曾見識到了77國集團的這種思想。聯合國第二委員會（經濟和金融委員會）內，以美國為首的自由市場支持者和以拉美國家為首的反對者之間曾進行了激烈的爭論。主要的第三世界經濟體，包括印度、奈及利亞和埃及，都反對自由市場。在此情況下，新加坡通常是唯一的反對者。幸運的是，當我們走進像「獅子坑」般的77國集團會場時，我們雖然孤立無援，但還是勇敢地捍衛了對外投資自由。馬凱碩清楚記得當時的一些片段，如他的同事林瓊華在G77會議上提倡自由企業時便受到了攻擊。

新加坡很早就做出違逆第三世界潮流的大膽決定，並且在早期便獲得成功，這對其東協鄰國有激勵的作用。新加坡支持對外投資和出口的政策很快帶來了明顯的經濟收益。新加坡經濟穩步成長，在一九七〇年代和八〇年代維持平均8%的成長率。這或許能解釋，一九六五年新加坡痛苦地脫離馬來西亞後，儘管馬來西亞不斷譴責新加坡，卻仍然決定效法新加坡的政策。馬來西亞的公務人員所做過最明智的事情就是，完全複製新加坡經濟發展局編製的《為什麼你應該在新加坡投資》。結果，外資也流入馬來西亞。在馬來西亞，外資直接從一九七〇年的九千四百萬美元，成長到一九九〇年的二十六億美元。在新加坡，外資流入從一九七〇年的九千三百萬美元，成長到一九九〇年的五十六億美元。㉘到一九九〇年，外來直接投資占馬來西亞GDP的23％，新加坡則達到83％。㉙

同一時期，泰國也決定開放其經濟，並特別從日本的投資獲益。誠然，泰國有著成本上的優勢。但沒有人知道為什麼日本人如此偏愛泰國。馬凱碩回憶起，一位日本學者曾經解釋說是因為泰國「文化中的香氣」。泰國占主導地位的佛教文化以及其文化中的開放性，讓日本人覺得自己在泰國是受歡迎的。一九七〇年代，日本就已經開始在泰國投資，所以當一九八五年《廣場協議》後日圓升值，日本製造商不得不轉往海外生產，許多日本商人擴大了在泰國的投資，是毫不令人意外的。特卡卡隆博士寫道：

> 一九九〇年代，汽車生產和銷售顯著成長的主要原因有兩個。一方面，一九八五年日圓升值，促使日本製造商擴大在泰國的生產。另一方面，泰國政府致力於汽車業的自由化。例如，二〇〇〇年泰國取消了《自製率要求》（Local Content Requirement）的規定。㉚

印尼和菲律賓沒有像新加坡、馬來西亞和泰國那樣開放外國人投資。弗雷德里克·舍霍爾姆指出，東協各個國家在時機和方法上有所差異：「例如，馬來西亞在一九七〇年代就已經開始改革，印尼在一九八〇年代末和九〇年代初開始，而以前實施中央計畫體制的國家則開始得更晚。」[31]在印尼，著名的「伯克利黑幫」是蘇哈托總統的經濟顧問。然而，蘇哈托卻在自由主義和民族主義陣營間搖擺。他似乎聽從了「伯克利黑幫」的建議，在一九六〇年代末和八〇年代中期，即印尼經濟衰退時期，推動經濟自由化和寬鬆管制。但是，在經濟繁榮的一九七〇年代中期又奉行經濟民族主義和保護主義。[32]「伯克利黑幫」受到了印尼強烈的民族主義特質所箝制。許多印尼政策制定者當時認為（許多現在仍然這樣認為），印尼有廣大的國內市場，不需要像新加坡、馬來西亞和泰國那樣開放市場。

一位觀察家約翰·佩奇曾描述過促進東協經濟成功的因素。對於連結了新加坡、馬來西亞、泰國和印尼的「共同政策綱領」，他說：

這些國家的宏觀經濟管理異常的好，宏觀經濟表現也非常穩定，這為私人投資提供了必要的環境。加快銀行系統整合，以及為非傳統儲蓄者提供更多便利的政策，提高了金融儲蓄的水準。重視中小學教育的政策迅速提高了勞力技能。農業政策則注重生產力的轉變，而且不對農村經濟過度課稅。[33]

遺憾的是，由於菲律賓總統斐迪南・馬可仕的腐敗統治越來越嚴重，菲律賓在一九八〇年代的經濟發展受阻。雖然馬可仕總統在一九六五年執政初期有個不錯的開端，但是隨後他和他的夫人變得越來越貪婪。一位評論員曾描述過當時他們是如何貪污：

> 他們斂財的方式什麼都有，例如利用裙帶關係受賄、收取回扣；轉移政府貸款與合約；從定價過高的貨品和建築工程中獲利；提高稅收，轉移不經審計的政府收入；透過法令接管企業，以及從政府控制的實體中轉移更多資金。只要可以貪污的，無一倖免。甚至每天送到伊米（馬可仕長女）、愛琳（馬可仕次女）和小斐迪南・馬可仕（馬可仕長子）家的鮮花都是由政府基金支付。自一九七二年頒佈戒嚴令後，伊美黛（馬可仕夫人）和馬可仕及其親信似乎就無所不用其極地利用權力來斂財。[34]

另一位觀察家威廉・奧弗霍特則闡述了阻礙菲律賓外資流入的因素：

儘管修訂了相關外國投資的法律，官僚作風和腐敗依然持續阻礙外資的流入……顯然菲律賓曾經是亞太地區吸引外資的主要國家，但是在馬可仕統治期間，菲律賓成為亞太市場經濟體中最不受外資青睞的地方。許多總統法令和限制措施導致所有經濟領域被壟斷或幾近壟斷，這直接打消了外商投資的念頭……一些有出口潛力且生產效率高的生產商被迫宣告破產，以保護那些低效、沒有出口潛力（而且是總統朋友）的事業。數十億美元的賄款是來自高課稅，而這些稅收是從進口商（出口商輸入的成本因此提高）、出口商和外國投資者被不合比例地徵收重稅而來。㉟

菲律賓的發展受到阻礙的不利影響主要來自其經濟，尤其是其土地所有權，掌握在少數家族手中，這幾個大家族對經濟持封閉和保護主義的態度。當時流行的說法是，菲律賓就像是亞洲的一個拉丁美洲。

然而，即使印尼和菲律賓經濟的開放程度相對較低，它們仍在一九七〇年代和八〇年代受惠於日益增強的東亞經濟生態系統。這個成長源於幾個因素：美國巨大消費市場的開放；日本充滿活力和競爭力的製造商；韓國和台灣不停尋找新的供應商；中國大陸開放經濟的決定；東亞和東協政策制定者間日益形成的共識，認為開放經濟優於封閉經濟；大多數東協國家願與東亞國家在經濟上整合為一體。（與之形成對比的是，印度不願與東亞國家這麼做，以至於印度經濟明顯落後。）此外，還包括亞洲逐漸形成的商人和政策制定者之間的網絡，包括華裔和那些在美國大學受教育的人。

因此，在沒有任何總體規劃或任何個別有遠見的領導人（如「歐洲整合之父」讓．莫內）來推動這個過程的背景下，整個東亞地區逐漸整合（當然這也大量仰賴美國經濟這個促使經濟成長的引擎）。融入這個更大範圍的經濟生態系統是東協成功發展的關鍵因素。一個由於對共產主義恐懼、害怕被其吞噬而建立起來的組織，意外地在一個十分良性的環境中發展起來，使五個創始國得以發展和繁榮。

因素五：以東協為基礎的區域網絡

前面強調東協如何透過融入更大範圍的東亞地區而在經濟方面獲益。本節將著重分析東協如何藉由這個優勢發展出區域內和區域外的網絡，這些網絡又怎樣讓更大範圍的東亞地區在政治上獲益。

「東協的中心地位」（ASEAN Centrality）是在探討東協外交角色時經常聽到的一句話。這句話的含義是什麼？它是描述這些年東亞地區和更廣範圍內亞太區域如何整合的簡單說法。這個整合之所以發生，很大程度上是由於東協的成立，它啟發了區域合作，提供了發展平台。現在，它已成為描述東亞區域合作進程的真正術語。這也是為什麼某天應該在諾貝爾和平獎上提名東協。它對區域和平的貢獻勝於其他區域組織。

一九七八年東協開始邀請其對話夥伴和朋友來參加年度部長級會議時，「東協的中心地位」開始形成。在每年東協外長會議後召開的是東協外長擴大會議。早期的東協外長擴大會議是由來自美國及其冷戰盟國的外長們參加，有澳洲、紐西蘭、加拿大、歐盟和日本。在東協外長擴大會議後召開的是「東協＋1」會議。中國和印度在很久之後才加入東協外長擴大會議，時間分別是一九九一年和一九九六年。

隨著時間過去，東協外長擴大會議促進了更大範圍內的共同體發展，至少可以說是複製了在東協會員國內形成的共同體意識。在一九八〇年代，所有參與國之所以團結起來是因為它們處於冷戰的同一陣營，反對越南對柬埔寨的侵略。但是在東協外長會議和東協外長擴大會議中形成的共同體意識，為後續更大範圍內的合作倡議提供了基礎。這些倡議包括亞太經濟合作組織（APEC，一九八九）；東協區域論壇（ARF，一九九四）；亞歐會議（ASEM，一九九六）；「東協＋3」會議（中國、日本、韓國，一九九七年）；「東協＋6」會議（「東協＋3」再加上澳洲、紐西蘭和印度，二〇〇五）；東亞峰會（EAS，二〇〇五，東亞峰會的基礎是「東協＋6」機制，後來在二〇一一年擴大包括美國和俄羅斯。）

總之，東協的成功為區域合作帶來了信心，創建了一個可以運作的區域組織（以及一個和平生態系統），這又促使許多其他以東協這種合作精神（還有協商與培養共識的方法）為基礎的區域進程和組織產生。這些區域外的進程都不是完美的。每一個進程的發展都一樣有波折。然而，這些進程都必須受到一個重要的評判標準檢視：那就是這些由東協催生的區域外進程，是否阻止了區域內國家之間的戰爭爆發？答案很明顯是肯定的。

由東協在東南亞創立的這個和平生態系統，已經影響了更廣大的地區，不但改變其氛圍，還將其轉向更積極的方向。世界上幾乎有一半的人口都住在這個受到東協影響的地區。東協努力維護和平所帶來的效益，已對世界歷史的進程產生了影響。這也是為什麼世界應該更去理解並讚賞東協的原因。

1. "Establishment of the Group of 77"，G77, http: //www.g77. org/paris/history/establishmentofg77.html/，瀏覽時間：二〇一六年十月十二日。
2. 作者對黃根成的訪談，二〇一五年七月二十四日。
3. "Report to the National Security Council by the Executive Secretary （Lay）"，25 June 1952, *Foreign Relations of the United States, 1952-1954. East Asia and the Pacific （in two parts）* Vol. 12, part 1, https://history.state.gov/historicaldocuments/frus195254v12p1/d36/，瀏覽時間：二〇一六年十月十二日．
4. "President Eisenhower's News Conference, April 7, 1954"，*The Pentagon Papers*, Gravel Edition, Vol. 1 （Boston: Beacon Press, 1971）, pp. 5978, https://www.mtholyoke.edu/acad/intrel/pentagon/ps11.htm/，瀏覽時間：二〇一六年十月十三日。
5. "Vietnam: The End of the War. Broadcast by Malaysia's Minister of Home Affairs, Tan Sri M. Ghazali Shafie 6 May 1975"，*Survival* 17, 4 （1975）: 186-8.
6. Tun Razak, "Our Destiny"，*Straits Times*, 7 Aug. 1968, http://eresources.nlb.gov.sg/newspapers/Digitised/Article/straitstimes19680807l.2.3.aspx/，accessed 12 Oct. 2016.
7. "Foreign Relations 1964-1968, Volume XXVI, Indonesia; MalaysiaSingapore; Philippines"，U．S. Department of State Archive, 10 Dec. 1966, http://20012009.state.gov/r/pa/ho/frus/johnsonlb/xxvi/4432.htm，瀏覽時間：二〇一六年十月十二日．
8. "Memorandum of Conversation, Washington, May 8, 1975, noon-1 p, m., *Foreign Relations of the United States, 1969-1976, Volume E-12, Documents on East and Southeast Asia, 1973-1976, 8* May 1975, https://history.state.gov/historicaldocuments/frus196976ve12/d297/，瀏覽時間：二〇一六年十月十二日。
9. Donald Weatherbee, *International Relations in Southeast Asia: The Struggle for Autonomy*, 2nd ed. （Plymouth: Rowman & Littlefield, 2009）, p. 76.
10. Timothy Auger, S. R. *Nathan in Conversation* （Singapore: Editions Didier Millet, 2015）, pp. 72-3.
11. S. Rajaratnam, "ASEAN: The Way Ahead, ASEAN, 1 Sept. 1992, http://asean.org/?static_post = aseanthewayaheadbysrajaratnam/，瀏覽時間：二〇一六年十月十二日。
12. Lee Kuan Yew, "Speech by the Prime Minister, Mr. Lee Kuan Yew, at the Commonwealth Heads of Government Meeting in London on Wednesday, 8 June 1977: Changing Power Relations"，National Archives of Singapore, 8 June 1977, http: //www. nas. gov. sg/archivesonline/data/pdfdoc/lky19770608.pdf/，瀏覽時間：二〇一六年十月十二日。
13. S. Jayakumar, *Be at the Table or Be on the Menu: A Singapore Memoir* （Singapore: Straits Times Press, 2015）, p. 90.
14. Alice Ba, *(Re) Negotiating East and Southeast Asia: Region, Regionalism, and the Association of Southeast Asian Nations* （Singapore: NUS Press, 2009）, pp. 845.
15. 作者對黃根成的訪談，二〇一五年七月二十四日。
16. 作者對納丹總統的訪談，二〇一五年六月二十七日。
17. Adam Schwarz, "Indonesia after Suharto"，*Foreign Affairs*, July/Aug. 1997, https://www.foreignaffairs.com/articles/asia/1997-07-01/indonesiaaftersuharto/，瀏覽時間：二〇一六年十月十二日。
18. Jusuf Wanandi, *Shades of Grey: A Political Memoir of Modern Indonesia 1965-1998* （Singapore: Equinox Publishing, 2012）, p. 139.
19. Lee Kuan Yew, *From Third World to First: The Singapore Story, 1965-2000*, Vol.2 （Singapore: Marshall Cavendish, 2000）, p. 306.

20. "Speech by Prime Minister Lee Kuan Yew to the National Press Club in Canberra, Australia, on 16 Apr. 86"，National Archives of Singapore, 16 Apr.1986, http://www.nas.gov.sg/archivesonline/data/pdfdoc/lky19860416a.pdf/，瀏覽時間：二〇一六年十月十二日。

21. Parliamentary Debates, Malaysia, 26 May 1965, 引自 Khoo Boo Teik, *Paradoxes of Mahathirism: An Intellectual Biography of Mahathir Mohamad* （Kuala Lumpur: Oxford University Press, 1995），p. 20。

22. "Transcript of Speech by the Prime Minister, Mr. Lee Kuan Yew, on 30th May, 1965, at the Delta Community Centre on the Occasion of Its 4th Anniversary Celebrations"，National Archives of Singapore, 30 May 1965, http://www.nas.gov.sg/archivesonline/data/pdfdoc/lky19650530a.pdf/，瀏覽時間：二〇一六年十月十二日。

23. Amitav Acharya, *Constructing a Security Community in Southeast Asia: ASEAN and the Problem of Regional Order* （London: Routledge, 2001），p. 147.

24. Derek McDougall, *The International Politics of the New Asia Pacific* （Singapore: Institute of Southeast Asian Studies, 1997），p. 221.

25. Nicholas D. Kristof, "China Sees Singapore as a Model for Progress"，*New York Times*, 9 Aug. 1992, http://www.nytimes.com/1992/08/09/weekinreview/the-world-china-sees-singapore-as-amodel-for-progress.html/，瀏覽時間：二〇一六年十月十二日。

26. Teofilo C. Daquila, *The Economies of Southeast Asia: Indonesia, Malaysia, Philippines, Singapore, and Thailand* （New York: Nova Publishers, 2005），p. 5.

27. Mahathir bin Mohamad, "Look East Policy: The Challenges for Japan in a Globalized World"，*Ministry of Foreign Affairs of Japan*, 12 Dec. 2002, http://www.mofa.go.jp/region/asia-paci/malaysia/pmv0212/speech.html/，瀏覽時間：二〇一六年十月十二日。

28. United Nations Conference on Trade and Development Statistics, http://unctadstat.unctad.org/, accessed 9 Apr. 2015.

29. Ian Coxhead, ed., *Routledge Handbook of Southeast Asian Economics* （Abingdon: Routledge, 2015）.

30. Kriengkrai Techakanont, "Thailand Automotive Parts Industry"，in *Intermediate Goods Trade in East Asia: Economic Deepening through FTAs/EPAs, BRC Research Report No. 5*, ed. M. Kagami （Bangkok: Bangkok Research Centre, IDE-JETRO, 2011）.

31. Fredrik Sjöholm, "Foreign Direct Investments in Southeast Asia"，IFN Working Paper No. 987 （Stockholm: Research Institute of Industrial Economics, 2013）.

32. Cassey Lee and Thee Kian Wie, "Southeast Asia: Indonesia and Malaysia"，in *Routledge Handbook of the History of Global Economic Thought*, ed. Vincent Barnett （Abingdon: Routledge, 2014），pp. 310-1.

33. J. Page, "The East Asian Miracle"，in *NBER Macroeconomics Annual 1994, Vol. 9*, ed. Stanley Fischer and Julio J. Rotemberg （Cambridge: MIT Press，1994）.

34. Carmen Navarro Pedrosa, *Imelda Marcos: The Rise and Fall of One of the World's Most Powerful Women* （New York: St. Martin's Press, 1987）.

35. William H. Overholt, "The Rise and Fall of Ferdinand Marcos"，*Asian Survey* 26, 11 （1986）：113-763.

第3章

東協與世界大國關係

東協的未來將主要取決於東協內部的決策，但它也會受到大國外部決策的影響。的確，東協最大的威脅來自外部勢力。東協領導人和決策者別無選擇，只能去更進一步瞭解、探究能驅動東協與大國關係的動力為何。本章將嘗試對此進行概述。

正如前面章節所述，東協受益於有利的地緣政治環境，尤其在冷戰期間，也就是東協籌劃與創立的時期。回顧歷史，顯然東協在一九八〇年代的發展受到中美合作對抗蘇聯、以及中美合作對抗越南入侵柬埔寨的影響。美國和中國支持東協，這對東協的發展有極大的推動作用。

像東南亞季風一樣，地緣政治的「風向」也會改變。因此，東協應該把握機會，知道逆勢時該如何因應，順勢時該如何作為。中美合作曾推動了東協的發展，如今中美之間日益上升的競爭在未來將會對東協構成真正的挑戰。

本章的主要目的在於，希望各大國的決策者和思想領袖能夠深刻反思，它們與東協的長期利益是什麼。每個大國，特別是美國和中國，都需要仔細思考，東協勢力強化或削弱是否符合其長遠利益。

理論上，大國的政策是經過深思熟慮的，會考量到長遠利益。但是在現實中，想要贏得眼前利益的慾望永遠強過對長期利益的考量。近年來，中美兩國與東協的往來顯然缺乏智慧。中國在南海問題上的強硬立場是沒有必要的，也是不明智的。同樣，美國利用東南亞和中國在南海問題上的分歧也不明智。這個決定可能為美國贏得了一些短期利益，但它也造成了東協國家之間的分歧。如果這些分歧最終導致東協分崩離析，那麼美國就是為了獲得短期利益而犧牲了長期利益，得不償失。用成語來說，這叫「因小失大」。

說服大國明智行事從來都不容易。短期的政治利益，特別是短期的選舉利益，往往勝過長期利益。例如，許多歐盟的政治家想要取悅關心緬甸局勢的國內選民，所以他們在一九九七年呼籲歐盟暫停與東協的關係，因為東協在這一年接納緬甸成為其會員國。然而，正是因為東協與緬甸的軍事政權接觸，緬甸才開始脫離軍人政權的和平轉變。相比之下，在敘利亞，歐盟和美國的制裁導致了戰爭。這就是為什麼本書在討論東協與歐盟的關係時，建議歐盟應對其批評東協在處理緬甸問題的立場道歉。

對於東協來說，在二十一世紀，低估經營大國關係的難度將會是一大錯誤。隨著本世紀展開，顯然我們正在擺脫冷戰結束後出現的單極世界，邁向一個多極化的世界。最終，一個多極世界很可能會使得權力分配較為穩定。每個大國屆時要面對的制衡種類將會不同，但這也意味著權力遊戲會更複雜。

因此，東協領導人每次的靜修會（只限各國政府首長與會），不妨持續「東協與大國關係現狀及其對東協的影響」這個議題，或許會有幫助。很多東協領導人都很精明老練，他們能夠從大國領導人的公開聲明中察覺和分辨出他們的真正意圖。我們總是在媒體上看到大國之間的公開競爭。但是我們沒有看到的是大國之間私底下的串謀。例如，在聯合國安理會對伊朗實施嚴厲制裁的所有決議中，美國竟然都說服中國投下贊成票，這是相當令人驚訝的。可是，中美兩國顯然在伊朗的利益是不同的，那麼美國是如何成功說服中國呢？它們之間進行了什麼交易？它們在這個複雜的交易過程中，東南亞的利益是否被犧牲了？當然，中美雙方都會否認存在這種串謀。但如果東協的官員相信中美兩國的說法，那他們應該要去檢查一下腦子。

很顯然，地緣政治較量是見不得人的遊戲。許多中小型國家可能都嚐過大國操縱地緣政治帶來的苦果，東協國家也一樣脆弱。一個當代的例子可能有助於理解這點。冷戰期間，美國與泰國軍政府合作愉快。但是現在華府漸漸認為，泰國軍政府正在向中國靠攏，於是美國就找各種方法疏離泰國。楊榮文告訴我們一個有趣的故事，就是美國外交官曾試圖重新安排東協外長的站位，就是為了不讓當時的美國國務卿康朵麗莎・萊斯和泰國外長站在一起。地緣政治競爭是可以狹隘到這種程度。

鑒於東南亞地區地緣政治遊戲所可能產生的重大風險，東協也必須得體認到，在制度上要與大國建立長期關係。在這個過程中，歷史記憶很重要。例如，在冷戰期間，歷屆印度政府都認為東協親美，所以與東協保持距離。但是冷戰結束後，印度發現了接近東協的好處，而新加坡在其中扮演了促進的角色，推動印度成為東協的對話夥伴國。即使多年過後，印度仍一直很感謝新加坡和東協。所以善意的積累很重要。

我們本來打算用相同的方式來闡釋東協與每個大國的關係。但是，事實證明這是不可能的，因為每個大國都天差地別。推動它們與東協交往的關鍵考量完全不同，它們的行為模式也相去甚遠。中國對東南亞有著長期、深刻的歷史記憶，因此一直是基於長期考量。與之形成鮮明對比的是，美國經常受到短期利益的驅動，而且很健忘。冷戰結束後，美國開始疏離東協，而且不智地拋棄自己曾在東協這個組織中積累的珍貴善意。所幸，即使面對美國的失憶健忘，東協對美國的善意並沒有完全消失。

對於每一個大國，東協也面臨著各種挑戰，下文將進一步討論。在國際事務上，不可能總是一帆風順，路途時有顛簸才是常態，而東協與大國的關係的確都碰過各式各樣的起伏。好在東協與各個大國都從未完全斷絕過關係。二〇一四年烏克蘭危機嚴重損害了歐盟與俄羅斯的關係，但是東協與其他任何大國的關係都沒有遭遇過類似的衝擊。希望至少部分原因是東協外交官員和領導人多年來積累的智慧。但是，說實話，這可能只是運氣好。

在本章的每個小節，我們都會提出一些解決措施以改善東協與每個大國的關係。有時候，這些「良方」其實很簡單，比方說出席每年的東協部長級會議（AMM）。例如，美國前國務卿科林．鮑爾就透過出席每一次東協部長級會議（AMM）來向東協釋出善意。康朵麗莎．萊斯二〇〇五年擔任國務卿之後，就沒有出席她第一次的東協部長級會議，等於發出了一個負面信號。這使東協國家感到困惑。正如魯道夫．塞維里諾所言：「事隔很久後，觀察家仍在試圖弄清楚，為什麼萊斯沒有參加二〇〇五年七月在永珍市舉行的部長級會議和東協區域論壇。她的幕僚人員表示，她當時正忙於解決中東地區事務，所以無法到亞洲。」❶二〇〇七年，萊斯再次錯過了東協部長級會議和東協區域論壇。白宮則在同年延後了原本美國－東協峰會規劃的時間，這次峰會本來是為了慶祝東協－美國對話三十週年。之後布希邀請東協領導人在他位於德州的牧場舉行峰會，但又因為緬甸打壓異議人士而被取消。所有這些事件表明，美國對於維持雙方穩定關係的長期利益，常常被短期國內和國際考量所阻礙。一些美國外交官私底下對馬凱碩說，雖然他們認為這些決定是不明智的，但是他們無法影響萊斯。

此處唯一不會深入詳談的大國就是俄國。儘管俄國至今仍是世界強權，足以左右全球國際情勢，但在東南亞的影響力與影響範圍卻大幅縮減。冷戰期間，蘇聯在首都莫斯科所做的決策在東南亞具有重大影響力，尤其是越戰和後續的越南入侵柬埔寨行動；不過在蘇聯解體之後，莫斯科的決策對東南亞便缺乏實質影響。

普丁總統是一個堅強和果敢的領導人。他對國際問題的看法很重要。然而，他主要關注的是美國、歐洲和中東。俄羅斯與東協關係本質上只是象徵性的，沒有什麼實質內容。二〇一六年五月，普丁總統親自主持在索契舉辦的「俄羅斯－東協索契峰會」。這是普丁第一次在俄羅斯領土上與東協領導人舉行會晤，發布了許多文件，這當然很不錯，但是那些文件對於雙方關係的實質發展作用有限。

伊蓮娜．瑪律季諾娃在一篇很有見地的文章中❷，清楚解釋了要加強俄羅斯與東協關係所面臨的挑戰。她指出，俄羅斯甚至不是東協十大貿易夥伴之一。與東協其他主要貿易國相比，例如，中國（11.7%）、歐盟（11.4%）、日本（9.8%）及美國（8.3%）的貿易量相比，俄羅斯在東協貿易中的佔比只有0.6%。二〇〇六年到二〇一一年，俄羅斯對東協的對外直接投資流量也在下降。

但即使是象徵關係，也是時好時壞。二〇〇五年，普丁總統以觀察員國身份參加了第一次東亞峰會。他表達了加入該會議機制的願望，但是當時被委婉地拒絕了。然而，在二〇一〇年俄羅斯被接納為正式成員之後，普丁總統卻未能參加二〇一二年的東亞峰會，當時即使是歐巴馬總統都出席了會議。

瑪律季諾娃認為，俄羅斯和東協之間缺乏緊密關係這點反映了一個更深層的問題。她說：「總統和總理幾次都指出需要轉向亞洲。然而，俄羅斯一直沒有制定長期和全面的亞洲戰略。」總言之，俄羅斯與東協的關係只有在俄羅斯制定了全面的亞洲戰略之後才能開花結果。這可能在一、二十年內發生，但也將取決於全球地緣政治的發展。現在，東協還不是莫斯科的主要關注焦點。

同樣，本章不會討論東協與澳洲的關係，儘管澳洲是東協的主要對話夥伴。但就定義來說，澳洲並不是一個大國。根據其國民生產總值的大小，澳洲可以被列入「中等大國名單」中。這就是為什麼它是G20的成員。

然而，正如馬凱碩在題為《澳洲在亞洲世紀中的命運》的文章中所言，澳洲在其經營東協關係方面犯了一些嚴重的地緣政治錯誤。他認為：

> 澳洲很幸運擁有一個意想不到但寶貴的地緣政治緩衝區，即東協。儘管東協存在各種缺陷和不足，但是，東協強化了澳洲的安全。例如，東協保障了東南亞地區幾十年的和平（沒有難民會跑到澳洲這個空曠的大陸）；東協避免與所有亞洲大國（如中國和

印度）過於親近；東協推動多邊合作網絡，創造了更大的地緣政治穩定性。澳洲最近幾十年犯過最大的地緣政治錯誤之一就是，將東協的地緣政治成功視為理所當然。更糟糕的是，澳洲還不時在其外交倡議中試圖破壞或繞過東協。❸

澳洲試圖削弱或繞過東協，可說是地緣政治上的愚蠢行為。這等於將東協建立起來的、能夠覆蓋澳洲的地緣政治保護傘給捅破了。所以說，澳洲或許要比其他亞太國家更需要多瞭解東協。澳洲政府還需要制定一個針對東協的長期一致的戰略，使其與東協的關係不受澳洲政府和總理頻繁更迭的影響。一旦東協四分五裂，澳洲是其中一個最大輸家。但是如果東協做得好，澳洲也將是其中一個最大的受益者。一切都顯而易見。所以說，無論是現在的、還是將來的澳洲決策者，都應該好好研讀一下本書。

當前，澳洲對東協可以做的最大貢獻就是，澳洲可以利用其與美國的特殊關係，讓美國瞭解到東協的長期價值和戰略意義。正如下文關於東協與美國部分所言，美國的東協政策受到短期利益的驅動。確實，在南海問題上，如果美國堅持將東協當作短期工具來羞辱中國，那麼美國可能最終將使東協崩解。一旦如此，澳洲的損失可大了。澳洲竟然連這麼明顯的危險都看不出來，是很可悲的，因為這樣就反應出澳洲戰略思維的程度。而且澳洲在引導美國

（或其他大國）重視東協的長期戰略價值上，也毫無建樹。

澳洲這種自我毀滅式的東協政策，以及忽視東協與美國的關係是極不明智的。若要扭轉這個局面，澳洲最好反思自己應該如何藉由成為東協一個聰明成熟的長期戰略夥伴，來獲取其長期利益。

以下是東協與各大國的關係概述，將會按照美國、中國、歐盟、印度和日本的順序（依各國開頭的英文字母順序）介紹。

東協與美國

東協天生就是親美。的確，從廣義上講，東協在大部分時間都秉持親美的方向。不幸的是，美國對東協的政策前後不一致，導致東協與美國的關係起起伏伏。

美國與東協關係經歷了三個階段。第一階段，即冷戰期間，由於雙方有共同的戰略利益，所以關係非常緊密。第二階段始於冷戰結束。一九九〇年代，由於各種原因，美國對其前盟友失去了興趣，例如東協。東協感到被美國遺棄了。第三階段始於二〇〇一年「九一一」悲劇，美國重新注意到了東協的戰略價值。本節將對這三個階段加以說明。

儘管美國與東協關係起起伏伏，但是東協親美的特性從來沒有變過。東協使用英語也不是因為英國，而是因為受到美國影響。冷戰期間，東協不僅在政治上愈發親近美國，在經濟和文化領域也越來越受到美國影響。這也就是為什麼許多美國人覺得東協各國的市民生活讓他們很自在。因為所有東協社會都採用自由市場經濟學，並且歡迎美國投資。例如，從東協各國首都的商會和扶輪社就能看到美國的影響力。東協精英階層的孩子到美國大學唸書。我們年紀還小時，就對新加坡出現美國速食連鎖店 A&W 很是震撼。對於那時生活在貧窮第三世界的我們來說，它就像開啟了一道全新文明的大門。由此可以看出，美國文化在冷戰期間是多麼吸引我們，而這種吸引力又因為無所不在的好萊塢電影和美劇更為加深。總之，雖然政治關係起伏不定，但美國一直累積東協社會對其好感。約瑟夫．奈曾信誓旦旦地認為，美國的軟實力已經深入許多東南亞人的心中。不幸的是，除了歐巴馬，很少有美國人能夠意識到美國在東南亞這種好感度的累積。美國應該認知到這雙方多年累積的好感度，而對東協政策必須更加一致。遺憾的是，川普的當選將更加疏離美國和東協的關係，因為他非常不瞭解東協。

第一階段

第一階段貫穿整個冷戰時期，當時東協和美國關係密切。東協於一九六七年八月成立，主要目標是抵制共產主義在東南亞的擴張。而美國也有此目標。這是為什麼中國譴責東協是美國人建立的說詞，是完全站得住腳。

從一九六七年到一九八九年冷戰結束，美國與東協合作密切。一九七五年，美國在越南慘敗後，勇氣盡失，結果與東協的合作暫時中斷。但幸運的是，當時美國的東協政策是由一位很有才幹的外交官理查．霍爾布魯克主導，他主張要盡全力維持美國在東南亞的影響力。當霍爾布魯克退休時，他在自己的辦公室裡很自豪地展示李光耀寫給他的信，信中讚揚他大大保障了美國對東南亞政策的連續性。

正如在下文「東協與中國」部分會提到的，一九七八年十二月越南入侵柬埔寨時，東協、美國和中國曾一起向越南施壓，要求其撤軍。這個時期，華府決定邀請新加坡總理李光耀於一九八五年十月九日在參眾兩院聯席會議中發表演講，就是雙方關係緊密並有共同利益的最佳寫照。馬凱碩陪同李光耀訪問了華府，親眼目睹了雷根政府和東南亞之間的密切關係。在此期間，美國國務卿喬治．舒茲定期出席一年一度的東協會議，並讚揚美國與東協建立更密切關係所帶來的好處。令人有些不可思議的是，雷根總統在一九八六年五月出席了東協部長級會議，並說出下面這段話：

美國看到了東協的團結和決心，你們為其他自由的人民樹立了榜樣。東協的一致共識，代表一種負責任的國際行為，並且已經傳播到世界各個角落。我今天到這裡來，就是要傾聽你們的心聲。支持東協、與東協合作，是美國太平洋政策的關鍵。你們的領導，促使全世界反對越南攻佔柬埔寨，再也沒有比這個例子更鼓舞人心了。❹

在一九八〇年代，新加坡並不是唯一一個與美國保持密切關係的國家。基於一九六二年的《魯斯克－他納協定》和一九六四年的《馬尼拉條約》，美國與泰國當時也保持了非常緊密的雙邊關係，而且每年都舉行聯合軍事演習。一九八五年，泰國從美國通用動力公司購買了十二架F－16戰鬥轟炸機，這也許是對越南在同年購買蘇聯的米格－23戰鬥機的回應。美泰兩國於一九八五年十月簽署了一項協議，美國將在泰國建立一個戰爭武器儲備庫，泰國因此成為第一個境內沒有美軍基地、美國卻同意在該國設置戰時武器裝備儲備庫的國家。兩國之間的政治關係也得以強化。❺

美國也將蘇哈托總統視為對抗蘇聯的重要盟友。印尼在印度洋佔據重要的戰略位置，並且控制著麻六甲和巽他海峽，對美國在這個地區的戰略和安全利益格外重要。美國向印尼提供了大量軍事援助，即使是今天它仍然是印尼武裝部隊最大的武器供應國。美國與印尼鄰國澳洲和菲律賓的同盟關係也使印尼受益。❻

一九八六年，在雷根政府的干涉下，馬可仕下台，柯拉蓉．艾奎諾成為菲律賓總統。艾奎諾曾經在美國接受教育，在那裡取得了學士學位，很受美國人喜愛。一九八六年她訪問美國時，曾在美國國會聯席會議上發表演說，並得到了美國將對其政府大力支持的承諾。一九九〇年，美國對菲律賓的發展援助近達五億美元，同時私人投資超過十億美元。透過以美國和日本為主要捐助國的多邊援助計畫，菲律賓還獲得了債務減免和新的信貸安排。在美國政治活躍的美裔菲律賓僑民則進一步強化了美菲關係。❼

美國和東協之間的地緣政治關係也促使其他領域的關係進一步發展。一九八〇至一九九〇年期間，美國和東協之間的貿易額增加一倍以上，從一九八〇年的二二六億美元增加到一九九〇年的四七五・七億美元。❽同一時期，美國在東協國家的投資激增。一九八〇至一九九二年期間，美國在東協五國的直接投資總額從三十一・五億美元，增加到一四六・七億美元。❾

美國的對外投資不僅僅有經濟效益。與日本不同的是，美國的跨國公司會刻意培養本地人才，而美國的投資在東南亞創造了一個全新的管理和創業階層。許文輝曾擔任包括新加坡航空公司、星展銀行和新加坡電信有限公司等多家新加坡公司的董事長。他說，八〇年代在惠普的那段歲月改變了他，為他日後成功的事業鋪路。同樣，在東南亞，特別是新加坡，許多成功的銀行家都曾接受過花旗銀行的訓練和培養。⑩

此外，東協與美國之間的密切關係也與東協的年輕人在北美的留學經歷有關。例如，許多東亞個人的人際網絡是他們在美國主流大學留學時建立起來的，而且維持了一輩子。當他們之中很多人成為成功的領導者時，他們與東亞其他同輩之間建立起來的關係，便有助於這個地區的和平發展。這可能就是為什麼美國在包括東南亞在內的東亞地區，要比其他任何地區有更多「軟實力」的累積。

第二階段

但是，隨著冷戰的結束，新的第二個階段開啟。蘇聯解體後，美國對共產主義擴張的過度恐懼終於消失了。結果，東協不再被華府視為寶貴的地緣政治資產。而一個沒有價值的盟邦，很快就會變得像個政治包袱。沒有一個美國政治家或歷史學家會承認，東協在冷戰期間被美國利用，然後在冷戰結束後卻像個燙手山芋一樣被拋棄。馬凱碩在其《走出純真年代》

一書中，就分析了美國是如何盡可能利用許多冷戰期間的盟友。一旦這些國家失去實用價值，美國就會發現它們在「人權」方面的問題，然後掉頭離去。⓫

因為這種「政策轉向」，美國失去了一個黃金機會，將其與東協的關係提升到更高的合作層次。由於美國始終沒有坦誠地對其冷戰後的東協政策突然改變加以解釋，所以這裡還是有必要詳細討論。一九八〇年代，東協與美國的關係發展得不錯，這本應該在九〇年代更上一層樓的。然而，事情卻朝著相反的方向發展。如果我們把冷戰時期美國與東協的第一階段關係定義為「蜜月期」的話，那麼第二階段就是「排拒期」。雖然這麼說有些刺耳，但是我們覺得很恰當。美國的決策者需要正視美國與東南亞過往這段關係中的殘酷現實。如果美國決策者拒絕承認與東協關係中的這段「排拒期」，那麼他們將永遠無法理解其在東協政策中所犯的錯誤。拒絕承認錯誤，會導致更大失誤，將無法從錯誤中學到教訓。這意味著會重蹈覆轍。為了避免上述情況發生，我們必須正視這殘酷的現實。

公平地說，在這段「排拒期」，東協並不是唯一的受害者。同一時期，許多其他第三世界的國家也受到美國排拒。為什麼會這樣？答案很簡單，在冷戰期間，美國人忙著在與蘇聯進行（它認為的）生死決鬥，因此只要是能團結合作的，他們一概不拒，即使是那些令人厭惡的獨裁者和殘酷的劊子手也不例外。例如，很少有美國人知道，賓拉登和他的同夥在冷戰期間曾是美國的主要盟友。同樣惡名昭彰的獨裁者還有薩伊共和國總統蒙博托和巴基斯坦總統穆罕默德·齊亞·哈克。

隨著冷戰結束，美國如釋重負，到處洋溢著喜悅，因為美國戰勝了蘇聯。一個美國人曾經私下告訴馬凱碩說，每天早晨醒來，不再擔心某個時刻會爆發核戰，這真是一種解脫。他所敘述的心情精確地描述了當時美國的情況。然而，美國看待其冷戰時期的盟友的視角也開始變了，美國開始質疑它們還有沒有用，而且更敢去看它們的缺陷。由於利用完盟友再加以背棄會被認為是不道德（更不用說是忘恩負義了），所以美國需要一個冠冕堂皇的理由。一九八〇年代吉米·卡特執政期間，美國開始在外交政策對話中引入人權問題。到了一九九〇年代，人權就成了一種工具，用來疏遠讓人為難的盟友或是前盟友。

表面上，一切看起來仍一如往常。美國國務卿繼續參加一年一度的東協部長級會議，但雙方關係的基調明顯發生了變化。詹姆斯·貝克（老布希政府的國務卿）下台後，他告訴參議院外交關係委員會：「從北約到東協，我們有最廣泛的戰略聯盟。」⓬嚴格地說，東協沒有與美國結成「戰略聯盟」。但貝克在他的發言中表明了對東協的積極態度。相比之下，接下來的兩位國務卿華倫·克里斯多夫和馬德琳·歐布萊特，對參加東協部長級會議就沒有表現出什麼熱情。他們要麼完全缺席那些會議，要麼就提前離開。在冷戰期間，東南亞幾個國家中那些含糊的「人權」問題並未成為什麼障礙，但冷戰後它卻成了一個問題。一九九七年，歐布萊特威脅不參加東協會議，對此，泰國記者這樣報導：

現在的危機關頭是難以避免的：如果明天東協決定承認緬甸，那麼它與美國之間的關係就會面臨危機。上週在蘭卡威島舉行的東協區域論壇會議上，華府就向東協各國高層官員明確表示，美國新任國務卿歐布萊特將重新考慮，美國是否參加東協區域論壇和今年七月在吉隆坡舉行的部長級會議。⑬

雖然美國沒有公開承認它的策略已經改變，但是東協卻從資產變成一種負債。柯林頓政府對東協明顯缺乏熱情，也就不令人意外了。在柯林頓執政期間，美國享有難得一見的「單極世界」時刻，完全不需要盟友。到了他的第二個任期，柯林頓只忙於國內事務，還有被柳文斯基的事弄得滿頭包。

隨著東協對美國的戰略重要性下降，負面事件開始影響美國與東協國家的關係。冷戰期間，新加坡是美國最為信任的朋友之一，新加坡領導人也經常訪問白宮。然而，一九九四年五月，一個美國青年在新加坡受到鞭刑後，美國凍結了與新加坡的關係。冷戰期間，這樣的小事不會破壞兩邊的關係。實際上，在一九八〇年代，新加坡與美國發生過比上述嚴重許多的爭端，例如關於限制《華爾街日報》在新加坡的發行量（發生於一九八七年二月），還有新加坡將一名美國外交官員驅逐出境（漢克．亨德里克松，發生於一九八八年五月）。但是在一九八〇年代，冷戰大於一切考量，冷戰結束後，像新加坡這樣的盟國就變得可有可無，小問題變成了大麻煩。

在一些事件中，美國更加過分，甚至恐嚇其前盟友。一九九九年五月七日，美國空軍飛機轟炸中國駐貝爾格勒的大使館。此後不久，也就是二〇〇〇年四月，東協區域論壇會議在新加坡舉行。由於轟炸大使館事件關係重大，此次會議的主席國新加坡，提議在會議結束後的主席聲明中提及此事。美國外交官庫爾特．坎貝爾、陸士達與新加坡的對口官員比拉哈里．考斯甘，就針對措辭開始磋商，並且看起來已經獲得解決。

然而，當歐布萊特抵達會場時，她強烈反對提到轟炸這件事。新加坡外交部長尚穆根．賈古瑪在他的著作《外交》一書中寫道：「歐布萊特簡直就是盛氣凌人，不但威脅恐嚇，而且固執己見。」[14]爭論越來越激烈，歐布萊特要求暫緩發表主席聲明。當時同在那個房間裡的一個旁觀者說，她揮一揮手，招呼她的盟友們加入她的陣營，大多數人便匆忙趕過去。韓國代表顯然對於這種公開「召見」感到羞辱，就儘量慢慢走，但是還是無法抵抗美國國務卿的召喚。因為美國的力量是難以匹敵，也難以抗拒。

馬來西亞在一九九九年也曾惹怒美國。當時的總理馬哈地．穆罕默德決定逮捕和控告他的前副總理安華．伊布拉欣。安華在被捕時遭到了毆打，這顯然是不可接受的事情，沒想到美國副總統高爾訪問馬來西亞時，打破所有外交慣例，公開譴責馬哈地總理。美國在一九九〇年代的外交政策中，總是採取道德的高姿態，卻沒有因為疏離馬來西亞而付出代價。

但是與一九九〇年代泰國和印尼遭受的苦難相比，新加坡和馬來西亞的遭遇就顯得還好。亞洲金融危機於一九九七年五月在泰國爆發，然後迅速蔓延到其他國家。印尼是在一九九七年七月成為另一個主要受害者。一九九七至一九九九年期間，泰國經濟從一四三〇億美元萎縮到一三八〇億美元。[15]許多大公司破產，失業率從0.9%上升到3%。印尼的損失更大。它的國內生產總值從二六二〇億美元下降到二三〇〇億美元[16]，失業率從4.7%增加到6.3%。

自一九五四年年以來，在美國的所有盟國中，泰國是一個特別好的朋友。例如，在越戰期間，泰國允許美國轟炸機使用它的空軍基地。當一九九七年七月爆發亞洲金融危機時，曼谷方面普遍都預期，如果情況真的惡化，華府將會伸出援手，就像它在一九九五年對墨西哥所做的那樣。如果在冷戰期間出現這種情況，毫無疑問，泰國會很快得到援助。然而，到了一九九七年，華府已經忘了泰國曾在冷戰期間對自己大力支持。結果，泰國孤立無援。泰國統治階層深深地感到自己被美國背叛，這樣說算是很客氣了。當華府在一九九七年十二月急著救援韓國時，這種被背叛的感覺變得更加強烈。美國在泰國的不作為，與美國對韓國財政問題的迅速反應，兩者之間形成鮮明對比，清楚表明泰國對於美國已經變得無足輕重。相較之下，中國為了不讓人民幣貶值，犧牲了一些經濟上的損失，試圖救助泰國和其他東協國家。因此，今天曼谷方面仍相信，中國是比美國更可靠的朋友。

相對而言，印尼在冷戰期間雖然是美國非正式盟國，但也算是關係親密，這種被美國背叛的感覺同樣很強烈。經濟危機期間，華府的確幫助了印尼。但美國提出的解決方案充滿意識形態和教條主義色彩，帶給印尼社會和經濟巨大的陣痛。例如，華府堅持認為，所有陷入泥沼的印尼銀行都應該關閉。但是約十年後，當美國的銀行遇到類似的問題時，美國卻對這些銀行實施紓困。顯然這就是雙重標準的做法。正如印尼前貿易部長馮慧蘭解釋的：

在一九九七年亞洲金融危機期間，國際貨幣基金的援助前提是關閉銀行，拒絕紓困，要求削減預算，採取財政撙節措施，緊縮貨幣政策。相比之下，二〇〇九年爆發金融危機時，美國政府的反應是紓困銀行，提供支援給一些部門，並且提出了一個財政刺激計畫，實施寬鬆的貨幣政策。在歐洲的影響下，國際貨幣基金為陷入困境的歐洲經濟體提供了大量的配額援助以及軟性條件，這與在東亞金融危機期間的做法形成了強烈對比。值得注意的是，在一九九七年東亞危機中提供諮詢和執行建議的一些關鍵人士，與二〇〇八年金融危機中的關鍵人士都是同一批人。[17]

第三階段

本來第二階段，也就是東協與美國關係的這種消極走向，很可能會持續到二十一世紀。然而，一項重要的地緣政治事件扭轉了走向。二〇〇一年九月十一日發生恐怖主義攻擊之後，美國再次體認到它需要全球盟國來打擊國際恐怖主義。於是，華府對東協價值的認知改變了。

東南亞那些溫和的穆斯林國家在一九九〇年代看起來好像不太重要，但是到了二十一世紀的頭十年卻成了有價值的戰略資產。之前美國與東協關係中那些陰魂不散、關於人權問題的討論消失了。以往那些被美國指責為侵犯人權的行為（如酷刑和不經審判拘留），現在都當成只是慣例，對此東協國家感到非常震驚。當美國的國家利益改變時，美國就自然從捍衛人權衛士的身份抽離出來。

「九一一」事件後，美國為了尋求支持向東協叩門，東協本可以冷漠以對。不過，東協選擇積極回應美國希望密切合作的建議。美國和幾個東協國家強化了情報方面的合作，並且在二〇〇二年八月，東協和美國簽署了《合作打擊恐怖主義聯合宣言》。「九一一」危機使華府重新認識到東協的價值，而且最後還提出了加強雙邊關係的若干建議。美國與東協關係的具體進展包括以下幾個重要的里程碑：

- 二〇〇五年：《關於增進東協與美國夥伴關係的聯合願景聲明》
- 二〇〇六年：加強東協－美國經濟聯繫的《貿易與投資架構協議》（TIFA）
- 二〇〇九年：首屆東協－美國領導人會議決定發表為實現持久和平與繁榮加強夥伴關係的宣言
- 二〇一〇年：成立美國常駐東協代表團
- 二〇一三年：首屆東協－美國峰會──東協和美國領導人年度會議的機制化。領導人承諾進一步加強東協與美國在許多領域裡的合作，例如防止核擴散、網絡安全、反恐、人口販賣、貿易和投資、科技和教育等。

二〇一六年二月，歐巴馬總統成為第一個在美國本土接待東協十國領導人以及東協秘書長的美國總統。陽光莊園領導人峰會被廣泛認為是東協與美國關係中的一個重要里程碑。結束時，與會者發表了一份聯合聲明，概述了加強經濟和安全合作的原則，以及啟動美國－東協互聯互通倡議。這將整合美國在東南亞的經濟參與，使企業能夠利用美國和東協加強連接性帶來的優勢。最後，聯合聲明談到以下問題：

共同承諾維持該區域的和平、安全與穩定，確保海上安全，包括一九八二年《聯合國海洋法公約》中規定的航行與飛越領空自由、其他海上合法用途和無障礙的合法海上貿易，以及海上活動非軍事化和自我克制；共同促進合作，因應海洋領域的共同挑戰；立下堅定決心，主導全球性問題的解決，如恐怖主義和暴力極端主義、人口販賣、販毒，以及非法、隱瞞不報和無管制的捕撈行為，還有非法販運野生動物和木材等。[18]

東協與美國的關係在安全問題方面也有所提升。在對話夥伴關係中增加了一個東協－美國安全對話。

在跨國犯罪領域方面，兩方也加強合作，東協和美國處理跨國犯罪的高層官員定期會面

（SOMTC＋US）。二〇一四年五月舉辦了東協－美國網路犯罪講習班，美國建議與東協在處理人口販賣方面加強合作。此外，美國開始更積極地參加各種區域性會議，包括東協區域論壇、東協國防部長擴大會議、東亞峰會和東協部長級會議等。

我們在這裡強調了美國對東協政策的不一致性，不是要顯示我們的政治觀點才是正確，而是為了強調，如果美國不拿出一套清楚、長期的東協政策，那麼東協這個對美國極具潛力的戰略資產就會浪費了。儘管政府更迭會導致外交政策有所調整，但是在美國外交政策的一些敏感區域（例如，以色列和沙烏地阿拉伯的地位）卻存在一種「深層共識」，不會因政府短期更迭導致關係生變。因此，華府的東協政策或許也應該有一種深層共識，並且依據三個原則建立：一致性（consistency）、謹慎（delicacy）和教育（education）。我們可以稱之為C、D、E原則。

一致性是關鍵。政策保持一定的一致性對保障關係穩定是必要的，而穩定的基礎又能夠使關係變得更緊密。證明一致性很重要的最好方式是觀察歐巴馬執政時期（二〇〇九－二〇一六年）美國與東協的關係。歐巴馬是美國唯一一位花了非常多時間在東協的總統，在他執政期間，美國與東協關係本來是預期會繁榮發展的。二〇一四年十一月十四日，他訪問緬甸，在面對緬甸民眾提問時，做出了他對東南亞的個人承諾，他說：

身為美國總統，我把加強美國與東南亞的關係列為優先事項，特別是與東南亞年輕人的連結。我之所以這樣做，不僅僅是因為我在東南亞的印尼度過了我的部分童年。確實，那段經歷讓我對東南亞這個地區有一種特別的依戀，一種特殊的感情。但我這樣做主要是因為東協十國擁有世界上十分之一的人口，而其中約三分之二的人口都在三十五歲以下。因此東南亞是一個經濟成長、民主國家出現，有著豐富多樣性的地區，不但有海洋和島嶼、叢林和城市，而且人們來自不同種族，有著不同的宗教和信仰。因此，這樣一個地區將會形塑二十一世紀的樣貌。[19]

歐巴馬這番話表明他非常理解東南亞以及這個地區對美國的獨特價值，那麼期待美國在外交政策中重視東南亞也是理所應當。但遺憾的是，事實並不是這樣。歐巴馬在任期間不得不取消幾次跨太平洋的訪問：二〇一〇年三月訪問印尼和澳洲的行程因國內健保法案被迫取消；二〇一〇年六月原本要訪問印尼和澳洲，因墨西哥灣漏油事件被迫取消；二〇一三年十月準備訪問峇里島、汶萊、菲律賓和馬來西亞，但由於美國政府機關停擺而被迫取消。雖然他無法避免華府內政治的變幻莫測，但他本可以充分利用（包括他個人魅力在內的）各種唾手可得的機會來做更多事情。歐巴馬在印尼度過了部分童年，年輕時還曾在東南亞各地旅行，甚至會說印尼語。如果他能在當選後不久就到印尼進行一次重要訪問，印尼人一定會夾道歡迎。美國總統在世界上最大的伊斯蘭國家被當作搖滾明星一樣瘋狂地追捧，這對之前布希政府入侵伊拉克，導致世界上十六億的穆斯林疏離美國，是可以大大修補過去造成的傷害。川普就不會有這樣的機會，他對待穆斯林過於輕蔑。這使得歐巴馬未能利用他與印尼的特殊關係所造成的失敗，顯得更加糟糕。

當歐巴馬決定針對美國和伊斯蘭發表兩次重大演說時，其實是另一個良機出現。這兩次演講分別是二〇〇九年四月六日在西亞的伊斯坦堡舉行，以及二〇〇九年六月四日在非洲的開羅。演講內容很精彩，但場地的選擇有缺陷。伊斯坦堡代表東西方的十字路口，作為第一次演講的地點是很好的選擇。然而，如果歐巴馬第二次演講的地點選在伊斯蘭世界的東部地區就好了，畢竟這裡比較沒有西部地區那麼混亂。僅東南亞的穆斯林數量就相當於整個阿拉伯世界。印尼是一個不錯的選擇，歐巴馬選擇到印尼，一定會受到英雄般的歡迎。

如果二十五年後白宮檔案解密，我們倒要看看是否有哪位外交政策顧問曾建議他選擇在東南亞而非中東演講，這一定很有意思。如果沒有人（我們相信沒有人）提出這樣的建議，那麼就可以肯定地說，美國的高層政策顧問居然沒有意識到東協是多麼重要的戰略資產，也是美國在東南亞的機會，這實在是可悲。這就是為什麼美國必須重新認識東協的價值，並且保持美國東協政策的一致性。華府若能有這種強烈的共識，給予東協更重要的戰略優先地位，那將為美國帶來很大的好處。

改善美國外交的第二個原則是謹慎，這是處理與東南亞關係的關鍵因素。隨著未來中美地緣政治競爭的升高，雙方很有可能都抵擋不住誘惑，試圖利用東協作為地緣政治工具對抗另一方。如果因為中美地緣政治競爭最後傷害了東協，那將是一個極大的歷史諷刺，因為一九八〇年代中美的地緣政治合作曾經促進了東協的發展。華府在戰略決策中的一個關鍵考量就是，到底是一個強大團結的東協更有利於美國，還是一個弱小分裂的東協更有利於美國的國家利益。如果是前者，華府必須避免使用東協作為對抗中國的武器。

例如，美國會想方設法羞辱中國在南海的強勢行動。一些美國領導人已經對這個問題公開發表談話，例如歐巴馬總統曾說：「無論是烏克蘭南部、南海，還是世界上其他地區，如果放任地區的侵略性行為不管，將會影響到我們的盟友，我們可能就會考慮派軍。」[20]希拉蕊·柯林頓擔任國務卿時也曾提到：「我們反對任何聲索國在南海主權問題上用恐嚇或武力方式聲索，或是干涉他國合法的經濟活動。」[21]前美國國防部長查理斯·哈格爾在二〇一四年新加坡舉行的香格里拉對話會中，也有更多的闡述，他說：

中國把南海稱為「和平、友誼與合作之海」。它確實應該如此。但是近幾個月來，中國採取破壞穩定的單方面行動，堅持其對南海的主張。中國限制其他國家進入黃岩島，對菲律賓在仁愛礁的長期存在施壓，開始在多個地點進行填海造陸行動，還將一座石油鑽井平台部署到西沙群島附近的爭議海域。[22]

美國官員或許會試圖爭取全部或部分東協國家讓中國難堪。這種作為很可能將變成一個巨大的戰略錯誤。這樣做不僅不能遏制中國，而且東協也有可能會受到傷害。所以，這是為什麼在不斷升高的中美地緣政治競爭中，很重要的一點就是雙方都應把東協視作一個精緻、易碎的貴重明朝花瓶。如果東協受到傷害或毀滅，那麼美國和中國的利益都會受損，所以謹慎處理與東協的關係對於雙方至關重要。

「教育」這最後一條引導東協與美國關係的原則似乎讓人有些驚訝。如果被問及美國在這個地區最大的資產，大多數美國領導人無疑都會說是軍事或經濟的存在。確實，這兩個都很重要。然而，隨著時間變遷，美國在這兩個領域中的相對比重將減少。例如，美國對東協的投資流量從二〇一一年的九十一・三億美元，下降到二〇一三年的三十七・五七億美元，美國在東協地區的直接投資比例從同期的9％下降到3％。[23]

但是，另一項美國資產正在成長，那就是東南亞精英的 mindshare。這是因為現在在美國大學留學的東南亞青年人數比一九八〇年代更多。在二〇一四到二〇一五年度，來自東南亞的 50,865 名學生申請到美國大學就讀，比十年前的 34,590 人增加了47%。此外，東南亞許多主流大學的課程都來自於美國教育機構。

但到目前為止，美國政府還沒有制定一項長遠的策略來利用這項長期、不斷增值的資產。目前，像是耶魯－新加坡國立大學、杜克－新加坡國立大學醫學院之間已經有了更多校際交流合作，這將會有所幫助。這些年輕人不僅有利於美國和新加坡高等教育的發展，也有利於強化東協與美國的關係。

教育交流還有其他好處。在一篇由馬凱碩與勞倫斯．薩默斯合著、題目為《文明的融合》的文章中，兩位作者認為：

> 我們有充分的理由相信，隨著實用主義和理性主義越來越普及，世界會變得越來越好。西方大學一直是這個趨勢的重要驅動者。全世界不僅在複製它們的教學課程，而且也在複製現代研究型大學的整個系統。此外，也正是這些西式大學的畢業生，逐漸廣泛地將現代方法引入教育、公共衛生、經濟管理和公共政策領域。[24]

總之，通過教育交流，美國可以在東南亞進一步培育出支援美國視角的政治和經濟生態系統。

東協與中國

東協與中國的關係也可以分為三個階段：初始階段為敵對期，第二階段為戀愛期，第三階段（當前階段）為互疑期。每個階段都受到更大範圍內的地緣政治形勢影響，這意味著東協與中國的關係受到全球趨勢和雙邊關係的連動。這也是雙方在思考未來關係時應牢記的關鍵要點。

第一階段比較容易介紹。東協於一九六七年八月成立時，中國是持敵對態度的。以下是摘自一九六七年八月十八日《北京週報》中的一篇文章，可以清楚看出中國對東協成立的態度：

在八月八日發表的《聯合聲明》中，這個美國的傀儡聯盟公開支持美國在東南亞的軍事基地，甚至不惜為其編造各種藉口。這一切只能證明，東協這個以「經濟合作」的名義成立起來的反動集團是針對中國的軍事聯盟。㉕

為什麼中國會這樣回應？答案很簡單，因為全球地緣政治競爭。那個時候，蘇聯與中國站在同一陣線，共同對抗美國。由於東協的五個創始成員比較親美，而不是親蘇。此外，它們之所以聯合在一起是因為害怕共產主義在東南亞地區擴張。因此，中國會對東協的成立表示譴責並不讓人覺得奇怪。蘇聯當時也警告說，東協將受到來自美國的壓力。由安德列·葛羅米柯主編的《外交辭典》就曾指出，東協「受到來自美國和其他國家赤裸裸的壓力，其目的就是要拉著他們反社會主義」。㉖

那時，中國與東協五國都還沒有建立外交關係。而且，中國支持各類東南亞共產黨從中國進行無線電廣播。這些共產黨強烈批評五國政府㉗，他們的廣播中也包括對東協的尖銳批評。

對東協來說幸運的是，這個敵對階段持續的時間並不長。中國與蘇聯出現了嚴重不和，而且在一九六九年，在烏蘇里江上發生了一些小規模的軍事衝突。中國歷史學家稱其為「珍寶島事件」。美國趁機試圖拉攏中國加入其反對蘇聯的陣營，來分化中蘇。而且在一九七一年七月亨利·季辛吉訪問中國之後，中美之間的合作關係開始成形。

中美之間的外交默契開啟了東協與中國關係的第二階段，即戀愛階段。中國開始緩慢而穩定地接觸東協，馬來西亞於一九七四年五月與中國建立外交關係，緊後是泰國，兩國於一九七五年七月建立了外交關係。

接著，一個重大事件讓東協和中國的關係變得異常親密，即一九七八年十二月越南入侵柬埔寨。和美國一樣，中國和東協都反對越南入侵，而反對蘇聯支持的越南軍隊入侵柬埔寨這件事，促成了東協、中國和美國在一九八〇年代這十年間的緊密合作。馬凱碩自一九八四年到一九八九年擔任新加坡駐聯合國大使，親身經歷了這種密切的合作。他還於一九八一年七月在聯合國一次關於柬埔寨的國際會議中，目睹了一個特別的插曲。當時東協反對中國讓波布重新掌權，而美國卻支持中國，反對東協，此舉無異是支持實施種族滅絕政策的波布復位。這件事給東協國家上了寶貴的一課：即使是關係友好，大國之間的利益仍淩駕於道德和人權原則之上。

在一九八〇年代的大多數時間裡，東協和中國之間合作密切。當一九八九年十一月冷戰隨著柏林圍牆倒塌而結束時，這種合作關係原本可能會隨之結束。但事實上並沒有，東協和中國的合作延續了下來。一九八九年六月天安門事件發生後，包括美國在內的幾個西方國家試圖孤立北京，但是東協始終對中國友好，中國對此特別感激。西方當時認為，既然冷戰已經結束，中國也變得不重要了，那麼它們是完全可以孤立中國的。

但是當時東協並沒有加入西方陣營排斥中國，而是選擇與中國保持友好關係，也因此獲得了一些特別的回報。在一九九八至一九九九年亞洲金融危機中，當好幾個東協國家，特別是印尼、馬來西亞和泰國，損失慘重時，中國藉由拒絕人民幣貶值幫助它們擺脫困境。中國這種友好的行為深受感激。此外，中國當時總理朱鎔基於二〇〇〇年十一月在新加坡舉行的東協－中國峰會上，提出一項東協與中國簽訂自由貿易協定的構想。一年後，也就是二〇〇一年，朱鎔基在汶萊舉行的東協領導人峰會上，正式提出此案。

東協與中國簽訂自由貿易協定的提議的確是不同尋常，因為，當時親西方的東協國家，與日本、韓國和澳洲等西方導向的自由市場經濟體，關係正密切。但是，這幾個國家沒有一個提出要與東協簽署自由貿易協定。而中國的共產黨政府竟然是第一個提出此議的國家。更值得關注的是，中國不僅提議簽署自貿協定，而且還單方面對東協國家進行讓步，將「早收清單」納入協議中。東協－中國自由貿易協定的談判速度也創下了歷史記錄。二〇〇二年十一月，雙方簽署《中國與東協全面經濟合作框架協定》，為建立東協－中國自由貿易區的相關談判提供了法律基礎。二〇〇四年十一月，中國與東協雙方簽署自貿區《貨物貿易協定》，二〇〇七年一月十四日簽署《服務貿易協定》，二〇〇九年八月簽署《投資協定》。二〇一〇年一月一日，東協－中國自由貿易區正式成立。中國－東協自由貿易區建成儀式於二〇一〇年一月七日在中國南寧舉行。東協與中國關係在二十一世紀的頭十年顯然是積極的。

但是與第一個十年相比，東協與中國關係的第二個十年頗具挑戰性。雙邊關係的最低點出現在二〇一二年七月，當時東協國家正在金邊舉行東協部長會議（AMM）。四十五年來，與會部長每次都會發表一份聯合聲明，無一例外。但在金邊的這次會議卻沒有發表聲明，為什麼？一般認為，擔任會議主席的柬埔寨政府受到中國的壓力，不允許在聯合聲明中提及南海。但是其他九個國家認為，這是一個原則性問題，聲明中應該提及，於是出現了政治僵局。東協一體性原則，受到中國方面的壓力，結果在金邊會議中遭到了破壞。

這件事象徵著中國與東協在經歷這個很長的第二階段（戀愛關係）之後，開始轉入第三階段，即互疑期。關於第三階段的開始時間，很難找到一個具體的時間點，但是二〇一二年的金邊會議顯示，南海問題開始影響東協與中國關係。

東協與中國關係中的關鍵因素

考量到中國與東協關係中主要的不確定性，雙方最好深刻反思一下未來的關係。例如，有一些重大的問題需要思考：到底是一個強大、團結的東協，還是一個弱小、分裂的東協對中國比較有利？中國是否能夠從積極的東協與中國關係中獲得更大的全球利益？當中國成為世界第一大國，東協國家需要做出哪些調整？中國需要思考前兩個問題；東協則需要思考第三個問題。

鑒於中國之前與某些東協會員國關係膠著，特別是與菲律賓，北京的一些策略規劃者自然會認為，分裂的東協對中國較為有利。傳統上，大國經常採取「分裂－統治」的做法。有人可能會說，一個分裂和破碎的東協應該對中國更有利。這種分裂東協的想法或許真的會吸引北京那邊的一些人。

然而，任何中國的策略規劃者想這麼做的話，都應該認真思考一下這麼做的長期代價與短期利益是什麼。我們這個時代的一個當代奇蹟是中國的和平崛起。這很大部分歸功於中國領導人的智慧，尤其是鄧小平和朱鎔基。但是，中國的和平崛起還得益於一些輔助因素，如東協。

通常，大國權力轉移會產生大量的爭端與摩擦。例如，要是看到中日或中印之間摩擦增多是再正常不過。但是事實上，無論是中日，還是中印之間，幾乎沒有什麼摩擦。其中一個原因就是東協「緩和」了亞太地區這些大國之間的矛盾，這裡借用工程學裡的一個名詞，即東協充當了「潤滑劑」的角色。東協為大國互動提供了一個中立的地緣政治平台，這在目前大國權力轉移的背景下顯得尤為寶貴。只有東協能做到這點，因為在這個地區只有東協能夠為各方所信任。正如馬凱碩在《新亞洲半球》一書中所說：「新的合作模式正在出現，而其中東協是關鍵，東協獨自建立了一系列的合作機制，例如東協區域論壇（ARF）、亞太經合組織（APEC）、『東協＋3』、亞歐會議（ASEM）和東亞峰會（EAS）。」[28]

另一位學者阿米塔夫．阿查亞在其著作中也提到了東協的重要角色，認為東協為新興亞洲國家提供了一個重要的地緣政治平台，讓新興國家得以互動。用他的話來說，「（東協）即使不是東亞地區多邊論壇機制的領導者，也是它們的核心……儘管東協有局限性，但沒有任何其他組織能夠擔當起區域多邊外交的核心」。[29]

如果東協不存在了，那麼中國的策略規劃者會尋求其他替代方法和手段來疏通中國的崛起之路，這也實屬必然。但是，要找到替代方式並不容易。東協這樣的組織不可能在一夕之間出現。需要多年的努力和英明的領導才能創造出一個可行和運作良好的區域組織。簡而言之，東協的存在是中國在地緣政治上獲得的一份禮物。顯然東協並不完美（沒有哪個區域組織是完美的，歐盟也不例外），但是即使是這樣一個不完美的組織也不可能在頃刻之間創造出來，為中國的利益服務。因此，中國的策略規劃者應把東協視為其最重要的戰略資產之一，盡力去強化它而不是破壞它。現在還不清楚川普的勝選是否會引發中美關係出現新的問題。但即使沒有，中美關係也是肯定走得跌跌撞撞。在這種情況下，與東協建立密切的關係對於中國來說就是寶貴的戰略資產。

此外，中國的策略規劃者還應該意識到，東協以及東協的成功還可以為中國帶來其他更大的全球利益。一個明顯的例子可以說明這點。目前很多西方國家，特別是盎格魯－撒克遜國家，對中國的崛起感到不安。這就是為什麼在盎格魯－撒克遜的媒體中不斷湧現有關中國的負面文章。簡單來說，如果東協與中國關係不佳，就會被盎格魯－撒克遜國家的媒體利用來抹黑中國。但是如果東協與中國關係良好，那麼它們就沒有這項可以攻擊中國的武器。

如果讓中國人來分析一下，他們最近在南海活動對全球如何認知中國產生了什麼影響，他們一定會說，這些行動已經損害了中國努力塑造起來、和平崛起的大國形象。

一個小指標就可以說明很多事情。中國分析家應該研究一下《經濟學人》上每週刊載的漫畫，這是一本具有全球影響力的雜誌。該雜誌總是將「山姆大叔」（美國）刻畫成一個不幸但好心的老紳士，而中國總被描繪成一條滿是尖牙的憤怒巨龍。如果客觀分析近年來美國和中國在全球的軍事角色，會發現《經濟學人》的漫畫與事實恰恰相反。然而，現在這種與事實完全相反的描述已經轉變成全球對中國的普遍印象。這個例子顯示盎格魯－撒克遜媒體的影響力。在下面這張圖中，美國是一位愛好和平的大叔，而中國則是一條好戰的巨龍。但是在亞太海域，美國的軍事存在要遠遠強於中國。

其實，二〇一四年年中在北京召開的一次智庫討論會中，馬凱碩就曾經警告過中國的一些外交政策分析家，盎格魯－撒克遜媒體正在利用中國在南海的主張和行

來源：《經濟學人》2016 年 6 月 11 日。

動，將中國描繪成侵略和好鬥的國家。事實上，當時馬凱碩使用了更強烈的字眼。他說，盎格魯－撒克遜的媒體一直想在全球激發出一種「反華情緒」。中國在南海的行動終於給了他們一個機會。

這裡要強調的是，東協與中國之間良好的關係有利於強化中國和平崛起的主張。中國領導人曾暢談過他們和平崛起的目標。鄭必堅是第一位提出和平崛起的高官。他說：「現代歷史上，一些新興大國總是通過入侵、殖民化、擴張或甚至大規模侵略戰爭等手段掠奪其他國家的資源。但是到目前為止，中國崛起所需的資本、技術和資源都是透過和平手段獲得的。」[30]

習近平以同樣有力的論述強化了中國和平崛起的訊息。他說：「中國人民的血液中沒有侵略他人、稱霸世界的基因，中國人民不接受『國強必霸』的邏輯。」[31]他還說：「今天，中國這頭獅子已經醒了，但這是一頭和平的、可親的、文明的獅子。」實施「和平崛起」政策的第一位領導人當然是中國領導人鄧小平，他曾堅定地說：「我們反對新老殖民主義和大國霸權主義……反對任何國家違反這些原則，在任何地區建立霸權和勢力範圍。」[32]此外，他還做過更加驚人的發言：

如果中國有朝一日變了顏色，變成一個超級大國，也在世界上稱王稱霸，到處欺負人家，侵略人家，剝削人家，那麼，世界人民就應當給中國戴上一頂社會帝國主義的帽子，就應當揭露它，反對它，並且同中國人民一道，打倒它。㉝

中國可以繼續暢所欲言談論其和平崛起的承諾，而且它應該這樣做。然而，就和為人處世一樣，在外交上也是行為勝於雄辯。中國需要證明它的崛起是和平的，並且要遵循鄧小平的堅定主張，即「反對建立霸權和勢力範圍」。最好的實驗地就是東協地區。為什麼？答案很簡單。東協之於中國正如拉丁美洲之於美國一樣，即充當著地緣政治的「後院」。美國透過在拉丁美洲的所作所為證實了其大國行為的本質。同樣，中國也可以透過其在東協地區的行動來證明自己。所以說，如果中國想證明自己與美國不同，中國會實現和平崛起，那麼最好的地點就是東協。

幸好，在對待地緣政治上的「後院」方面，中國要證明自己做得比美國好並不難。馬凱碩在他的《走出純真年代》一書中非常詳細地評述了美國是如何扮演大國的角色。他在一開始就提出了一個不爭的事實，「美國對世界其他地區所做出的貢獻，沒有任何其他國比得上」。㉞然而，美國在很多方面傷害了其他國家，這也是事實。其中受到傷害最大的就是拉丁美洲。

很少有美國人知道或瞭解他們給自己的「後院」帶來了多大的苦難。為了使美國人意識到這點，馬凱碩在《走出純真年代》中引用了著名的拉丁美洲作家馬奎斯的一段話。這段話是馬奎斯透過視頻在一個於紐約舉辦、表彰他寫作成就的大會上發表的。他在談話中沒有感謝美國人表揚他，相反的，他的話讓在場的美國人大為震驚：

現在你們在自己家裡天天擔驚受怕，而鄰居家相安無事，這種感覺如何啊？……你們知道嗎？從一八二四年到一九九四年，你們入侵拉丁美洲國家總共七十三次……近一個世紀以來，你們國家在世界各地到處發動戰爭……二〇〇一年九月十一日，恐怖分子終於打到了你們家門口，這種感覺如何？[35]

馬奎斯在其書中生動地描述了美國與其「後院」拉丁美洲之間的緊張關係。相比之下，中國與其「後院」——東南亞整體上保持了良好的關係。中國領導人，特別是習近平，曾公開承諾要建立更緊密的東協與中國關係。二〇一三年十月二日在印尼國會演講中，習近平提出了許多進一步加強中國與東協關係的具體建議：

中國願在平等互利的基礎上，擴大對東協國家的開放，使自身發展更好地惠及東協國家。中國願提高中國－東協自由貿易區水平，爭取使二〇二〇年的雙方貿易額達到一萬億美元。中國致力於加強同東協國家的互聯互通建設。……中國倡議籌建亞洲基礎設施投資銀行，願支持本地區開發中國家包括東協國家開展基礎設施互聯互通建設。東南亞地區自古以來就是「海上絲綢之路」的重要樞紐，中國願同東協國家加強海上合作，使用好中國政府設立的中國－東協海上合作基金，發展好海洋合作夥伴關係，共同建設二十一世紀「海上絲綢之路」。㊱

他補充說：「去年中國和東協國家人員往來達一千五百萬人次，每週有一千多個航班往返於中國和東協國家之間。交往多了，感情深了，心與心才能貼得更近。」

從鄧小平到習近平，中國領導人提出了許多倡議，中國與東協關係因此不斷發展壯大。雙邊貿易額呈指數成長，從一九八〇年的二十四億美元成長到二〇一三年的三千五百億美元，在三十年間成長了一百多倍。雙向投資也有成長。二〇一三年東協在中國的投資增加到八十三・五億美元。中國在東協的投資從一九九一年的四十四億美元成長到二〇一三年的八十六億美元。中國和東協在面對一連串重大自然災害和傳染病時，例如二〇〇四年印度洋海嘯、緬甸納吉斯颶風、汶川地震、SARS和禽流感等，都是相互支援，相互合作。

習近平呼籲建立「新型的大國關係」，他這樣做是非常明智的。歷史證明，當一個大國（這裡指中國）即將超過世界第一大強國（這裡指美國）時，就會爆發衝突。習近平稱此問題為「修昔底德陷阱」，他說：「我們都應該努力避免陷入修昔底德陷阱，避免崛起國與守成國之間，或是兩個守成國之間發生毀滅性的緊張關係。」[37]

如果習近平也呼籲大國與中小國之間建立一種新的關係模式，將會是同樣的睿智之舉。傳統的西方觀點總是認為中國一定會成為一個好戰、有侵略傾向的國家，但是中國可以證明自己與美國不同，中國會以同樣的尊重對待中小型國家。東協就是中國開始證明上述主張的最佳場所。

如果中國能夠建立起一種大國與中小型國家新的關係模式，盎格魯－撒克遜的媒體將會更難抹黑中國，無法把中國描述成好戰和侵略的國家。盎格魯－撒克遜的許多媒體（以及盎格魯－撒克遜國家），認為它們在中國繪製的南海九段線上找到了攻擊中國的絕佳武器。由於任何當代的國際法或當代關於海洋主權宣稱的國際共識，都很難證明九段線的正當性，這就為盎格魯－撒克遜的媒體提供了一個負面報導中國的機會。

在這種地緣政治背景下，中國與東協關係變得更加重要。如果中國能夠在處理與東協關係的過程中，成功發展出一種大國與中小型國家互動的新模式，那麼這將大大推翻盎格魯－撒克遜媒體試圖在國際舞台上把中國描述為愛挑釁、好鬥的角色。北京方面只要對中國與東協關係進行全面回顧，就不難看出，中國與東協的關係可以幫助中國獲取更大的外交利益。

本書這個部分主要想告訴讀者的就是，與東協發展良好關係會帶來許多附帶的好處，中國不應低估。東協已是繼歐盟之後、世界上第二大成功的區域組織，如果東協能夠透過實施一些諸如東協經濟共同體（AEC）之類的計劃，努力達成預期目標，提升區域內的合作水準，立場上保持團結一致，那麼東協就能夠提高它在國際舞台上的地位和聲望。如果中國與東協建立起良好的關係，那麼中國也可以成為這個成功故事的參與者。因此，我們希望藉由全面性的政策回顧，中國可以意識到，加強而非削弱東協才符合其利益。

在任何雙邊關係中，一個巴掌拍不響。中國應該深刻反思東協與中國的關係，東協也需要這樣做。但是這對東協來說會比較困難，因為東協總共有十個國家，每個國家在與中國的關係中各有其不同的利益。東協會員國在制定東協對中國的政策時，會首先考慮自己與中國的雙邊利益。況且，各個國家在對自己的雙邊利益進行評估時一定會受到地理、歷史、掌權者的性格和特質等因素影響。此外，領導人更迭也會導致政策改變。所以，如果不同的東協國家對東協與中國關係得出不同的結論，這也不足為奇。事實上，在二〇一六年以前，這種情況就出現過。

在東協，越南和緬甸這兩個國家一直對中國最有戒心。為什麼？答案很明顯，因為歷史。這兩國都與入侵的中國軍隊交戰過。一七六五至一七六九年，即乾隆皇帝年間，清朝曾入侵緬甸四次，今天的中緬邊界就是在那些衝突中形成的。[38]此外，國共內戰也對中緬邊界產生了部分影響。一九七九年的中越戰爭雖然只持續了二十七天，卻造成五萬多名越南人死亡。[39]越南尤其懷疑中國的利益和意圖，因為它曾被中國佔領了一千多年，從西元前一一一年一直到西元九三八年。一位知名記者納揚·昌達曾寫道，越戰期間，美國的戰機曾對河內進行轟炸，但是之後不到十年，當參觀者走進河內博物館時，看到的竟是「一千年以來越南人民爭取獨立、反抗中國侵略的歷史記錄」。[40]越南記者殿隆在《外交家》雜誌上發表的一篇文章中寫道：

> 一九七〇年，在美國轟炸北越後的短暫間歇期，美國著名的政治活躍人士和對美國外交政策批判最強烈的代表人物之一諾姆·喬姆斯基受邀訪問越南首都河內，並且在河內理工大學演講。喬姆斯基回憶說，到達河內的第一天早上，他就被帶去參觀戰爭博物館，並且聆聽關於幾個世紀前中越戰爭的冗長的講演，講演過程中還搭配立體模型。

他在接受訪問時說：「這道理很明顯，那就是『你們（美國）只是現在碰巧在侵略我們，而你們終究會離開。但是中國卻一直在這裡』。」㊶

由於地理因素，越南和中國的命運會相連在一起。二〇一六年七國峰會（G7）於日本召開，一位新加坡資深外交官比拉哈里·考斯甘在G7峰會前的一個論壇上發言，他說：

幾年前，我問過一個越南高層官員一個問題，我說，領導人變更對中越關係來說意味著什麼？他回答說，每個越南領導人都必須能站起來對抗中國，同時與中國和睦相處。如果有人認為這兩者不可兼得，那麼他就不適合做越南的領導人。㊷

奇怪的是，雖然中國和越南的國家利益分歧最大（特別是在南海爭端上），但是這兩個國家在當代有一個共同的利益，那就是確保在北京和河內執政的共產黨是合法的。這因此有助於緩和中越之間的分歧。

泰國與中國沒有邊界接壤，也未曾與中國軍隊交戰過。古代泰國王室向中國皇帝進貢，現代泰國已自然地將當地華裔同化。泰國仍然是美國的盟友，但它也接受了中國的大量援助，並且越來越接納中國的利益訴求。伊恩．斯托瑞描述了這種轉變：

……過去四十年裡，在遇到危機時，中國一直是泰國堅定的支持者。例如，一九七三年能源危機期間，中國以友情價出售石油給泰國；在十年的柬埔寨危機期間，中國是泰國的主要戰略盟友；泰國在一九九七－一九九八年亞洲金融危機期間經濟陷入困境時，北京為其提供了財政支持；二〇〇六年泰國發生政變後，中國立即承認新政府，雙邊關係正常發展。在泰國，這些事件為中國營造了一個非常正面的形象：泰國無論哪一方掌權，中國都會照顧到泰國的利益。[43]

近年來，美國對泰國軍政府的批判（甚至是排斥），反使其往中國靠攏。正如西方在一九八〇年代和九〇年代對緬甸的孤立一樣，它們親手將緬甸送到了中國的手中。而現在西方對泰國軍政府的批判可能也意味著，泰國也會成為它們送給中國的地緣政治禮物。正如斯托瑞所言：

泰國的國內政治局勢很大程度上註定了該國將倒向北京。泰國在經過近十年的政治動亂後，國家需要一段穩定期，而只有軍隊才能保障泰國的穩定，中國政府對此表示理解，泰國軍政府因此很感激。相形之下，泰國對於華府方面一再呼籲泰國立即恢復民主很反感，而且拒絕接受美國對其不公平和虛偽的指控（美國認為，自政變以來泰國的人權和人口走私情況已經惡化）……中美兩國對政變的反應讓泰國政府更堅信，「自一九七〇年代末以來，泰王國在危機時期可以仰賴中國的幫助，而美國只是一個酒肉朋友而已」。[44]

中國對柬埔寨和寮國也特別慷慨，它們已經成為東協裡最親中的兩個政府。

至於東南亞的島嶼國家，無論是政治上的距離，還是地理上的距離，它們與中國較為疏遠，而且還時不時地對中國更有所防備。但是，每個國家的政策又不太一樣。菲律賓總統貝尼格諾．艾奎諾三世（二〇一〇—二〇一六年）非常喜歡批評中國，還把中國告上了海牙常設仲裁法院。不過，僅在二十多年前，即一九九一年，菲律賓還將美國航空母艦驅逐出了蘇比克灣和克拉克空軍基地。菲律賓的外交政策行為往往不太一致，也很古怪不穩定，部分原因是菲律賓的文化。隨著羅德里戈．杜特蒂在二〇一六年五月當選總統，中菲之間的緊張局勢已經消退。杜特蒂總統曾表示，他將與中國一起努力解決南海問題。杜特蒂隨後率領代表團

（包括四百名商人）於二〇一六年十月訪問中國，並與中國簽署了價值兩百四十億美元的貿易協定。他回國後不久，中國再次允許菲律賓漁民在黃岩島附近海域捕魚。

馬來西亞與泰國一樣，與中國有著歷史悠久的良好關係。馬來西亞是第一個與中國建立外交關係的東協國家（一九七四年）；馬來西亞總理，包括馬哈地博士和現任的納吉・拉薩在內，都與北京保持著密切的關係。納吉在北京總是能受到盛情款待，因為正是他的父親敦・拉薩總理與中國建立了外交關係。二〇一六年十一月，納吉訪問北京，簽署了諸多貿易合約。中國同意斥資十九億美元在麻六甲興建一個新港口，並且在吉隆坡和吉蘭丹之間以一三一億美元興建一條新的鐵路線。然而，儘管領導人之間關係友好，一些結構性因素卻使中馬關係複雜化。兩個國家在南海存在主權爭議，馬來西亞的執政精英對本國的華裔也持有戒心。這些和其他問題都有可能使中馬關係複雜化。

印尼與中國的關係也因為一些因素而較為複雜。隨著印尼有望成為中等大國，它對中國自然不會恭順。由於蘇哈托總統認為，中國共產黨支持了印尼共產黨在一九六五年發動的一場未遂政變，所以印尼也是最後與中國建立外交關係的東協國家之一。直到一九九〇年，印尼才與中國建立外交關係。現在蘇哈托雖已去世，但是印尼對中國的戒心依然存在。中國在南海劃的「九段線」，侵犯到印尼自己的專屬經濟海域。中國已經向印尼領導人做過各種私下承諾，說它不會聲稱那些專屬經濟區附近的海域是自己的，但也不會公開表明立場。此外，印尼和中國政府船隻在南海也發生過不少衝突。

以上簡述了中國和部分東協國家之間的雙邊關係，可以看得出來每個雙邊關係都非常複雜。然而，如果任何東協國家都從自己雙邊的利益角度來決定未來東協與中國的關係，那將是錯的。而應該是奠基於以開明方式衡量東協整體與中國的長期利益。

在衡量東協長期利益的過程中，會出現兩個極端選擇：向中國乞求，或與中國對抗，但不論哪一個選項對東協十國都可能是災難。東協國家必須根據傳統東協的共識原則，在乞求和對抗中國之間走一條中庸之道。東協應該都同意向中國明確表示，一個獨立的東協對中國的長期利益才是最好的，因為東協可以做為一個獨立且中立的存在，幫助潤滑和緩和中國與其他大國的關係，特別是印度和日本這兩個亞洲國家。

東協在成立的頭五十年，特別是最近的三十年已經證明了，東協有利於中國的長期利益，因為它可以幫助彌合中國與其他大國之間的分歧。為了理解東協的價值，中國可以將東南亞與東北亞做一比較。中國應該知道自己是深受東北亞各國疑慮，而在東南亞，相對來說沒太多疑慮。東北亞與東南亞這種政治氛圍上的差異，關鍵在於東協。如果中國想要與鄰國有正面互動，就應該要期望東協變得更強大，只有這樣才能提供往前邁進最令人滿意的方式。

儘管近年來東協與中國關係沒有受到太多「事件」干擾，但是雙方領導人還是必須認真地做細微和複雜的長期考量，以確保東協與中國關係保持穩定和正向。這需要各方深刻認識和理解彼此的關鍵利益。本書的一個目標就是幫助大國更理解它們在與東協關係中的長期利益。

東協與歐盟

歐盟是世界上最成功的區域組織，東協是第二大成功的區域組織。它們優勢互補，若能攜手合作，可望創造出許多雙方都能受益匪淺的協同效應。

歐盟是由一群已開發國家組成的組織，東協則是由一群開發中國家（除了新加坡）組成。兩者經濟優勢互補，且在文化上也可以互補。歐盟是基督教國家組成的單一文明團體。東協是一個擁有許多不同宗教和文化的多文明團體。做為一個由已開發國家組成、且能夠提供發展援助和發展建議的組織，歐盟可以協助東協國家促進經濟成長。而東協則可以在地緣政治方面協助歐盟提供回報。目前，東協以自身的發展進程為中心，已經透過區域合作機制成功建立起一個相對穩定的地緣政治環境。最後這點，可能會讓有些讀者感到吃驚。

要理解這點，必須先瞭解歐盟的地緣政治缺陷。歐盟是一個短視的地緣政治組織。很不幸的是，它的決策過程總是放在個別會員國的短期利益上，而沒有考慮歐盟整體較大的長期利益。很多時候，執政官員國內選舉的短期選舉利益甚至會淩駕於地區利益之上。

二〇一五年，敘利亞難民危機席捲歐盟。當一百多萬難民抵達時，歐盟的反應很典型，就是混亂。雖然政客假裝很驚訝，但這種情況顯然是可以預見的。二〇一五年十一月二十六日馬凱碩在《歐洲世界》上發表的一篇文章中寫道：

正如墨西哥移民問題一樣，歐洲目前的移民危機原本是可以預見的。歐盟應該簽署一個類似美國的北美自由貿易協定（NAFTA）的北非自由貿易協定（NAFTA）。但沒有人提出，甚至沒有人往這方面考慮。為什麼沒有？答案很簡單，美國的情報和安全部門專注於應對長期挑戰，它們預測到墨西哥未來可能出現的問題。但是歐盟沒有這樣的機構，沒能辨別出迫在眉睫的移民壓力。更糟糕的是，歐盟竟然讓美國來制定歐盟與其伊斯蘭鄰國之間的議程。二〇一〇年十二月「阿拉伯之春」浪潮在突尼斯爆發時，歐盟讓美國主導解決在突尼斯、埃及和利比亞爆發的危機。美國之所以能夠以意識形態的立場來處理，是因為它與這些國家有大西洋阻隔，它大可以掉頭離開。然而，歐盟永遠無法擺脫北非問題，因此應該謹慎和務實地處理這些問題，而不是讓美國的意識形態利益凌駕於自己的實際利益之上。[45]

對於這麼明顯的問題，歐盟卻視而不見，主要是因為其決策機制有著嚴重的結構上缺陷。歐盟領導人大部分時間都在處理內部問題，但歐盟現在面臨的挑戰主要是來自外部。如果有人質疑，大可來看一下歐盟在處理一些問題時最後是如何失敗的，例如非洲的人口爆炸問題（不可避免地將會有更多的移民湧向歐洲）、北非和中東動盪的政局（已經打開了讓更多移民進入歐洲的大門），以及烏克蘭危機。

那麼，歐盟在地緣政治上可以從東協學到什麼？歐盟可以對比一下緬甸和敘利亞兩個國家，因為兩者面臨著類似的挑戰。這兩個國家過去都是軍人政權，而且民族和宗教分裂非常嚴重。兩者都壓制了民主改革的努力。歐盟對兩個國家的應對措施是一樣的，即對這兩個政權實施制裁。東協的反應卻與歐盟相反，東協選擇與緬甸接觸。

東協與歐盟在緬甸問題上的分歧在一九九〇年代達到了頂峰。這個時間點不太好。冷戰的結果讓歐盟不可一世。在九〇年代初東協和歐盟召開的一次會議上，歐洲的代表團是由比利時外交部長維利·克拉斯領銜，因為當時恰逢比利時擔任歐盟輪值主席國。他自豪地宣稱，隨著冷戰的結束，世界上只剩下兩個超級大國：美國和歐盟。他表現得十分傲慢。（奇怪的是，儘管比利時國內問題重重，卻有著盛產傲慢部長的傳統。二十年後，歐洲貿易部長卡洛·德·古赫在與東協打交道時表現出了同樣傲慢的態度。）

一九九七年，東協接納緬甸為會員國，歐盟暫停與東協的一些關係。由於歐盟拒絕發給緬甸代表簽證，東協被迫取消東協－歐盟會議。當時的新加坡外交部長尚穆根·賈古瑪寫道：

歐盟與東協每兩年召開一次對話會議，是在東協會員國（由東協擔任會議主席）和歐盟會員國（當年的歐盟輪值主席國）輪流舉行。在東協舉行時，歐盟代表團與包括緬甸在內的所有東協國家的外長坐在一起都沒有問題。然而，當輪到歐盟主辦時，他們拒絕發給緬甸外長簽證，因為他們在緬甸的人權問題上堅持強硬立場。當然，這種「分裂－統治」的手段我們是不能接受的。而且，如果緬甸外交部長不能參加，我們就拒絕出席會議。結果，東協－歐盟對話會議就此中斷。這種狀況在二〇〇三年一月被打破，他們設計了一個保全面子的辦法，即在歐盟總部布魯塞爾展開對話。緬甸副外長出席了會議。[46]

賈古瑪後來解釋說：「歐盟的唯一議題就是緬甸和人權。緬甸剛好成了替罪羔羊。」[47]

據許通美說：

當賈古瑪訪問瑞典時，瑞典外交部長林德要求他解釋為什麼要在緬甸問題上採取如此強硬的立場。他說，這不是強硬，並指出歐盟外交立場的不一致性。既然歐盟願意和北韓進行對話，那為什麼拒絕與緬甸對話呢？林德同意他的說法。[48]

自從東協接納緬甸，至今已經二十年。緬甸已經朝向一個更民主的政權和平邁進。相比之下，敘利亞仍被戰火包圍，敘利亞難民大量湧入歐洲。顯然，東協在因應緬甸軍政府的政策上獲得成功，而歐盟孤立敘利亞的政策失敗了。也許歐盟應該就批評和中傷東協與緬甸的政策向東協道歉。

這樣的道歉將有助於東協和歐盟全面實現雙邊關係的和諧發展。而東協和歐盟的關係必須重新設定。例如，為了清除雙邊關係中功能失調的部分，歐盟需要公開承認其關於緬甸的政策完全是錯的。它還必須放棄它對東協表現出來的傲慢和優越感。

東協這邊在面對歐盟時應該要更有自信。由於許多東協國家都從歐盟執行委員會和歐盟各會員國那裡獲得援助，它們習慣表現得像是一個乞求者。這種做法必須停止。東協可以向印度學習，因為後者同樣也接受歐盟的援助。歐盟在二〇一四年向印度提供七千八百萬美元的援助，而東協國家獲得三．〇四億美元。[49]當歐盟試圖對印度強設附加條件，要求印度達到一定的民主和人權標準時，印度，這個世界上最大的民主國家，告訴歐盟「滾開，閃到一邊去」。二〇一一年，當時的印度外交部長沙希．沙魯爾是這樣解釋印度的立場的：

有時，歐洲總是喜歡對別國的內政指手畫腳，我們一直很不喜歡這樣。我相信，如果我們能夠彼此尊重主權國家各自的核心要點，建立真正的戰略夥伴關係是沒什麼問題。但我們要從貿易方面先開始，因為這是最容易的起點。

他進一步說：

例如，人權，我們可以非常自豪地說，無論是民間社會、媒體，還是公共行政機構都不遺餘力地揭露侵犯人權的行為，即使在喀什米爾也是如此。印度是一個喜歡自己解決自己問題的國家。因為我們有過被殖民的歷史，所以我們並不喜歡印度以外的人來對我們說教。我相信，如果歐洲堅持在自由貿易協定上強加這樣的條件，印度會拒絕合作。你不能忘記歷史，不能忘記其他國家在商業和政治領域主導印度兩百年了。所以對我們來說，堅持獨立自主的權利比達成自由貿易協定更重要。就這麼簡單。[50]

歐盟需要問自己的一個重大問題就是，他們是否已經真心接受了這樣的建議。如果歐盟和東協可以進行平等對話，雙方都可以向對方學習。雖然這個想法在許多歐洲人心目中是不可想像的，但歐盟或許能從東協這裡學到許多。同樣，東協也可以從歐盟學習到許多經驗。讓我提供幾個例子加以說明。

首先，歐洲在處理伊斯蘭世界的事務上存在本質上的問題。這可以從《查理週刊》的事件和二〇一五年十一月十三日巴黎恐攻事件明顯看出。在這個地區，地理因素不可改變。歐洲永遠得和伊斯蘭國家做鄰居，而且目前這些鄰國都沒有特別成功或富有。相比之下，世界上最成功的伊斯蘭國家中有三個是東協會員國：汶萊、馬來西亞和印尼。如果利比亞、突尼斯和阿爾及利亞等國家能夠仿效汶萊、馬來西亞和印尼的成功經驗，歐洲的未來將安全許多。

如果歐盟能夠贊助大筆獎學金，讓許多年輕的北非學生到東協國家唸書，那麼他們就能夠親眼目睹伊斯蘭是如何融入民主和發展了。其中一些人也可以到李光耀公共政策學院讀政府治理（馬凱碩是院長）。簡單來說，東協可以藉由替北非灌輸發展和民主的希望，從而為歐盟帶來實質性的好處。如果非洲人民漸漸感覺有希望，那麼想要跨越地中海移民歐洲的人就會越來越少。這是歐盟與東協更密切合作會產生明顯效果的領域。可是對於這個能夠立竿見影的合作領域，為什麼沒有一個高層歐盟決策者能想到？對於這個問題，可悲但是坦誠的答案就是，是歐洲的傲慢蒙蔽了他們的雙眼。

第二，歐盟可以向東協學習接觸而非孤立的政策手段。前面提到的緬甸和敘利亞的例子就足以證明了這點。歐盟還應該仿效東協對俄羅斯的接觸政策。為什麼？因為制裁沒有用！聯合國前秘書長科菲．安南和馬凱碩在二〇一五年十二月一起發表過一篇文章，他們認為制裁手段很難改變對方的政策：

> 畢竟，公共政策應該以證據為導向，而非憑直覺和情感。證據顯示，為了成功並避免意想不到的後果，精心設計制裁手段的同時，也要進行政治接觸。實施制裁的感覺或

許很好，但如果他們想要真正達到比較好的效果，就必須改進他們所使用的手段。[51]

像俄羅斯這樣的大國不能採用羞辱的手段逼其就範。東協在與昔日對手接觸時展示出了特殊的才能。當東協於一九六七年成立時，中國和越南都譴責它的創建是帝國主義的陰謀。然而三十年後，越南加入東協，中國成為第一個與東協簽署自由貿易協定的國家。

歐盟會員國比東協會員國更富有、更強大。然而，它們卻將外交政策中的關鍵部分交給其主要盟友美國來把持和處理。地緣政治總是與地理因素密不可分。除了阿拉斯加，美國永遠都不會和俄羅斯變成鄰國，而歐盟則永遠是俄羅斯的鄰居。鑒於這種情況，在處理與俄羅斯的關係時，歐盟為什麼允許美國的意識形態優先於自己的實際利益呢？為什麼允許美國將北約擴展到俄羅斯的家門口呢？為什麼要邀請烏克蘭加入北約來威脅俄羅斯呢？

與歐盟相反，東協通常展現出地緣政治的智慧。緬甸的例子在這裡再次顯示其啟發性。一九九〇年代中期，美國和歐盟對東協施加巨大的壓力，要求孤立和排斥緬甸。東協明智地忽視了這些壓力，並繼續與緬甸接觸。當時的印尼外長阿里．阿拉塔斯解釋說，如果東協排斥緬甸，將會使緬甸投入中國和印度的陣營，這將使它成為地緣政治鬥爭的中心。同樣，如果孤立俄羅斯，歐盟也會迫使它與中國更緊密合作。

許多歐洲人可能會想爭論這個例子的是非曲直，但現在的關鍵問題是如何改變俄羅斯的行為。歐盟傳統的答案是制裁。東協傳統的答案一直是接觸。看看它們自冷戰結束二十五年來的經歷，事實證明東協的政策比歐盟的好。這就是為什麼歐盟應該向東協學習地緣政治方面的經驗。

第三個歐盟可以向東協學習的是務實的行政管理。歐盟有二十八個會員國，東協有十個。然而，東協的文化和語言遠比歐盟複雜多樣。歐盟有二十四種官方語言，因為每個歐盟會員國都認為自己本國語言與其他語言同樣重要。這增加了大量工作，因為要用這麼多種語言筆譯和口譯。相形之下，東協使用英語，這不是任何東協國家的母語。如果歐盟可以效法東協，它可以節省十億歐元。因為歐盟官網上說：「根據粗略的統計，所有歐盟機構各項語言服務的成本接近歐盟年度總預算的1％。除以歐盟人口，平均每人每年分攤約為兩歐元。」[52]歐盟的總人口為五億，所以所有翻譯的總成本為十億歐元。此外，採用同一種語言還將促進歐盟領導人和官員之間加深瞭解。正如李光耀在他的回憶錄中寫道：

對歐洲凝聚力和團結的一個嚴重障礙是缺乏共同語言。施密特跟季斯卡用英語交流，並且跟我說他們建立了密切的關係。但是密特朗和席哈克必須通過翻譯與柯爾溝通。

我總覺得，當一個翻譯人員站在中間時，很難感受到另一個人的真實想法。[53]

歐盟可以向東協學習的第四點是考慮採用「東協－X」原則。東協國家很早就明瞭到，如果一些國家還沒有準備加入，那麼要求所有十個東協成員都同意簽署一個計劃案將是一個錯誤。因此，當東協準備在自由貿易區（AFTA）下面採取貿易自由化措施，東協提供一個雙重制度給新的成員國，特別是緬甸、柬埔寨、寮國和越南，它們可以在加入東協自由貿易區之前有更多時間準備。如果歐盟採取了類似的方法，就可以避免希臘退出歐元區的問題了。

希臘脫歐事件清楚地證明了，歐盟在合作過程中已有某種程度的僵化。在二〇一二到二〇一四年，歐盟對於希臘是否會退出歐元區，經歷了一番痛苦的掙扎，而世界各國則摒息關注著這一切。由於預期「希臘脫歐」會真的發生，當時全世界市場充滿了緊張情緒。儘管最後希臘沒有離開歐盟，但該國如果退出歐元區可能會有更好的發展，因為貨幣政策可以比較有彈性，它能藉由貶值使希臘出口業再次具有競爭力。此外，當希臘申請加入歐元區的數據資料曝光後，之前發生的大規模欺騙行為就變得顯而易見。希臘當時謊報並提供假的統計資料，以證明它符合歐元區的進入門檻。歐盟官員在處理這個申請時，知道希臘在撒謊，卻假裝希臘提交的統計資料是正確的。德國總理安格拉．梅克爾在二〇一三年說：

> 當時不應該讓希臘加入歐元區。（德國前總理）施洛德在二〇〇一年接受希臘，放寬了《穩定與成長公約》，這兩項決定根本都是錯的，這也是我們目前問題的根源之一。統一的歐元區是寶藏，是福利，我們不能去加以質疑。這就是為什麼歐元不僅僅是一種貨幣。因為這個原因，我們團結一致，但團結一致就要扛起責任，對與我們團結在一起的國家負起改革的責任。[54]

其實，梅克爾是在公開承認接納希臘是一個錯誤。由於歐盟總是宣揚其零腐敗和透明度等美德，因此歐盟高層領導人參與這種大規模的自我欺騙是令人震驚的。這就是歐盟這種區域合作模式已經成為明日黃花的一個原因。

當希臘退歐的局勢看起來逐漸明朗時，就清楚暴露出歐元區一個重大的設計缺陷。歐元區制定了一套嚴格的進入標準和規則，但卻沒有「退出」的標準或程序。這種情況隱含著一個非常傲慢的假設前提，那就是當一個歐盟國家進入歐元區時，它一定要成功。歐盟受到意識形態的束縛，認為自己只能向前邁進，不能退後一步。對此，世界各國也將密切關注歐盟如何處理英國脫歐這件事。

英國脫歐對歐盟是一個重大衝擊。的確，這對整個世界來說也是一個重大衝擊。只有歷史塵埃落定，我們才能瞭解到英國公投脫歐的根本結構性原因。如果用一個成語來形容歐盟這個組織的運作，那就是「好高鶩遠」。它試圖在這個地區做區域整合，但是當地人民卻尚未做好準備。

許多英國選民之所以選擇脫歐，主要是因為有太多的外國人，特別是來自歐盟其他國家的人移居到英國生活。移民數量的增加是因為歐盟的一個決定，即如果自由貿易可以伴隨人民自由移動，區域經濟合作會運作得更好。這個決定就經濟方面來說是正確的，但在英國，波蘭和羅馬尼亞工人等陌生人大量湧入，讓本地居民感到不適。

在這方面，東協緩慢但務實的措施也許可以為歐盟帶來一些借鏡。的確，東協國家偶爾會走回頭路，背離東協整合的承諾。理論上這是錯誤的。但實際上，東協這種合作方式比較有彈性，這可能是其可以一直向前邁進的最可行的方法。雖然合法性至上的歐洲人可能無法接受這種「開倒車」的想法（違背明確的法律承諾），但是東協在處理這類事情上所展現出來的務實文化也許值得歐盟學習。

總之，如果歐盟和東協能有意識地努力促進雙方更緊密地合作，那麼兩方都可以從對方學習到寶貴的經驗。東協一直認為，它可以從歐盟的實驗中學習。主要的問題會是，歐盟的決策者是否願意接受他們可以向東協學習的想法。

東協與印度

一九九五年十二月，東協各國的領導人在泰國曼谷出席了一次峰會。議程上的一個關鍵問題是，是否接納印度為東協的全面對話夥伴國。當時，在印度之前，日本（一九七三年）、澳洲（一九七四年）、紐西蘭（一九七五年）、美國（一九七七年）、加拿大（一九七七年）和韓國（一九九一）已經成為東協的對話夥伴（一九九六年中國和俄羅斯也加入）。當時是新加坡外交部常務秘書的馬凱碩，代表新加坡參加東協高層官員會議（SOM）。

新加坡在此之前就曾試圖在東協高層官員會議（SOM）的層級讓印度加入，但沒有成功。出於伊斯蘭的團結意識，印尼和馬來西亞認為巴基斯坦也應被接納為全面對話夥伴。其他東協國家則反對同時接納印度和巴基斯坦，擔心這兩個國家會將它們之間的深仇大恨帶入東協，而破壞東協。

在曼谷，東協領導人進入一個小房間，沒有顧問在場，因為他們在這裡要私下討論許多敏感問題，包括是否准許印度加入的問題。在會談前，馬凱碩提醒新加坡總理吳作棟，印尼總統蘇哈托和馬來西亞總理馬哈地不大可能會同意只接納印度，而排除巴基斯坦。吳作棟總理進入房間，知道他成功的機會很小。但會議結束後，領導人走出房間，吳作棟總理在人群中看到馬凱碩，對他豎起了大拇指，暗示他們已經同意單獨接納印度了。那場景仍然是馬凱碩一生中難以忘懷的時刻之一。

印度對於新加坡幫助其加入東協會議，甚是感激。二十多年後，這份感激之情並沒有絲毫減少。然而，雖然印度和新加坡有著非常密切的友誼，但新加坡坦率地告訴印度，東協與印度關係的進展空間與實際成果仍差距非常大。為什麼會這樣？

理論上，東協與印度之間的對話夥伴關係應該特別有成效，因為印度與東南亞的關係歷史悠久，根深蒂固。在十個東協國家中，只有越南和菲律賓沒有印度文明的文化根基。

但是實際上，東協與印度關係的成效要比原本可能達成的要低。在東協的貿易夥伴之中，印度排名第七，低於中國、歐盟、日本、美國、韓國和澳洲（見表1）。印度在東協地區的投資中排名第七，在歐盟、日本、美國、中國、澳洲和韓國之後（見表2）。

相較於其他國家，印度與東南亞國家建立密切關係的時間較晚。雖然印度一九四七年

表 1　東協與對話夥伴之間的貿易資料
（按 2013 年貿易總額排列）

夥伴國／地區	價值（十億美元）		
	出口	進口	貿易總額
中國	152.5	198.0	350.5
歐盟（28 國）	124.4	121.8	246.2
日本	122.9	117.9	240.8
美國	114.5	92.3	206.8
韓國	52.8	82.1	135.0
澳洲	45.5	22.5	68.1
印度	41.9	25.9	67.9
俄羅斯	5.2	14.7	19.9
加拿大	7.2	6.2	13.5
紐西蘭	5.7	4.1	9.8

來源：http：//asean.org/resource/statistics/aseanstatistics/，瀏覽時間：2015 年 7 月 27 日。

表 2　各對話夥伴國對東協的 FDI 流入
（按 2012—2014 年 FDI 總額排列）

夥伴國／地區	價值（十億美元）			
	2012	2013	2014	2012—2014
歐盟（28 國）	6.5	22.3	29.3	58.1
日本	21.2	21.8	13.4	56.4
美國	14.4	4.9	13.0	32.4
中國	5.7	6.8	8.9	21.4
澳洲	3.2	3.5	5.7	12.4
韓國	1.6	3.7	4.5	9.7
印度	4.3	1.3	0.8	6.4
加拿大	1.0	1.0	1.3	3.3
俄羅斯	0.2	0.5	－0.02	0.7
紐西蘭	－0.1	0.3	0.3	0.6

來源：http：//asean.org/resource/statistics/aseanstatistics/，瀏覽時間：2015 年 7 月 27 日。

在政治上擺脫殖民統治，但精神上的殖民仍持續幾十年，而且仍向歐洲和美國找尋發展的靈感。印度社會學家阿希斯．南迪在他的著作《親密的敵人》中，將這種心態描述為「帝國滅亡後卻仍然存在的殖民主義」。55

冷戰期間，印度倒向蘇聯陣營，而東協國家顯然親美。因為不同的政治立場，東協和印度在聯合國偶爾會出現嚴重的外交衝突，特別是在越南入侵柬埔寨問題上。冷戰結束時，印度本來可以像中國一樣調整政策，優先考慮與東協的策略往來。然而，印度卻以事件發生的角度，而非策略規劃來開展與東協的關係。雖然批評印度對東協沒有長期的策略規劃有點嚴厲，但並未失公允。而且還可以補充，比起像中國這樣一黨統治的國家，要讓印度這樣的民主國家制定長期穩定的策略計畫居然還難得多。

莫迪贏得選舉並出任總理，創造了一個難得的機會，得以改變東協與印度的關係。莫迪上台後，印度出現了一位強大的領導者，願意制定有風險但長期的戰略決策。二〇一二年十二月二十日，東協和印度領導人在新德里舉辦的印度－東協紀念峰會上，同時發布《印度－東協願景聲明》，宣示印度與東協的關係，應該升級為「戰略夥伴」關係。

正當目前東協受到來自美、中兩國不斷升高的地緣政治競爭所帶來的壓力，印度可以在中間提供一種戰略平衡。印度有機會制定一個二十年計畫，來加強與東協的關係。在制定細節時，印度會意識到它與東協的關係取決於三個支柱：文化、經濟和地緣政治。當這「三條腿」都同樣強壯時，三腳架才是穩固的。但是關於目前支撐東協—印度關係的這個三腳架，仍需要很努力去強化。

在東協—印度會議上發表的聲明和宣言大多數都集中在經濟關係。東協—印度專家名人小組（EPG）成立於二〇一〇年，以評估過去二十年來東協—印度的關係，探討擴大與加深東協與印度之間現有的合作，同時提出將來進一步加強關係的措施。它的報告集中在經濟建議上，即使是非經濟的建議也會延伸到經濟領域。例如，社會文化合作的第一個項目就是利用企業社會責任，促進東協和印度的社會經濟發展。專家名人小組的其他重要建議如下[56]：

- 在服務和投資領域儘早達成協議，同時謹記，這些協議將補充貨物自由貿易協定，鞏固現有關係，並再提升經濟關係。
- 到二〇二二年，在東協—印度自由貿易區內，東協—印度雙邊貿易額達到兩千億美元（作者註：在二〇一五—二〇一六年度，東協—印度的貿易額為六百五十億美元[57]）。
- 建立互利的商務簽證制度，包括為專業人士及其家人提供長期、多次入境的商務簽證和居留許可證。

- 成立一個東協－印度專家小組，為這個地區制定一項糧食安全計畫。
- 加快簽署東協和印度之間的「開放天空」協定。

雖然經濟關係很重要，但印度也需要加強與東協的文化關係。沒有任何其他合作夥伴，如美國、歐洲，甚至中國，可以比得上印度與東南亞的長期歷史連結。

在雅加達，在一些主要的交通十字路口矗立有許多大型雕塑，描繪的是印度史詩《羅摩衍那》和《摩訶婆羅多》中的故事場景。這些雕塑中最著名的當屬位於雅加達中區獨立廣場的群馬拉車雕塑，這是一九八七年蘇哈托下令豎立的，直到今天仍保存完好。同樣，著名的爪哇皮影戲，主要人物也源自《羅摩衍那》和《摩訶婆羅多》。泰國和爪哇的其他例子也顯示，雖然印度文化已被其他文化浪潮（如第一章所述）所掩蓋，但是在今天的東南亞，印度文化的影響仍然存在，充滿活力。顯然，印度精心設計的東望運動至今還在提醒著東南亞人，他們與印度有著同樣的文化遺產。許多一般東南亞人十分熟悉《羅摩衍那》和《摩訶婆羅多》裡的人物。然而，要是他們知道，這些他們認為是其遺產一部分的人物，其實是來自印度，一定會很驚訝。

印度的軟實力也體現在當代藝術和流行文化中。寶萊塢的作品在許多東南亞國家十分受歡迎。印度電視節目《摩訶婆羅多》於二〇一四年三月以印尼語配音在印尼播出後，大受歡迎。結果，印度又製作了一個叫做「阿周那的愛神之箭」（Panah Asmara Arjuna）的實境秀節目，由在印度電視節目中扮演阿周那角色的印度演員主持。雖然現在的東南亞年輕人已經不太瞭解古代東南亞和印度的歷史關聯，但是當代寶萊塢電影仍然能夠引起他們的文化共鳴，這表明印度和東南亞之間的文化連接仍然存在。如果印度能夠大力推動搭建更多連結東南亞的新文化橋樑，應該會得到不少人喜愛。

新加坡能夠為上述觀點的相關研究提供一個有趣的案例。新加坡有75%的人口是華人，只有8%為印度裔，但是新加坡投資一千八百萬美元建造了一個有四百四十多種文物的印度歷史遺物中心。裡面有珠寶、石雕、服裝和木雕，以及印度移民使用的手提箱等物品。在這些收藏品中，有一個十九世紀後期、高三・四公尺、木製的雀替爾門廊，上面有五千多個微小雕刻，這反映了南印度雀替爾族的建築風格（當時，雀替爾人從東南亞的借貸生意賺了非常多錢）。新加坡第六任總統、已故的塞拉潘．納丹，捐贈過一批一九四〇年代的戰時出版物。這些出版物記錄了東南亞的印度裔族群與二戰時成立的印度國民軍聯手對抗英軍、爭取印度獨立的故事。這個博物館等於也是向印度的先驅致敬。[58]如果印度和東南亞能夠重建並加強古代文化的連結，它將為名言「文化即命運」增添新意。

只是，文化影響力還是無法超越經濟的影響力。墨西哥就是一個例子。它的文化深深根源於西班牙語世界，但其經濟卻主要受到美國國內政治起伏和轉折的影響。同樣的，隨著東南亞與中國的經濟聯繫越來越強大，而且將必然如此，印度會發現自己越來越難以抗衡中國在東南亞的影響力。這就是為什麼印度應該留意東協－印度專家名人小組提出的建議。印度目前任命了一位駐東協大使，就是採納專家名人小組提出的建議，設立專責東協事務的外交代表機構，並成立了一個獨立的外交使團，這是好的跡象。現在，印度應該努力實施專家名人小組的以下建議：[59]

- 進一步支持在孟買成立東協旅遊推廣分會（APCT），以進一步加強東協與印度之間的旅遊合作。
- 在印度建立一個東協－印度中心，以促進貿易、投資、旅遊和文化交流。
- 支援東協共同體建設，實施《東協連接性整體計劃》，實現東協共同體，避免與現有的行動計畫出現重複。

除了文化和經濟方面，印度在地緣政治方面也有很大的機會。如前所述，東協最糟糕的情況是會員國被迫在中美兩國之間選邊站，而造成分裂。如果這種競爭加劇，唯一能夠為東協提供地緣政治緩衝力量的是印度。如果印度加強其政治的存在感，並在未來幾十年在東南亞扮演更重要的角色，它將得到東協國家積極的回應。

東協與日本

自一八六〇年代的明治維新以來，日本人一直認為他們在文化上高人一等，看不起亞洲其他國家。明治時期傑出的改革者福澤諭吉描繪了當時日本人的這種心態，他說：「因此，我們迫在眉睫的政策應該是，不要浪費時間等待我們的鄰國在思想上啟蒙，再跟他們一起促進亞洲的發展。我們應該脫離他們的隊伍，並把我們的目光投向西方文明國家。」[60]當時，福澤是正確的：亞洲正在衰落，西方在崛起。

但是西方主導的時代顯然已經結束，我們現在看到的是亞洲社會的強大崛起。日本人需要決定，是否他們要改變自己長期以來對亞洲鄰國屈尊俯就的態度，並且適應亞洲世紀已降臨的這個現實。到目前為止，日本人發出的信號是含混不清的。在他們的言辭中，日本領導人是承認亞洲的復興，但是卻很少頌揚亞洲世紀的到來。此外，在行為上，日本領導人和輿論界人士還是會優先考慮他們在「瀕臨死亡」的西方俱樂部的會員資格，如G7集團以及經濟合作與發展組織。這是自然的。人都需要時間來改變他們根深蒂固的文化心態。

如果日本不能迅速加以調整，那麼在亞洲其他國家形成的經濟和文化群體中，日本就有可能被排除在外。川普當選以後，日本也面臨非比尋常的地緣政治挑戰，因為川普威脅說，如果日本想要得到美國的保護，就必須付出更大的代價。如果日本同時與美國和亞洲疏遠，日本人可能會感到異常孤立。在這種背景下，東協在戰略上對日本就很重要。日本不能透過中國或韓國重新擁抱亞洲，因為日本與其最近的鄰國之間仍有著很深的文化和政治隔閡。相形之下，十個東協國家則願意與日本往來。第二次世界大戰中遺留下來的疑慮大部分已經消失了。此外，本書前幾章已陳述過，東協為大國重新參與東亞提供了一個珍貴的地緣政治平台。這是指，即使東協已經成立五十年，東北亞國家至今仍尚未建立起一個同等的區域集團。一旦日本與其鄰國的關係變得不好，日本領導人可以利用東協會議與其鄰國重新接觸。而且，隨著東協在經濟上的成長和發展，它可以為日本產品提供不斷擴展的市場。正如新加坡總理李顯龍在二〇一三年所說：「不論是哪種產品，豐田汽車、富士通筆電、資生堂化妝品，還是許多其他日本的產品，東協國家日益增加的中產階級對日本出口商非常重要。」[61]

在經濟方面，東協－日本關係中有一項強大、正面的優勢。前新加坡部長楊榮文說：「我認為日本是促進東協整合的最重要的國家，因為在一九八〇年代，日本在東協各國都設立了工廠，東協各國必須修改各自的規則，否則不可能整合。」他繼續說道：

他們（指日本人）在東協不同的國家、不同的當地條件下生產和經銷，生產製造流程全是日本制定。他們當然會遊說政府，發展與各國政府密切關係。同時，因為他們的投資很重要，各國政府也會配合他們。這是我對那段時期的感覺。這發生在我進入貿易與工業部（MTI）之前。日本當時在東南亞扮演了最重要的角色。一九八五年的《廣場協議》之後，日本的經濟陷入谷底達二十年。日本的影響力也減退了。[62]

如果日本想要順利與東協深入往來，它必須首先搞清楚，為什麼東協與日本幾十年的往來未能在兩者之間產生密切的關係。簡單地說，那不是真心在往來。日本領導人應該問問自己，為什麼中國能夠成功地深化與東協的關係，而日本不行。按理說不應該發生這種情況。東協剛成立時，它被中國視為一個親西方的團體，加以譴責。但日本卻支持這個新組織。若按照「福田主義」，日本早在一九七七年就與東協深入往來了。而中國與東協的和解則很晚才開始。印尼和新加坡在一九九〇年以後才與中國建立正式外交關係。儘管起步較晚，中國在二〇〇五年超越日本，與東協建立了中國－東協自由貿易區。而日本在二〇〇八年才趕上。

日本與東協的關係中哪裡出錯了？怎麼錯的？這是一個複雜的問題。一個簡單的答案是：日本沒有很尊重地對待東協。尚穆根．賈古瑪曾描述了東協意欲與日本簽署《東南亞友好合作條約》時，日本的動作是多麼慢：

> 我們希望日本跟中國一樣，在同一年簽訂該條約。中國說：「沒問題。」但日本的官僚機構堅持要逐條審查條約。我把日本外相川口順子拉到一旁對她說：「這真的只是一個象徵性的舉動。我們希望你們成為這個地區的一個主要參與者。如果中日同時簽訂會比較好。」但日本還是花了一年時間才簽署該協定。因此，中國第一個簽署協議，成為媒體的焦點。當日本在一年後簽署時，就沒有那麼受到重視了。[63]

日本未能與東協往來有根深蒂固的原因。一九七七年，在訪問五個東協國家和緬甸的過程中，首相福田康夫發表了重要的談話[64]，提出所謂的「福田主義」。福田在他精心草擬的演講稿中提出了許多極好的觀點。其中，有三點格外突出。首先，他說：「真正的朋友是能夠與你同甘共苦的，在任何情況下都能夠對你施以援手。我知道日本對東協會是一個這樣的朋友。」第二，他呼籲日本和東南亞的人民之間要真心彼此瞭解，並「表示日本已經準備好充分合作，以回應東協為加強區域內交流制定一項可行性方案的具體規劃」。第三，他宣佈日本將「在未來五年內將其政府的發展援助金額增加一倍以上」。美國學者威廉・哈達德寫道：

毫無疑問，「福田主義」中最引人矚目的就是承諾針對五個主要工業專案（每個國家一個），提供給東協會員國總計十億美元的日圓貸款。這些工業分別是兩個尿素廠，印尼和馬來西亞各有一個；菲律賓的過磷酸鹽工廠；泰國的蘇打粉工廠；以及新加坡的柴油發動機工廠。然而，貸款是有條件的。比如說，那十億美元撥款的時間一直不明確。[65]

這五個工業項目十億美元的承諾讓東協國家極為興奮。東協國家認為這是日本為了東協經濟發展釋放出的強烈信號，如果這些項目成功，將大大提高日本在東協的地位。

但最後只有兩個項目成功付諸執行[66]，日本不信守承諾的糟糕記錄嚴重損害其在東協的地位。在福田回到日本後，不久就傳出日本不願意實施這五個項目。哈達德就寫道：

一家報紙要求瞭解，首相到底打算如何處理這五個東協工業項目。這家報紙引用首相在吉隆坡的話說，他已經「具體承諾」十億美元的援助，但當他回到日本時，首相說他「只答應探究這個問題」（《朝日新聞》一九七七年八月二十日）。[67]

日本可能很難為這五個工業項目調配十億美元的同時，它甚至發現，連承諾提供給東協文化基金的五十億日圓（約合一八七〇萬美元）都很難兌現。哈達德說：「雖然外交部支持這個專案，但當討論到文化合作時，大藏大臣小島波就離開了會場」（《朝日新聞》一九七七年八月二十五日）。

簡而言之，福田首相執政期間，在他著名的馬尼拉演講中所做的三個承諾中，有兩個都沒有履行。二十年後，日本也沒能履行第三個承諾：日本會是一個真正能夠「同甘共苦」的朋友。當一九九七—一九九八年亞洲金融危機爆發時，日本並沒有幫助東協國家。

公平地說，一些日本決策者希望提供更多的幫助。著名的「日圓先生」——日本大藏省負責國際事務的副大臣榊原曾建議成立亞洲貨幣基金組織，幫助東協國家。西班牙外交官埃米利奧·德米格爾描述了日本提出的這個倡議：

當時是（一九九七年）八月，日本提出一個革命性的想法：成立一個亞洲貨幣基金組織（AMF）。亞洲貨幣基金組織將設立一千億美元的基金。其成員會包括澳洲、中國、中國香港、印尼、日本、馬來西亞、菲律賓、新加坡、韓國和泰國。為了顯示日本新的自信心，日本既沒有邀請也沒有為此諮詢過美國，而且先聲明，亞洲貨幣基金組織不一定要與國際貨幣基金組織配合。[68]

這個建議很快被美國搗毀，美國堅決反對有任何措施削弱美國在這個地區的影響力。正如德米格爾所說，這個失敗影響很大：

亞洲金融危機顯示日本的領導地位有缺陷。亞洲貨幣基金組織的插曲讓人想起，日本在一九七〇年代末在中南半島一副膽怯的樣子。因為美國的反對，日本在這個地區的地位一直未能從建立亞洲貨幣基金組織的失利中完全恢復。相比之下，中國成功利用亞洲金融危機提供的機會，把自己塑造成一個對該地區認真的參與者。日本既沒有能力也無意阻止這種發展。「東協＋3」的創立意味著，日本再也無法讓自己成為與東南亞對話的一個主要國家了。[69]

日本的立場反映其長期以來傾向順從美國政府的要求。實際上，日本偏向與美國政府保持密切聯繫的做法是犧牲它在東協的利益。

這一切並不代表日本政府對東協國家沒有做過任何事情。在「福田主義」宣布之後，日本向東南亞國家提供了超過五百億美元的政府發展援助。儘管這麼慷慨，但是日本在二〇〇五年發現自己在東協幾乎沒有朋友。那一年，日本非常努力想爭取聯合國會員國支持其獲得聯合國安理會常任理事國席位，但遭到中國強烈反對。日本驚訝地發現，在東協十個會員國中，只有新加坡公開支持它。越南私下支持，但其他八個東協會員國保持沉默或中立。

反思與東協十國的關係，日本可能會想，儘管它與東協國家存在友好關係，而且向東協國家提供的援助比中國的多，為什麼能夠公開或私下支援它的東協國家那麼少？一些日本人可以想到的明顯答案是，相對較弱的東協國家已經開始害怕一個正在崛起、強大的中國。這個想法可能有一定的道理。然而，日本缺乏東協的支持也是因為日本未能履行福田向東協國家的承諾：要真心發展兩方的關係。這就是為什麼從本章節一開始，我們就對日本對東協社會的態度作出嚴厲的評價。東協的許多人認為，日本人在心中不尊重亞洲其他國家，而且始終認為自己在文化上是一個優越的社會。作家和人權活躍份子有道出人在《日本時報》上的一篇文章，描述了這種文化優越感：

……標示與規則都只有日文，這意味著看起來是「外國人」（以及那些看起來不像日本人的日本民眾）的人就拒絕進入，也不提供服務；雇主和房東拒絕雇用或租房給那些看起來像「外國人」的人（工作與住房都是生活必需）；立法人員、行政人員、員警、其他政府機關或名人也都將「外國人」視為對國家安全的威脅，呼籲監控、隔離或驅逐他們。其實每個社會裡都能找到一些固執的當權者，但是日本的這種排外主義實在有些過頭。排外主義已經深深地植入，成為整個國家一種不好的徵兆。事實上，這種植根於其國民性格中的「種族主義」正是這個國家系統如何「運作」的關鍵……日本人總是不斷被灌輸一個咒語，他們的國家是多麼的獨特，因此，日本人與其他人是多麼的不同。但是，讓國民感受自己國家的獨特性（民俗故事就是扮演這種角色）是一回事，但是總是將外國人只當成臨時的外籍工人（如果他們不是罪犯、恐怖分子等的話），並且認為他們永遠不可能真正屬於日本社會，那就是另一回事了。[70]

政府政策的改變是否可以扭轉日本對東協國家的態度，讓日本真正尊重他們，可能答案不一。其實只要一個象徵性的舉動即可完成上述目標。日本向來是派遣資深的大使到歐盟總部，派去東協的多是資淺的大使。既然現在歐盟已經成為過去式，而包括東協在內的亞洲象徵著未來，日本可以扭轉這個政策，並向東協各國首都派遣資深的外交官。

日本還可以進一步加快履行對東協國家的承諾。例如，中國已提出建設昆明－新加坡鐵路。《曼谷郵報》在二〇一六年一月報導說，日本原則上同意建立從柬埔寨到緬甸的「東西線」，使其「從泰國北碧府邊境村落連結至柬埔寨」。[71]東協地區將關注是中國還是日本，能助其建立一個更好的鐵路系統，以及日本是否將與東協國家分享其先進的運輸技術。

另一種日本可以向東協表示支持的方式，或許是在某個領域進行一個重大的計劃項目，例如能源領域。日本在該領域顯然是領先全世界。日本每單位國民生產總值的能源消耗僅為中國的十分之一。部分原因是日本已將許多重工業製造廠遷移到海外，包括有些遷到中國。但日本也設計巧妙的方式來減少能源消耗。經濟和文化各異的東協國家可以為日本提供一個機會，來測試在各種情況下其節能的技術，這不僅有利於亞洲其他國家，也有利於整個地球。

總之，在「福田主義」發布的三十八年後，日本必須與東協重新往來。二〇一七年是東協誕生五十週年，這是一個好時機，可以透過準備參與東協下一個五十年計畫，重新啟動「福田主義」。這樣的計畫可以加入令人振奮的新專案，例如興建新的高鐵運輸網，協助東協國家管理和減少能源消耗。然而，僅僅是經濟合作是不足以改變東協與日本關係的性質。

這還需要付出重大的努力，以實現「福田主義」的其中一個關鍵重點，即實現福田所謂的「真心瞭解」。福田強調，交心的關係不可能只是「單向把日本文化介紹給鄰國」，而是「我們也要把東南亞古老而燦爛的文化介紹給日本人民」。[72]所以日本的教育、文化、體育、科技部如果可以檢視一下，在過去四十年日本人對於東南亞文化是否有更多認識和理解，應該會有啟發性。訪查一下坊間就可以知道，日本大眾對東南亞的瞭解不多。

許多日本人會驚訝地發現，東南亞的文化是多麼的豐富多彩。東協在因應文化多樣性方面非常成功，這是日本人為什麼要努力瞭解東協區域合作的核心與精神的重要原因。除了在因應多樣性方面能夠提供寶貴的經驗之外，東協還可以為日本提供一個理想的平台，推動日本與亞洲其他國家重新更深入地往來。亞洲的每一個重要文化和文明在東協都能找到其代表。透過與東協各種文化發展友好關係，日本人民可以敏銳感受到亞洲各民族的多樣性，以及對小乘佛教、基督教、儒家學派、印度教、伊斯蘭教和道教更深入的瞭解，因為所有這些都可以在東南亞社會裡找到蹤跡。

東南亞國家都有由本地生產的布料所製成的獨特民族服裝，這些服裝也可以幫助日本人瞭解這個地區的多樣性。二〇〇六年，幾位日本內閣大臣（包括當時的環境大臣小池百合子）支持一個叫做「清涼商務」（Cool Biz）的活動，鼓勵大家在炎熱的天氣穿著比較輕便的衣服，減少對空調的需求。為回應這個理念，馬凱碩與其他亞洲國家的決策者和外交官一起受邀擔任模特兒，穿著民族服裝走上伸展台。這種很自在地跨越各個文化的能力，就是東南亞的一個強項。馬凱碩在新加坡長大，是一個印度教徒，這讓他有很多種服飾可以選擇。然而，在這次「清涼商務」的走秀中，他選擇穿一件來自世界上最大的伊斯蘭社會——印尼——的絲綢蠟染襯衫。日本的「清涼商務」活動一年舉辦一次，日本可以考慮把這種東協風格介紹給日本民眾，鼓勵他們穿著專門為熱帶天氣設計的東南亞服裝。如果東京人在搭乘通勤列車去上班時，看到身邊的人穿著各色東南亞服裝，日本人會改變對東南亞的看法。這種衣服可能包括：sue phraratchaton（泰國）、teluk beskap（爪哇外套和布裙的組合）、longyi（緬甸）、越南旗袍（儘管越南男人只在特殊場合穿著）、kebaya（幾個國家的婦女服飾）和 barong tagalig（菲律賓）。日本人將親身體驗到東南亞的多樣性，這對他們來說會是一個真正大開眼界的機會，也是一件令人愉快的事。

此外，日本還需要採取其他措施，以深入瞭解東南亞的多樣性。一個小小的做法就是在學校教科書中插入關於東南亞歷史的章節。如果每個日本孩子都知道十個東協國家的名字，這將是一個真正的進步。我們猜，現在一般日本人知道的歐洲國家肯定比東協國家多。

隨著時間過去，如果日本人民漸漸對東南亞文化和社會有更深入的瞭解和認識，那麼日本就邁出了參與亞洲世紀關鍵的第一步。雖然東南亞社會與日本社會相比是較為貧窮，但如果上述建議讓日本比較懂得尊重東南亞，那將有助於日本更真心地與亞洲其他地區往來。日本也將會更瞭解東協，把東協優先視為自己的戰略夥伴，而更深入地往來。

1. Rodolfo C. Severino, *Southeast Asia in Search of an ASEAN Community: Insights from the former ASEAN SecretaryGeneral* （Singapore: ISEAS Publishing, 2006）．

2. Elena S. Martynova, "Strengthening of Cooperation between Russia and ASEAN: Rhetoric or Reality?" *Asian Politics & Policy* 6, 3 （2014）: 397-412.

3. Kishore Mahbubani, "Australia's Destiny in the Asian Century: Pain or No Pain?" *Australian National University*, 31 July 2012, https://asiapacifi c．anu.edu. au/researchschool/emerging_asia/papers/Mahbubani_fi nal.pdf/，瀏覽時間：二〇一六年十月十二日。

4. "Address to the Ministerial Meeting of the Association of South East Asian Nations in Bali, Indonesia"，Ronald Reagan Presidential Library & Museum, 1 May 1986, https://reaganlibrary.gov/34-archives/speeches/1986/5513-50186c/，瀏覽時間：二〇一六年十月十二日。

5. 關於這個點以及隨後本部分中關於美國與個別國家關係的內容敘述，參見《國家研究／區域手冊》系列（*Country studies/Area Handbook Series*），美國國會圖書館聯邦研究部，http://countrystudies.us/。

6. *Country Studies/Area Handbook Series*, Indonesia.

7. *Country Studies/Area Handbook Series*, Philippines.

8. "Direction of Trade Statistics"，International Monetary Fund, https://www. imf.org/external/pubs/cat/longres. aspx?sk = 19305.0/，瀏覽時間：二〇一六年十月十二日。

9. Chia Siow Yue, "Foreign and Intraregional Direct Investments in ASEAN and Emerging ASEAN Multinationals"，in *Asia & Europe: Beyond Competing Regionalism*, ed. Kiichiro Fukasaku, Fukunari Kimura and Shujiro Urata （Eastbourne: Sussex Academic Press, 1998）, p. 56.

10. 馬凱碩與花旗銀行主席佘林發的私人交流。

11. Kishore Mahbubani, *Beyond the Age of Innocence: Rebuilding Trust between America and the World* （New York: Public Affairs, 2005）, pp. 1812. 中文版爲《走出純眞年代：重建美國與世界的信任》，北京大學出版社二〇〇八年版。

12. "Opening Remarks, James A. Baker, III, Senate Foreign Relations Committee"，United States Senate Committee on Foreign Relations, 12 May 2016, http://www.foreign.senate.gov/imo/media/doc/051216_Baker_Testimony.pdf/，瀏覽時間：二〇一六年十月十二日。

13. Kavi Chongkitt avorn, "Asean to Push back New Admission to December"，*The Nation* （Bangkok）, 30 May 1997.

14. S. Jayakumar, Diplomacy: *A Singapore Experience* （Singapore: Straits Times Press, 2011）, p. 121.

15. Constant US dollars. "National Accounts Main Aggregates Database"，United Nations Statistics Division, http://unstats.un.org/unsd/snaama/dnllist.asp/，瀏覽時間：二〇一六年九月七日。

16. Ibid.

17. 來自作者與馮慧蘭博士（Dr.Dangestu）的電子郵件。

18. "Joint Statement of the ASEAN-U. S. Special Leaders' Summit: Sunnylands Declaration"，Permanent Mission of the Republic of Singapore, ASEAN, Jakarta, 17 Feb. 2016, http://www.mfa.gov.sg/content/mfa/overseasmission/asean/latest_news_in_asean/2016/2016-02/Latest_News_In_ASEAN_2016-02-17. html/，瀏覽時間：二

〇一六年十月十二日。

19. "Remarks by President Obama at Young Southeast Asian Leaders Initiative Town Hall, 11/14/14"，White House, 14 Nov. 2014, https://www.whitehouse. gov/the-press-office/2014/11/14/remarks-president-obama-young-southeast-asian-leaders-initiative-town-ha/，瀏覽時間：二〇一六年十月十二日。
20. "Remarks by the President at the United States Military Academy Commencement Ceremony"，White House, 28 May 2014, https://www. whitehouse.gov/the-press-office/2014/05/28/remarks-president-united-states-military-academy-commencement-ceremony/，瀏覽時間：二〇一六年十月十二日。
21. "The South China Sea, Press Statement, Hillary Rodham Clinton, Secretary of State, Washington, DC"，U. S. Department of State, 22 July 2011, http://www. state.gov/secretary/20092013clinton/rm/2011/07/168989.htm/，瀏覽時間：二〇一六年十月十二日。
22. "The United States' Contribution to Regional Stability: Chuck Hagel"，International Institute for Strategic Studies, IISS ShangriLa Dialogue: The Asia Security Summit, 31 May 2014, https://www.iiss.org/en/events/shangri%20la%20dialogue/archive/2014-c20c/plenary-1-d1ba/chuck-hage-la9cb/，瀏覽時間：二〇一六年十月十二日。
23. "ASEAN Investment Report 20132014: FDI Development and Regional Value Chains"，ASEAN Secretariat and United Nations Conference on Trade and Development, 2014, http://www.asean.org/storage/images/pdf/2014_ upload/AIR%2020132014%20FINAL. pdf/, 瀏覽時間：二〇一六年十月十二日。
24. Kishore Mahbubani and Lawrence H. Summers, "The Fusion of Civilizations"，*Foreign Affairs,* May-June 2016.
25. "Puny CounterRevolutionary Alliance"，*Peking Review* 10, 3 （18 Aug. 1967） : 40, https://www.marxists.org/subject/china/peking-review/1967/PR1967-34. pdf/，瀏覽時間：二〇一六年十月十二日。
26. 引　自 Jim Nichol, *Soviet Views of the Association of Southeast Asian Nations: An Examination of Unclassified Soviet Sources* （Washington, DC: Federal Research Division for the Library of Congress, 1985） .
27. Jing Sun, *Japan and China as Charm Rivals: Soft Power in Regional Diplomacy* （Ann Arbor: University of Michigan Press, 2012） , pp. 645.
28. Kishore Mahbubani, *The New Asian Hemisphere: The Irresistible Shift of Global Power to the East* （New York: Public Affairs, 2008） , p. 84.
29. Amitav Acharya, "ASEAN at 40: Mid-Life Rejuvenation?" *Foreign Affairs*, 15 Aug. 2007, https://www.foreignaffairs.com/articles/asia/2007-08-15/asean40-mid-life-rejuvenation/，瀏覽時間：二〇一六年十月十二日。
30. Zheng Bijian, "China's 'Peaceful Rise' to GreatPower Status"，*The Foreign Affairs*, Sept./Oct. 2005, https://www.foreignaffairs.com/articles/asia/2005-09-01/chinas-peacefulrise-great-power-status/, accessed 12 Oct. 2016.
31. Jin Kai, "Building 'A Bridge between China and Europe'"，*The Diplomat*, 23 Apr. 2014, http://thediplomat.com/2014/04/building-a-bridge-between-china-and-europe/，瀏覽時間：二〇一六年十月十二日。
32. "Speech by Chairman of the Delegation of the People's Republic of China, Teng HsiaoPing, at the Special Session of the U・N. General Assembly" （Beijing: Foreign Languages Press, 10 Apr. 1974） , https://www.marxists.org/reference/archive/deng-xiaoping/1974/04/10.htm, accessed 12 Oct. 2016.
33. Ibid.
34. Mahbubani, *Beyond the Age of Innocence: Rebuilding*, p. 1.

35. Ibid., p. 144.

36. "Speech by Chinese President Xi Jinping to Indonesian Parliament"，ASEAN China Centre, 2 Oct. 2013, http://www.asean-china-center.org/english/2013-10/03/c_133062675.htm，瀏覽時間：二〇一六年十月十二日。

37. Nicolas Berggruen and Nathan Gardels, "How the World's Most Powerful Leader Thinks"，*Huffington Post*, 30 Sept. 2015.

38. Charles Patterson Giersch, *Asian Borderlands: The Transformation of Qing China's Yunnan Frontier*（Cambridge, MA, and London: Harvard University Press, 2006）.

39. Michael Sullivan, "Ask the Vietnamese about War, and They Think China, Not the U. S."，*NPR*, 1 May 2015, http://www.npr.org/sections/parallels/2015/05/01/402572349/ask-the-vietnamese-about-war-and-they-think-china-not-the-us/，瀏覽時間：二〇一六年十月十二日。

40. Nayan Chanda, *Brother Enemy: The War after the War*（New York: Harcourt, 1986）, p. 93.

41. Dien Luong, "Why Vietnam Loves the TransPacific Partnership"，*The Diplomat*, 16 Mar. 2016.

42. Bilahari Kausikan, "Standing up to and Getting Along with China"，*Today*, 18 May 2016, http://www.todayonline.com/chinaindia/standing-and-getting-along-china/，瀏覽時間：二〇一六年十月十二日。

43. Ian Storey, "Thailand's Post-Coup Relations with China and America: More Beijing, Less Washington"，*Trends in Southeast Asia* 20（Singapore: ISEAS Yusof Ishak Institute, 2015）, p. 14.

44. Ibid., pp. 1-2.

45. Kishore Mahbubani, "Here's How the EU Should Start to Think Long-term"，*Europe's World*, 26 Nov. 2015, http://europesworld.org/2015/11/26/heres-how-the-eu-should-startto-think-long-term/，瀏覽時間：二〇一六年十月十二日。

46. Jayakumar, *Be at the Table or Be on the Menu*, pp. 778.

47. 作者與賈古瑪教授的面談，二〇一六年八月十九日。

48. 作者與許通美大使的面談，二〇一五年十二月二十三日。

49. *Development Cooperation Directorate*（DCD-DAC）, http://www.oecd.org/dac/，瀏覽時間：二〇一六年十月十二日。

50. "Indian MP Tharoor: Europe Must Stop Lecturing India"，*EurActiv*, 19 Apr. 2011, http://www.euractiv.com/section/globaleurope/interview/indian-mp-thar-oor-europe-must-stop-lecturing-india/，瀏覽時間：二〇一六年十月十二日。

51. Kofi A. Annan and Kishore Mahbubani, "Rethinking Sanctions"，*Project Syndicate*, 11 Jan. 2016, https://www.projectsyndicate.org/onpoint/rethinking-economic-sanctions-by-kofi-a-annanand-kishore-mahbubani-2016-01，瀏覽時間：二〇一六年十月十二日。

52. "Frequently Asked Questions about DG Translation"，European Commission, last updated 21 Sept. 2016, http://ec.europa.eu/dgs/translation/faq/index_en.htm/，瀏覽時間：二〇一六年十月十四日。

53. Lee, *From Third World to First*, p. 487.

54. Andrew Trotman, "Angela Merkel: Greece Should Never Have Been Allowed in the Euro"，*The Telegraph*, 27 Aug. 2013, http://www.telegraph.co.uk/finance/financialcrisis/10269893/Angela-Merkel-Greece-should-never-have-been-allowed-in-the-euro.html，瀏覽時間：二〇一六年十月十二日。

55. Ashis Nandy, *The Intimate Enemy: Loss and Recovery of Self under Colonialism*（New Delhi: Oxford University Press, 1988）, p. xi.
56. "ASEAN-India Eminent Persons' Report to the Leaders"，ASEAN, Oct. 2012, http://www.asean.org/storage/images/2012/documents/AseanIndia%20AIEPG%20（29%2010%2012）final.pdf，瀏覽時間：二〇一六年十月十二日。
57. *India ASEAN Trade and Investment Relations: Opportunities and Challenges*（Delhi: Associated Chambers of Commerce and Industry of India, July 2016）, http://www.assocham.org/upload/docs/ASEANSTUDY.pdf/，瀏覽時間：二〇一六年九月二十九日。
58. Melody Zaccheus, "Five Things to Know about the New Indian Heritage Centre"，*Straits Times*, 8 May 2015, http://www.straitstimes.com/singapore/five-thingsto-know-about-the-new-indian-heritage-centre/，瀏覽時間：二〇一六年十月十二日。
59. *ASEAN-India Eminent Persons' Report to the Leaders*（Jakarta: ASEAN, Oct.2012）, http://www.asean.org/storage/images/2012/documents/Asean-India%20AIEPG%20（29%2010%2012）final.pdf，瀏覽時間：二〇一六年十月十二日。
60. Fukuzawa Yukichi, "Datsu-A Ron"，*Jiji-Shimpo*, 12 Mar. 1885, trans. Sinh Vinh, in *Fukuzawa Yukichi nenkan*, Vol. 11（Tokyo: Fukuzawa Yukichi kyokai, 1984）, 引自 "Fukuzawa Yukichi（18351901）"，Nishikawa Shunsaku, *Prospects: The Quarterly Review of Comparative Education* 23, 3/4（1993）: 493-506。
61. "Speech by Prime Minister Lee Hsien Loong at the 19th Nikkei International Conference on the Future of Asia"，Prime Minister's Office Singapore, 26 May 2013, http://www.pmo.gov.sg/mediacentre/speech-prime-minister-leehsien-loong-19th-nikkei-international-con-ferencefuture-asia/，瀏覽時間：二〇一六年十月十二日。
62. 作者對楊榮文的訪談，訪談時間：二〇一六年二月五日。
63. 作者對賈古瑪教授的訪談，訪談時間：二〇一六年八月十九日。
64. "Speech by Takeo Fukuda"，*Contemporary Southeast Asia* 2, 1（1980）: 69-73.
65. William Haddad, "Japan, the Fukuda Doctrine, and ASEAN"，*Contemporary Southeast Asia* 2, 1（1980）: 18.
66. Fertilizer plants in Indonesia were completed in 1983 and in Malaysia in 1986. Takeshi Imagawa, "ASEAN-Japan Relations"，*KeizaigakuRonsan* 30, 3（May 1989）: 121-42, http://civilisations.revues.org/1664?file = 1/，瀏覽時間：二〇一六年十月十二日。
67. Haddad, "Japan, the Fukuda Doctrine, and ASEAN"：24.
68. Emilio de Miguel, "Japan and Southeast Asia: From the Fukuda Doctrine to Abe's Five Principles"，UNISCI Discussion Paper 32, May 2013, https://revistas. ucm.es/index.php/UNIS/article/viewFile/44792/42219/，瀏覽時間：二〇一六年十月十二日。
69. Ibid.
70. Debito Arudou, "Tackle Embedded Racism before It Chokes Japan"，*Japan Times*, 1 Nov. 2015, http://www.japantimes.co.jp/community/2015/11/01/issues/tackle-embedded-racism-chokes-japan/，瀏覽時間：二〇一六年十月十二日。
71. Chatrudee Theparat, "Tokyo to Help with East-West Rail Link"，*Bangkok Post*, 28 Jan. 2015, http://www.bangkokpost.com/news/general/460975/tokyo-to-help-with-east-westr-ail-link/，瀏覽時間：二〇一六年十月十二日。
72. "Speech by Takeo Fukuda"：69-73.

第4章

東協十國概況與未來前景

本書前面談了許多關於東南亞顯著的多樣性。在本章，我們則要簡要介紹這十個東協國家，並且想實現一個宏偉目標，即設法勾勒出每個國家的「靈魂」。此處不僅會簡介每個國家的主要成就，也會提出它們所面臨的重大挑戰（好在這些挑戰往往是伴隨著成功而來的）。每個國家都對東協有所貢獻，而且以不同的方式從東協獲益。

在二十八個歐盟會員國中，各國的小孩學習歷史時，課本必然會強調各國文明都源於古希臘羅馬文明，如果他們參觀古羅馬帕德嫩神廟或是古希臘雅典衛城，會將這些古老遺蹟視為自己本國歷史遺產的一部分。相反的，東南亞那些偉大的歷史遺蹟並不是各國共有，柬埔寨人認同吳哥窟，而緬甸人則認同蒲甘。每個東協國家都強調自己有著與眾不同的文化認同，各自吸收了不同文明的精華，而不僅僅是某一個文明。

東協國家的書寫系統也十分多樣。歐洲人的語言雖然有英語、法語、西班牙語和德語，但他們都使用同樣的拉丁字母（當然也有更古老的希臘字母）。東協十國的書寫系統則至少有六種（拉丁語、泰語、寮國語、緬語、高棉語和爪夷文❶），這還只計算各國的官方語言。東南亞地區的文字不像阿拉伯聯盟、南方共同市場這些區域組織擁有同一種文字，這裡的語言多樣性幾乎是獨一無二的。

在歐盟內部僅有一種政體，所有歐盟成員國皆是民主國家，事實上這是加入歐盟的一個必要條件，例如西班牙和葡萄牙分別結束了佛朗哥和薩拉查獨裁，才於一九八六年獲准加入歐盟。東協十國卻包含了多樣的政體：從民主政體到軍人獨裁，從君主專制到一黨執政都有。雖然政治結構的多樣性不利於東協開展重大的區域合作，但務實的工作文化能夠彌合這些分歧。

東協國家的多樣性在宗教和民俗方面尤其顯著，東南亞的宗教包括基督教、伊斯蘭教、佛教、印度教、道教，此外有人是遵循儒家學派的教誨，而即便在同一種宗教或學派當中，也有不同的流派。例如，馬來西亞和汶萊的國教是伊斯蘭教。印尼雖然有眾多的穆斯林，但該國奉行建國五項原則，又稱「班查希拉」，其中一條即隱含包容不同宗教的概念。緬甸、泰國、寮國、柬埔寨和越南有不少人信奉佛教，但越南以大乘佛教為主流，其他四個國家則以小乘佛教為主流，大乘和小乘又有著很大差異。相較於成員國共享基督教文化的歐盟與美洲國家組織，或是擁有共同伊斯蘭文化的阿拉伯聯盟，即使將以上這些區域組織內部的少數宗教團體都算入（例如阿拉伯的基督徒、歐洲的猶太教徒、波士尼亞的穆斯林），東南亞的宗教多樣性依然非常特殊。更何況，在同一宗教內部也會爆發衝突，例如天主教和基督新教、什葉派與遜尼派，但東南亞卻是宗教最多樣，包容度又最高，這都使東南亞這個地區顯得異常突出。

東協國家各不相同的被殖民歷史，也強化了各國長久以來的文化多樣性。汶萊、馬來西亞、緬甸和新加坡曾被英國殖民，柬埔寨、寮國和越南曾是法國的殖民地，印尼過去則被荷蘭殖民，菲律賓曾先後被西班牙和美國殖民，唯有泰國是沒有被歐洲列強殖民過的國家。

各不相同的殖民歷史對東協的發展確實影響很大，尤其是在初創時期。幾千年以來，東南亞各國比鄰而居，在歷史長河中自然而然建立起交流管道，這些交流卻一下子被不同的殖民宗主國給一刀兩斷。例如，在新加坡長大的人學習過很多英國的歷史，但對於印尼、泰國、菲律賓和越南等鄰國的歷史卻一無所知。

雖然近些年來這樣的情況有所改善，但如果要深刻理解每個東協國家的獨特性，仍然有很多要做。當然，幾千字的簡介很難完整地勾勒出每個東協國家的特點。但是，我們希望每一小節的概覽能夠充當開胃小菜，激發讀者有興趣再深入了解每個東協國家。

汶萊

汶萊的人口不到五十萬，是東協會員國中人口最少的國家。但按人均所得計算，汶萊是僅次於新加坡第二富裕的國家。一個富裕的小國往往更容易受到攻擊，但東協的和平生態系統為汶萊創造一個安定的環境，汶萊人幾乎不會感到不安。

從十五世紀至十七世紀，汶萊蘇丹的統治範圍包括現在的婆羅洲及部分菲律賓。但後來，汶萊的主權不斷因為內憂外患而受到威脅。隨著國力衰落，汶萊被迫將一個又一個河谷割讓給詹姆斯．布魯克，布魯克本來是英國人，於一八四一年受封為沙撈越「白人拉者」。汶萊在一八八八年淪為英國的保護國，一八九〇年，沙撈越兼併汶萊的林夢地區，將汶萊一分為二，英國卻袖手旁觀。不過，英國確實讓汶萊免於完全覆滅。一九六三年，汶萊再次瀕臨失去主權，當時新加坡總理李光耀鼓吹汶萊蘇丹奧馬爾．阿里．賽義夫汀三世和新加坡、沙撈越、沙巴一道加入馬來西亞聯邦，但蘇丹拒絕了。兩年後，新加坡退出馬來西亞聯邦。這足以證明蘇丹當時的決定是正確的。

儘管現在的汶萊版圖只是歷史上汶萊帝國全盛時期的一小部分，但幸運的是，就在這一小片土地下蘊藏著儲量巨大的油氣資源。汶萊由於審慎管理油氣資源，加上和國民分享財富的政策，而成為人類發展指數第二高的東協國家，僅次於新加坡。

汶萊和新加坡同為兩個相對富裕的東南亞小國，雙方的關係緊密。新加坡還幫助汶萊建立行政部門和外交機構。一九八〇年代，馬凱碩擔任新加坡駐聯合國大使時，招待過幾位年輕的汶萊外交官，當時他們到新加坡使團進行外交培訓。此外，兩國貨幣是可以等值互換的。同時，汶萊還慷慨地允許新加坡軍隊在其領土上訓練。

獨立三十多年來，汶萊逐漸走向成熟，展現出自信的小國形象。二〇〇一年、二〇一三年汶萊先後兩次成為東協輪值主席國，並於二〇一三年十月主辦東亞高峰會。（遺憾的是因為美國政府停擺，歐巴馬總統臨時取消參加東亞峰會的行程，汶萊失去接待美國總統的寶貴機會。）

汶萊由於有靈活的外交手段，甚少遭受外部威脅，但仍舊需要處理國內的挑戰。汶萊的政體是君主專政，自哈桑納爾．博爾基亞在一九六七年即位蘇丹以來，汶萊繁榮發展，他也被證明是一個富有能力的幹練領導人。然而，日益壯大的中產階級可能會希望王室逐漸調整治理模式。雖然汶萊不大可能在短時間內像印尼、馬來西亞、新加坡那樣變成一個民主國家，但它可以強化諮詢機制，給予中產階級表達政治主張的機會。畢竟對於汶萊來說，民主化是一股不可忽視的世界潮流。

李光耀是蘇丹哈桑納爾．博爾基亞及其父親的密友，曾經建議汶萊，效仿波斯灣地區那些君主制國家成功的現代化發展模式，這些波斯灣的王國既成功保留了傳統價值，也向世界開放。畢竟汶萊不能永遠依靠自己的石油與天然氣的營收。英國石油公司（BP）發布的《世界能源展望》預測，如果不能發現新的油氣資源，汶萊的石油儲量在二十二年內就會耗盡，這代表汶萊最好在那之前實現經濟多元化。發展旅遊業能夠創造產值、提供就業，而為了發展觀光業，汶萊應該效仿那些波斯灣國家，允許五星級酒店販售酒精飲料給遊客。如果阿聯和卡達可以，那麼汶萊也可以這麼做。

總體來說，汶萊的未來是光明的。汶萊除了精明地保持了獨立自主，並逐步培養人才，還擁有諸多優勢，能夠確保國家長期和平與持續繁榮，此外，汶萊與鄰國維持緊密關係，妥善管控與馬來西亞之間的領土爭端，汶萊和馬來西亞也相互緊密合作，尤其是在共同開發海上油氣資源方面。

和馬來西亞、菲律賓、越南一樣，汶萊也主張自己在一些南海島礁有領土主權。因此，汶萊也和上述國家一樣，不得不在中國大陸和台灣之間周旋。在這樣的「大博弈」中，汶萊若要取得談判籌碼，唯一辦法就是確保東協的強大與團結。無庸置疑，在汶萊的二十一世紀國家策略中，東協必須居於優先位置。幸運的是，汶萊已擁有實施其策略所需的物質資源，而運用這些資源最好的方式，就是加強對東協的投資。

柬埔寨

柬埔寨到底是一個幸運的國家，還是一個命途多舛的國家？正反兩方的理由都可以輕易找到。在某些方面，現代柬埔寨是東南亞最不幸的國家，因為它是唯一發生過種族屠殺的國家。從一九七五至一九七九年，不到四年的時間，柬埔寨約有一七〇萬人死於波布短暫而血腥的執政期間，相當於全國人口五分之一。❷在這場種族屠殺之前，一九七〇年三月，西哈努克親王被罷黜，柬埔寨開始長達五年之久的內戰。一九七九年，越南軍隊把柬埔寨從波布的統治下「解放」出來後，柬埔寨又遭受（並抵抗）外國軍隊的侵略。

然而，柬埔寨也可以說是一個幸運的國家。在過去數個世紀，許多民族和國家消失，柬埔寨也險些永久消失。十二世紀是吳哥的鼎盛期，當時它是高棉帝國（九－十五世紀）的權力中心，也是前工業化時代世界上最大的城市。十五世紀之後，柬埔寨逐漸衰落，領土不斷被兩個強鄰泰國和越南瓜分。柬埔寨原本可能被強鄰吞併，眼看就要滅亡之際，歐洲人介入了。一八六三年，泰國人扶植的柬埔寨國王諾羅敦一世為擺脫暹羅的控制，尋求法國的保護。一八六七年，暹羅國於迫於法國的壓力，將柬埔寨主權移交法國，做為交換，取得馬德望和暹粒兩個大省的控制權。一九〇七年，泰法兩國達成新的邊境協議，泰國將上述兩省歸還給柬埔寨。因此可以說，法國的「保護」避免了柬埔寨滅國的命運。

現代柬埔寨與兩個人名密切相關，一個是諾羅敦．西哈努克，另一個是洪森。一九四一年，西哈努克在法國人的支持下登上王座，原本法國人認為年僅十八歲的西哈努克更容易控制，但是他們錯了。一九五三年十一月九日西哈努克從法國人手中贏得了柬埔寨的獨立，很快便成為第三世界國家中的重要領導人，和毛澤東、周恩來、尼赫魯、納賽爾、狄托這些領導人保持來往。西哈努克有時擔任國王，有時擔任總理，但不論身處何職，他都掌握絕對權力，統治手法靈活。不幸的是，柬埔寨由於是越南的近鄰，被捲入了越戰，北越利用柬埔寨的港口運送物資給南方游擊隊，美國便以空襲報復柬埔寨。在這場風暴中，朗諾於一九七〇年三月十八日發動政變，廢黜西哈努克。許多人相信，是美國中央情報局策動這場政變。

西哈努克的政治生涯實際上反映了柬埔寨當時所經歷的悲劇。西哈努克先是組織力量反抗朗諾政權，後又成為紅色高棉的囚徒，繼而又投身反抗越南侵略。一九九〇年代他回國時，柬埔寨的政局已由洪森主導，西哈努克變成有名無實的國家元首。馬凱碩在八〇年代成為他的朋友。西哈努克親王一直活躍於政壇，直到二〇一二年十月去世。

洪森的一生同樣反映了現代柬埔寨那段痛苦的歷史。洪森最初是紅色高棉的幹部，為波布賣命。一九七七年他投靠越南，一九八五至一九八九年出任柬埔寨賣國政府的總理。

一九八九年，越南被迫從柬埔寨撤軍，洪森的政治生涯本該結束，然而，洪森精心謀劃，改變自己的政治形象，甚至設法贏得之後的大選（不過他在一九九七年強硬驅逐競爭對手諾羅敦．拉那烈）。

越南撤軍後，面對泰國和越南這兩個長年以來的對手，洪森為了增加地緣政治的轉圜空間，轉而與中國交好。儘管洪森的威權統治飽受西方媒體的非議，但在其統治的二十年間（一九九五－二〇一五年），是柬埔寨長期以來最為和平發展的一段時期。一些小奇蹟出現了：柬埔寨國民生產總值從一九九〇年的九億美元成長到二〇一〇年的一一三億美元。金邊供水局在總經理埃松占的領導下，擊敗所有曾被英國總理柴契爾盛讚的英國水務專家，於二〇一〇年榮獲斯德哥爾摩工業水獎。

近年來，柬埔寨與中國的緊密關係給東協帶來了挑戰。二〇一二年，柬埔寨一手阻止東協發表關於南海問題的聯合聲明。二〇一五年，在昆明舉行的中國－東協會議上，柬埔寨再次力阻東協發布涉及南海問題的聲明。由於聲援中國，柬埔寨獲得中國的慷慨援助。據維斯娜．瓦的統計，「一九九四至二〇一三年，中國對柬投資額達一百億美元，投資主要鎖定在農業、礦業、基礎設施建設、水力發電水壩，以及服裝製造業。從一九九二年開始，中國同時提供給柬埔寨大約三十億美元的優惠貸款和援助。」❸

但是，柬埔寨同樣面臨著兩難。柬埔寨留在東協，對中國來說助益最大。假如其會員資格被取消或中止，柬埔寨對中國的重要性將大打折扣，因此太過疏遠其他東協會員，並不符合其自身利益。中國也應該理解這點，給柬埔寨更大的政治自主空間，以顯示自身的良好判斷力。總之，柬埔寨必須在這個地緣政治舞台上更加長袖善舞，維持自身的價值與地位。

印尼

有一個關鍵詞可以用來形容印尼，那就是「富有韌性」。

印尼是世界上最大的群島國家，島嶼由東到西就佔了地球周長的八分之一，領土南北長度超過一千英里。眾多的人種、宗教，以及語言差異，本應該使印尼（像南斯拉夫一樣）在歷史上某些時刻分崩離析，然而印尼熬過了那些重大危機，依然團結在一起，並且在維持國家相對穩定的同時，經濟也穩步成長。

印尼的成功很難用三言兩語解釋清楚，因為印尼是個既龐大又複雜的國家。但其中一個原因也許是因為在不同時期，印尼總會出現一位英明的領袖。其中有三位特別突出：蘇加諾、蘇哈托、蘇西洛・班邦・尤多約諾。蘇加諾統一印尼，蘇哈托使其繁榮，而蘇西洛則鞏固了印尼的民主。

蘇加諾在一九四五年到一九六七年治理印尼。他是一位狂熱的民族主義領導人，先是宣佈印尼獨立，之後帶領印尼武力抗爭，實現真正的獨立。雖然他的經濟政策堪稱災難（他當政期間，印尼每年的經濟成長率只有２%），但他帶給新生的印尼一件更重要的東西：國家認同感。

這種同屬一個國家的認同感是印尼的非凡成就，因為印尼原本並不是單一國家，直到荷蘭在此統治將近四百年，建立了一個單一的殖民地。之前三佛齊（西元七－十三世紀）和滿者伯夷（西元十三－十四世紀）這兩大王朝統治了印尼許多的港口和部族（以及現代馬來西亞的一部分），但並非全部。蘇門答臘島的巴羅克人和西新幾內亞的巴布亞人，則擁有完全不同的文化。

蘇加諾卻把如此多樣的文化整合在一起，凝聚成一個獨立統一的印尼。他是一個雄辯的演說家，在他那些偉大的演講中，他打造了一個命運共同體的夢想。多年後，在一九九〇年代，當印尼國家電視台播放一系列介紹不同民族的節目時，許多印尼人為自己國家的民族多樣性而感到驚歎。蘇加諾用建國五項原則使國家團結，採用以馬來語為基礎的印尼語為官方語言，而不是印尼人口最多的民族語言——爪哇語。

一九六五年，蘇哈托將軍發動軍事政變，武力奪權，造成數百萬人喪生。在一位軍事強人的統治下，印尼本來可能會面臨緬甸、巴基斯坦、伊朗、敘利亞那樣的窘境。然而，蘇哈托卻透過逐步開放經濟、讓政治更加穩定，使國家走上現代化之路。在他統治期間，印尼的經濟從一九六七年的八四・二億美元，成長到一九九八年的一三五〇・八億美元。更重要的是，他消除了貧困，大幅提高印尼人的生活水準。印尼的稻米也能夠自給自足，聯合國糧農組織因此在一九八五年十一月授予他金質獎章。

一九九八年亞洲爆發金融風暴，蘇哈托也在這一年下台，主流西方觀點認為他之所以下台，要歸咎於其裙帶資本主義。毫無疑問，他的家族涉嫌貪汙，然而，蘇哈托為印尼經濟打下堅實的基礎也是不可否認的。正如當時亞當・施瓦茨所評論的：

> 從經濟上而論，蘇哈托政權做了很多正確的事情，頗為明智地運用國家的石油資源，建設鄉村基礎設施、學校，以及診所，並在石油資源耗盡前發展製造業，使印尼不像其他石油輸出國組織（OPEC）會員國那樣，過度倚賴石油……由於一九八〇年代中期的低關稅政策和充裕的廉價勞動力，印尼成為輕工業產品的出口大國。❹

沒有蘇哈托打下的堅實經濟基礎，印尼很難在二十一世紀維持穩定的民主政權。一九九八年蘇哈托下台後，繼任者相對弱勢，任期都不長。幸運的是，二〇〇四年蘇西洛贏得大選，開啟其十年的總統生涯。將軍出身的蘇西洛既是一位精明的軍事戰略家[5]，也是一位致力於強化印尼民主體系的飽學之士。在經濟上，儘管他沒能複製類似蘇哈托時期的快速成長，但政治上，由於他執政時期民主政治的發展，使印尼不可能再回到軍人統治。正是這種民主精神，才讓出身卑微、不可能當選的前市長佐科威，接任蘇西洛，成為印尼的新一屆總統。

我們有理由對印尼的未來保持樂觀。麥肯錫預計，到二〇三〇年，印尼將成為世界第七大經濟體。這個樂觀的預測是基於印尼龐大的消費群體、快速的都市化、充足的技術勞工，以及在服務業、農業、漁業、資源和教育方面的大量市場機會。[6]

儘管有如此多的優勢，佐科威政府依舊需要應對那些現實的挑戰。經濟方面，印尼一直被經濟民族主義所拖累，這是自蘇加諾時代留下的後遺症。許多印尼的商業巨頭希望在國內市場保持主導地位，不願開放市場給更多競爭者，甚至抗拒來自東協的企業。如果佐科威不能以智取勝這些經濟民族主義者，印尼則有可能重蹈巴西這個中型國家的覆轍——太過依賴國內市場來刺激經濟。印尼反而應該效仿中國。如果印尼不願開放，也不願意在東協這個「嬰兒池」（相較於全球市場而言）與其他會員國競爭，毫無疑問會削弱印尼在世界經濟中的競爭能力。

印尼面對的另一大挑戰來自伊斯蘭聖戰者。印尼在促進不同宗教之間的包容和理解方面一直做得不錯，但雅加達也是東協唯一遭到恐怖攻擊的首都，二〇〇三年八月五日，雅加達的一家酒店遭汽車炸彈攻擊。截至二〇一五年三月為止，「伊斯蘭國」組織（ISIS）從印尼招募了五百一十四人到伊拉克和敘利亞參與聖戰[7]，儘管以人口比例而言，這個數字遠低於歐洲，但依然令人憂心。即便是像佐科威這樣受到愛戴的領袖，一方面要強力壓制極端分子，另一方面又要保持印尼開放包容的文化，也是非常棘手的難題。這些極端分子的主要目的是造成政治對立，這是檢測印尼國家韌性的試金石。

東協能夠成功的一個重要原因就是印尼人的智慧。印尼是東協最大的會員國，佔東協總人口超過40%，印尼大可以強力主導東協，從而壓抑東協的發展。但蘇哈托卻明智地選擇給予空間，讓馬來西亞、新加坡這幾個較小的國家來主導，而自己總是站在背後加以支持。

蘇西洛也是一樣。目前，新一任總統佐科威仍在熟悉東協事務，可惜他在二〇一四年十月二十日就任總統後不久，便參加十一月十二日舉行的東協峰會，當時他尚未做好心理準備，結果聽完各國領導人在東協對話夥伴會議上冗長、乏味的演講之後，他向新加坡總理李

顯龍抱怨這簡直是浪費時間。❽

佐科威總統的不耐煩是可以理解的，他想專注在經濟發展上，而非聽演講。不過，印尼的成功也仰賴印尼周邊穩定的地緣政治。在地緣政治中，「無聊」絕對是一件好事，代表這個區域大致處於和平和諧的氛圍。相對的，浮現在「東協+1」會議上的躁動，往往意味著地緣政治出現問題。印尼在東協事務中有著舉足輕重的地位，佐科威總統應該對東協的發展展現更多寬容，畢竟來自印尼的支持對東協的成功十分重要。所幸，從雅加達最近的動作來看，佐科威總統對東協事務已越來越有熱情。

美國前總統歐巴馬一九六七年到一九七一年住在印尼，度過四年的童年時光，他曾形容印尼充滿了樂觀的氣息。二〇一〇年十一月，他在演講中說道：「從前，我和印尼朋友在到處都是水牛和山羊的水田中嬉戲，如今印尼已經躋身世界上網絡最發達的國家，年輕人藉由手機和社交網絡相互聯絡。」❾更重要的是，他大力讚揚印尼充滿包容精神，以他的話來說：「Bhinneka Tunggal Ika——存異求同，這是印尼的基礎，也是世界的榜樣，更是為什麼印尼將在二十一世紀扮演重要角色。」

寮國

寮國本來不見得會在二十世紀成為獨立國家。寮國和柬埔寨一樣，曾受法國殖民，原本是法國的保護國。現在的寮國民主共和國則可上溯至十四世紀的瀾滄王國，統治範圍遍及湄公河兩岸，即今天寮國與泰國的東北部。到十七世紀，獨立的寮文化認同已經形成，但在暹羅的勢力左右之下，瀾滄王國被分割成一個個小王國。幾個世紀以來，南方諸國的興衰，加上大山另一側的鄰國緬甸、越南，還有北面的中國，在在影響了位於高地的寮國。二十世紀，越南成為東南亞的強權，共產主義者在一九七五年接管了中南半島地區。如今，中國取代越南，成為影響寮國的新勢力。總而言之，位於內陸、山脈連綿的寮國，是東南亞最易受到攻擊的國家。

寮國的語言和文化與泰國同源，比起曼谷，泰國東北地區的伊森人和寮國人在文化上反而更親近。寮國與暹羅關係深厚，許多寮國公侯國在十九世紀很長一段時間曾經是暹羅的省份。一八九三年，法國人將寮國從暹羅人的統治下「解放」出來，並在一九〇四年和一九〇七年與暹邏簽訂條約，成為寮國日後獨立的基礎。如果不是法國人的干涉，二十世紀的寮國應該依然是暹羅王國的一部分。

越戰給寮國帶來災難性的後果。美國認為北越軍隊利用寮國領土把人力和武器運往南越，因此殘忍地轟炸寮國，超過兩百萬噸炸彈傾瀉在寮國領土上（約兩百五十萬噸，當時美軍在柬埔寨投擲二七〇萬噸，在越南投擲四六〇萬噸）。歐巴馬是首位訪問寮國的美國總統，承認美國當年過度轟炸寮國。他說：「在那十年之間，美國投在寮國的炸彈，比二戰期間投在德國和日本的總和還要多。總共投下約二・七億枚集束炸彈……據估計，寮國是世界上人均被炸次數最多的國家。」❿

雖然如此，寮國並未像柬埔寨和越南一樣受到內戰的摧殘，在越戰期間，一個囊括左右翼和中間份子的聯合政府持續運作。西貢陷落後，共產黨接管寮國，但過程相對和平，這多少解釋了寮國共產黨領袖為何不像柬埔寨和越南共產黨那樣殘暴，另一個原因可能是立場中立的梭發那・富馬親王發揮了良性影響，當時他擔任寮國共產黨政權的顧問，直到一九八四年去世。

一九七五年到一九九〇年期間，寮國受到越南的控制。蘇聯解體時，越南被迫放棄柬埔寨的主權，並且向世界開放經濟，寮國也追隨其步伐。一九九五年，越南加入東協，寮國則在一九九七年加入。

寮國在一九九〇年代開始建立經濟發展的基礎，並逐漸與美國的盟友發展關係，尤其是日本。一九九四年和二〇〇六年，寮國興建兩座橫跨湄公河到泰國的大橋，加強寮國與泰國及其他自由市場經濟體之間的交流。寮國也向泰國出口能源，尤其是水電，出口量不斷成長。一九九三年，寮國和泰國簽署第一個合作備忘錄，明定寮國為泰國供應一千五百兆瓦的電力；根據最近的電力購買計畫，此數字已經成長到七千五百兆瓦。⓫由於寮國和泰國文化極其相近，寮國不得不擔憂若經濟過度依賴泰國，將增強泰國對寮國的控制能力，因此寮國最好分散風險，也與越南、中國等鄰國發展緊密的經濟關係。

一九九〇年代，中國成為寮國的主要援助國，年度援助額從一九九〇年的一千萬美元，飆升到二〇一二年的八千五百萬美元，寮國的對外政策隨之變得更加親中，明顯減少對越南的依賴。寮國是一個與中國接壤且相對脆弱的小國，看起來明智地見風轉舵，追隨地緣政治中的強大勢力。但寮國同時也努力鞏固東協，因為東協為東南亞的小國提供了一把有戰略價值的保護傘。

長期而言，像寮國這樣的國家沒什麼維持獨立與民族自決權的保障。儘管在一九四五年，《聯合國憲章》確保小國有權保持獨立主權，只要《聯合國憲章》的基本原則和《東協憲章》依然有效，那麼寮國就無需擔心失去自身的政治獨立。然而，在寮國史上，絕大部分時候都缺乏這樣的保障。

可以確定的是，寮國將繼續身陷地緣政治的強權角力之中。在二十一世紀，寮國勢必會面臨更加激烈的中美競爭，當然，其他鄰國也必須面對同樣的問題。對寮國來說，若要保護自身獨立主權與行動自由，最明智的做法就是成為東協的主要領袖。

在二〇一六年一月，寮國接任東協的主席國，其領導能力受到關注。寮國會不會效仿柬埔寨，阻止東協發表涉及南海問題的聯合聲明？當中美兩國領導人踏上寮國國土，寮國能否從容扮演好東道國的角色？當然，寮國最終出色地通過了作為東協主席國的考驗，在七月的東協外交部長會議上，促成各國針對南海議題達成共識，發表聯合聲明。二〇一六年九月，美國總統歐巴馬訪問寮國並參加東協峰會，此行吸引了全世界的目光。就在這次東協峰會上，中國國務院總理李克強在儀式上切蛋糕，紀念中國－東協對話關係建立二十五週年。對於一個人口只有六百八十萬、相對貧窮的小國來說，寮國為東協夥伴示範了靈活的外交手腕。

馬來西亞

馬來西亞真的是一個矛盾的國家。若從細微處檢視，這個國家看上去到處都是問題。但放眼全球，馬來西亞顯然是第三世界最成功的國家之一。

馬來西亞在經濟上的成績令人矚目。自從一九五七年馬來西亞脫離英國、取得獨立，國民生產總值從七十億美元成長為二〇八〇億美元，人均收入也顯著成長。馬來西亞的經濟發展趨勢，在一九九〇年代早期已經初現端倪。正如澳洲國立大學的葛列格．洛佩斯所述：

一九九三年，世界銀行在其出版的《東亞奇蹟：經濟成長與公共政策》一書中，列出八個東亞經濟體，其中包括馬來西亞，提到這幾國在一九六〇至一九九〇年間的GDP實際成長率都在4%以上，遠高於工業革命以來的成長率。更重要的是，社會中的貧困階層因此受益。不僅如此，在這份經濟成長報告列出的十三個國家中，唯獨馬來西亞連續二十五年以上GDP成長率超過7%。馬來西亞在一九六七至一九九七年間，便達成了這一傲人的成績。⑫

如今，造訪馬來西亞的人將會驚豔於那裡現代化的機場、東南亞最高的建築（雙子塔）、美麗的高速公路、欣欣向榮的種植園和工業、世界級的度假勝地。的確，馬來西亞的發展軌跡令許多第三世界國家羨慕不已。在東南亞地區，馬來西亞過去五十年取得的經濟發展成就僅次於新加坡。

但是，若放大檢視，這個國家受到不少難題困擾。儘管自一九六九年以後便未曾發生過當時那樣血腥的族群衝突，但屬於多數人口的馬來人和少數族裔華人之間的族群關係是持續在惡化。

雖然幾十年來馬來西亞國內政治時有動盪，但執政黨馬來民族統一機構（巫統）極富活力。首任總理拉赫曼頗受愛戴，但在一九六九年發生騷亂後，他的副手拉薩在一九七〇年取而代之。拉薩為馬來西亞的經濟貢獻卓著，可惜英年早逝，死於一九七六年，享年五十四歲，他的姐夫敦．侯賽因．奧恩繼任總理，不久便把大權轉交給馬哈地，他是馬來西亞歷史上最強硬的總理，任期自一九八一到二〇〇三年，執政逾二十年。

現代馬來西亞的成功大多要歸功於馬哈地。他是一位果決的、親力親為的總理，凡事看重實質結果，而非紙本報告。他的「二〇二〇年宏願」擘劃了馬來西亞人對未來的想像。在他執政下，馬來西亞首都改頭換面。他讓馬來西亞擁有自己的汽車品牌，大力發展本國汽車產業，並興建大量高速公路，使馬來西亞的道路總長度增加一倍多，從一九八一年的三一五六八公里，增加到二〇〇三年的七九六六七公里。

馬哈地也靠著雄辯長才，將馬來西亞帶上世界舞台。二〇〇三年十月十六至十七日，在布城召開的第十屆伊斯蘭國家峰會上，他用一個問題震撼在場的伊斯蘭領袖：為什麼伊斯蘭世界會如此落後於其他國家？這場勇敢的演講獲得全場起立與喝彩。他說道：

幾個世紀以來「烏瑪」和伊斯蘭文明逐漸衰弱，甚至在某個時期，每個伊斯蘭國家都遭到歐洲人殖民或奴役。但是穆斯林重獲獨立後，卻沒有因此而強大，國家個個脆弱不堪、治理不善，甚至陷入長期混亂。歐洲人在穆斯林的領土上為所欲為……

我們穆斯林人口如今已達十三億人。我們有世界上最豐厚的石油儲存量。我們還有巨大的財富。我們不像那些伊斯蘭教創立之前，尚未皈依伊斯蘭教的阿拉伯人那樣無知。我們熟悉世界經濟和財務的運作方式。我們控制全世界一百八十國中的五十七國。我們手中的票數可以在任何國際組織中產生關鍵性的作用。但比起那些在伊斯蘭教創立之初、選擇遵循先知引領的阿拉伯人，我們似乎更加無助。為什麼？⓭

不幸的是，馬哈地執政的最後幾年爭議纏身，不論在國內國外都是如此。在他與安華．伊布拉欣鬧翻之後，西方國家與他斷絕關係，接著，時任美國副總統的高爾在吉隆坡參加一九九八年 APEC 企業峰會時，非常無禮和不智地抨擊馬哈地，打破亞洲尊敬東道主的重要傳統。

馬來西亞的韌性到底多強？馬來西亞確實可以說是強大的國家。雖然馬來西亞從一九六九年到二〇一五年歷經幾次政治危機，但經濟依舊保持成長，一般大眾的生活水準大幅提升，教育普及。特別引人矚目的是，馬來西亞真正地實施了全民健康照護。拉維．P．蘭南－埃利亞博士記錄了馬來西亞如何在醫療保障取得非凡成就，結合公共與私人領域，達成高水準的醫療照護，節約成本的同時，又能保障民眾的健康。⓮

在全世界，馬來西亞已經是個深受尊重的國家。著名公共知識份子伊恩．佈雷默曾列出具有發展前景的七個國家，馬來西亞也在名單之上。⓯他在二〇一五年一月二十二日的《財富》雜誌發表一篇文章，點名印度、印尼、墨西哥、哥倫比亞、波蘭、肯亞和馬來西亞這幾個國家是跨國公司進行策略投資的優選之地，因為這些國家的環境穩定，又有彈性。「這些國家治理良好，市場穩定成長，這兩個條件相輔相成，」他寫道，「現在的馬來西亞政府表現優異，往後很可能更有智慧地管理經濟。」

但顯而易見的是，馬來西亞社會仍然面臨許多結構上的挑戰，尤其是在政治領域。馬來人和華人之間需要締結一種新的「社會契約」，和平共處。不幸的是，納吉．拉薩總理大膽提出的「一個馬來西亞」計畫並未獲得支持。兩位前總理拉赫曼和拉薩想在馬來西亞打造出一個較為世俗的社會文化，但伊斯蘭激進分子的聲音越來越大，逐漸侵蝕著這個社會文化。

二〇一四年十二月，二十五位馬來西亞社會名流（包括上一屆政府的幾位部長和大使）共同簽署一封公開信，呼籲各方就馬來西亞的伊斯蘭問題進行理性的對話。他們指出以下問題：

> 一些宗教機構逾越職權；部分伊斯蘭裁決違反聯邦憲法，也不符合協商諮詢的民主程序；違反民主和伊斯蘭的協商方式；一些種族優越主義的非政府組織崛起，譴責任何反伊斯蘭、反君主制、反馬來的聲音，使理性討論、解決衝突變得困難；最重要的是，《煽動法令》（Sedition Act）持續威脅著持反對意見的人。[16]

因此，他們認為，「當務之急，是全體馬來西亞人共同尋找方法，解決這些長期存在的衝突，因為這些衝突已經導致族群關係持續惡化，削弱民眾在法治下的安全感，破壞社會穩定」。

還有其他問題存在。馬來西亞經濟持續成長，吸引了約兩百萬非法外籍勞工，這似乎令馬來西亞比過去更不安全。暴力犯罪從二〇〇四年的每十萬人八十四件，成長到二〇一三年的每十萬人九十八件，增加了16.7%。[17]同時，馬來西亞的大學也表現不佳，根據QS世界大學排名，馬來西亞排名第一的大學馬來亞大學，在全世界僅排到第一三三名。沙登區國會議員王建民說：「不得不承認，我國的大學無論在教育品質、基礎設施，還是研究經費方面，跟英國和澳洲的大學相比，仍有很大的進步空間。」[18]部分原因是因為馬來西亞的大學環境正在從以精英教育為主，轉向以馬來西亞原住民教育為主。

看在非原住民的馬來西亞人眼中，自己可說是處於弱勢，因此不少人心生不滿。二〇一一年世界銀行報告顯示：「高素質人才正在移民他國，這種現象將深深打擊馬來西亞發展為高收入國家的目標……馬來西亞需要人才，但是人才似乎正在流失。」[19]華人的外流比例尤其高，這與他們佔馬來西亞總人口的比例極不相稱。

總之，儘管馬來西亞的發展紀錄相當輝煌，但絕對不能自滿鬆懈。幸運的是，納吉總理已經意識到，馬來西亞若進一步開放經濟會更加成功。他加入「跨太平洋夥伴協定」（TPP）的決策極為大膽，短期看可能會對馬來西亞的經濟造成衝擊。但長期看，這將使馬來西亞經濟更具競爭力。

馬來西亞同樣是東協的堅定支持者。從地緣上看，由於馬來西亞地處東協的心臟地帶，和其他東協國家的共同邊界最多，它自然成為東協和平生態系統的最大受益者。因此，馬來西亞也是東協自由市場經濟的最大受益者之一。這也是為什麼納吉總理在任時，在二〇一五年馬來西亞擔任東協輪值主席國期間，東協經濟共同體（AEC）能夠如期建立。儘管那一年大馬國內政治事務繁多，但納吉總理仍密切關注東協經濟自由化。如果東協經濟共同體能夠順利建成，刺激東協GDP的成長，那麼馬來西亞經濟也必將大幅飛躍。馬來西亞前後幾任貿易部長，包括拉菲達．阿齊茲（一九八七—二〇〇八年）、穆斯塔帕．穆罕默德（二〇〇九年至今）在內，都為東協的經濟自由化提供強力的領導。如果馬來西亞往後持續對東協投注心力，東協的未來便能少一些憂慮。

緬甸

緬甸和平地完成從軍人執政到民主體制的轉型，堪稱是當代的一個奇蹟。這項奇蹟展現了「東協方式」（ASEAN Way）的力量。西方出兵推翻薩達姆．海珊和格達費等長期執政的軍事獨裁者，卻在伊拉克和利比亞留下長期的災難，還為了迫使阿薩德下台而對敘利亞實施制裁，結果也是失敗。相反的，東協的政策並未孤立緬甸，卻引導緬甸進行了一次和平的轉型。

緬甸為何決定結束一九九〇年代以來的孤立政策？因素有很多。首先，緬甸領導人訪問其他東南亞國家後，不免認識到自己國家的經濟是多麼的落後。另一個同等重要的因素是地緣政治。曾有人問印尼外交部長阿里．阿拉塔斯，為何東協同意讓緬甸加入，他回應道，讓緬甸加入東協能夠避免它被納入印度或中國的勢力範圍。阿拉塔斯所說的完全正確。

印度堅信緬甸應屬於它的勢力範圍，在一九七六年八月於斯里蘭卡首都可倫坡召開的不結盟運動峰會上，印度將這點表露無遺。馬凱碩參加了其中一場亞洲國家的會議，討論南亞、東南亞的議席分配，印度代表團稱緬甸應屬於南亞，隨後緬甸外交部長溫和地回應，緬甸應屬於東南亞。這時印度外長亞什萬特勞．查文大叫：「你們不懂！你們不懂！緬甸屬於南亞才對。」

查文暴露了對緬甸歷史知識的匱乏。在緬甸歷史上，絕大部分時候，相較於南亞，緬甸的命運都與東南亞鄰國更緊密相繫。緬甸勢力在十六世紀到達顛峰，在東南亞大陸上創造了一個前所未有的大帝國，疆域囊括現在的緬甸、泰國和寮國。在英國人到達並征服印度和緬甸後，緬甸才被印度統治。

歷史上，相較於印度，緬甸更加懼怕的是中國，緬甸與中國之間爆發的戰爭較多。一七六五至一七六九年，短短四年間，緬甸四次擊退清朝入侵，這也是緬甸為什麼選擇結束一九九〇年代的自我孤立政策。緬甸的領導人體認到，假如緬甸繼續鎖國，最終只會被捲入中國的經濟勢力範圍。二〇一一年緬甸政府單方面宣佈取消與中國合作的大型水壩項目，表明了緬甸強烈想試圖平衡中國對其的影響力。

儘管緬甸於一九九七年加入東協、實施經濟開放是個明智的決定，緬甸仍需解決國內的政治問題。二〇一一年上台的軍政府領袖登盛，明智地決定分享政治權力，然而軍政府拒絕修改憲法中的一項條款，藉此阻止諾貝爾和平獎得主翁山蘇姬出任緬甸總統。她的政黨雖然在二〇一五年取得大勝，她卻由於子女是英國籍而被取消競選資格。

目前，翁山蘇姬名望之高，風靡全球，她幾乎和曼德拉一樣廣受尊敬和愛戴。她兩次遭受軍政府軟禁，分別是在一九八九年六月至一九九五年十月，以及二〇〇〇年九月至二〇〇二年五月，但她身為傳奇軍事家翁山將軍的女兒（翁山將軍不幸在一九四七年七月被暗殺），軍政府並未能使她完全屈服。她的聲望的確是緬甸的一筆無形資產。

如今緬甸所面臨的挑戰，是如何在翁山蘇姬和軍隊領袖之間取得政治妥協。理論上，走向民主、讓軍人回到原有的崗位，就可以徹底解決這個問題，但是軍隊領袖認為他們有權對治理國家發表看法。他們從經驗得知，緬甸的領土完整相當容易受到破壞，主要受到邊境高地一帶的少數民族威脅。即便是在作風最強硬的軍政府時期，緬甸依然努力維持與克倫邦和撣邦叛軍之間的和平。與這些軍隊的內戰自一九四八年持續至今，目前仍有六個克欽族組成聯軍，對抗政府。

翁山蘇姬身為緬甸最大族群的一份子，她也和普通緬甸人一樣，試圖維護國家團結。雖然她在全球被稱為「人權鬥士」，她卻沒有為若開邦的羅興亞穆斯林族群所遭受的迫害發聲，這令許多西方人感到困惑和失望。人權觀察組織的執行理事肯尼士．羅斯說：

翁山蘇姬也令人失望，她知道軍隊能夠決定她有沒有競選總統的權利，於是不願批評軍隊對羅興亞人的迫害。加上無國籍的羅興亞人處於弱勢，在緬甸不受歡迎，因此儘管他們一直受到暴力對待，她也拒絕聲援。[20]

不過，像這樣的批評不管是對翁山蘇姬，還是對緬甸軍政府，都未必公允。緬甸正經歷一場混亂複雜的政治轉型，對一個國家來說，要走出數十年來的孤立絕非易事，即便一開始是自願鎖國。許多公共機構在鎖國時期多半已經僵化，特別是在公共服務領域，重建起來非常花時間。此外，緬甸擁有非常多不同的民族，許多少數民族都曾經有權管理自己的領地，特別是生活在高地上的民族。在這樣的國家中，維持和平絕對是個挑戰。外界能做的就是保持耐心，讓緬甸人自行達成政治和解。翁山蘇姬也許不得不採取痛苦的妥協，才能使國家免於分裂。

一九九七年緬甸加入東協，經濟取得長足的進步，證明了緬甸當前的發展潛力。緬甸的人類發展指數從一九九〇年的0.347，成長到二〇一三年的0.524[21]，人均GDP也有顯著成長，從一九九〇年的一九〇・七美元，上升至二〇一五年的一三〇八・七美元（以二〇一〇年現價美元計算）。[22]其GDP總量從一九九〇年的八十億美元，增加至二〇一三年的六〇八億美元，二〇一五年又上升至七〇五億美元（以二〇一〇年現價美元計算）。[23]緬甸的經濟成就令人印象深刻，但這只是個開端。就像越南在一九九五年加入東協後，GNP從當時的二〇七・四億美元激增到二〇一五年的一九三六億美元[24]，足足增加九倍多，緬甸也擁有像越南一樣的潛力。

儘管緬甸在一九九七年就加入東協，但直到二〇一五年國內政治轉型以及翁山蘇姬上台，緬甸經濟才獲得開放。緬甸可以向東協夥伴學習經濟發展的經驗和教訓，並充分利用東協整合倡議（IAI），這份倡議將幫助柬埔寨、寮國、緬甸和越南更進一步整合，融入東協。東協的發展軌跡可以證明，緬甸開放經濟的步伐越快，社會與經濟發展就會越好。

緬甸還有其他優勢。由於其地緣上的重要性，中國、印度、美國、日本紛紛向緬甸示好，因此可能獲得比其他東協國家更多的援助，例如中國便大力援助緬甸，資助從孟加拉灣到昆明的油氣管道建設，僅此一項就使緬甸國庫每年獲得十八億美元。[25]印度正在興建的「加叻丹多模式交通運輸專案」，就要將印度東北部的米左拉姆邦連結至緬甸的實兌港。二〇一五年一月，日本同意和泰國一起參與土瓦港專案，目標是將緬甸的土瓦建設成東南亞最大的工業與貿易區。

與此同時，緬甸應該要成為東協更堅定的擁護者，報答東協幫助其實現和平政治轉型。最近，翁山蘇姬對東協的態度仍曖昧不明，因為她見證了軍隊領袖和東協的緊密關係，但她應該明瞭，這種緊密聯繫也讓軍隊做出了政治妥協，為翁山蘇姬執政鋪路。翁山蘇姬若是積極支援東協，可以達成雙贏，讓她獲得重要的區域影響力，又增強東協的地位。

菲律賓

在東協的大家庭中，唯有菲律賓面臨一個獨特的文化問題。文化上，其他九國毫無疑問都是亞洲國家，菲律賓卻在亞洲認同和西方認同之間左右為難。這可以從歷史面來解釋。菲律賓是被西方殖民最久的國家，從一五六五至一八九八年這三百三十多年來，菲律賓都是西班牙的殖民地，緊接著在一八九八年到一九四六年，美國人又統治菲律賓近五十年。

政治上，菲律賓的殖民統治終結於一九四六年，然而思想上的影響仍在繼續。在獨立之後幾十年間，部分菲律賓名流表示願意放棄獨立，使菲律賓成為美國的第五十一個州，若換作東南亞其他國家，沒有人會容忍這種行為。例如，菲律賓前國會議員魯菲諾·D·安東尼奧就曾推動讓菲律賓變成美國第五十一州的運動，他在一九七二年五月給《馬尼拉時報》的信中稱：「這六百萬菲律賓人受夠了目前腐敗、濫權的現象，想要追求更好的生活，我並不覺得這是一種背叛。」[26]

十五年後，詹姆斯·法洛斯在《大西洋月刊》發表了一篇著名文章，指出菲律賓長期以來對美國的文化依賴。他寫道：

菲律賓人內心深植這種「美國是中心，菲律賓是邊陲」的有害思想，不少本土廣告傳達出「美國的更好」的想法。「它擁有美國血統（原文照引）！」一位金髮碧眼的模特兒在威士忌廣告中如是說。「等一下！你的體香劑是不是讓你的皮膚變黑了？」班恩牌體香劑的廣告說。影視明星大多是淺色皮膚，口音聽起來像在洛杉磯長大一樣……「這是一個以改變你的國籍為目標的國家，」一位來自大煙山的美國志工告訴我說。[27]

這種文化認同的不確定性，加上與經濟發展的不確定性，恰好足以解釋為什麼菲律賓缺乏自信。在東協國家中，菲律賓的對外移民數量最多。大約一億菲律賓人居住在國內，另有一千兩百萬菲律賓人在海外生活，這種移民傾向反映了菲律賓人沒有信心在國內獲得成功。與此形成鮮明對比的是，印尼人均收入水準低於菲律賓，卻只有五百三十萬人住在海外，只佔總人口的2%（菲律賓是12%）。

龐大的海外人口如今是菲律賓的最大資產之一，就像印度移民（尤其是在矽谷的移民）帶動了本國經濟發展，菲律賓的移民也可以發揮類似作用。菲律賓政府應制定新的國家政策，善加利用這些移民資產。

菲律賓在文化上所面臨的挑戰，多少也解釋了菲律賓為何自獨立以來便多災多難。在一九五〇年代，不少著名的經濟學家預測菲律賓將躋身為全球最成功的經濟體之一，因為美國人留下了相當好的行政管理體制，而且菲律賓還擁有能夠進入美國市場的特殊地位。在一九五〇年代，權威人士斷言韓國會失敗、菲律賓將成功。結果事實卻恰恰相反。

其他結構性因素無疑也很重要。長年的西班牙殖民統治，在菲律賓留下深厚的封建體制遺毒，不輸情況最惡劣的中南美洲國家。二戰結束時，菲律賓幾次重大的土地改革皆宣告失敗，因此，菲律賓是東協國家裡地主階級最集中的國家。正如菲律賓大學勞資關係學院副教授博尼法西奧．S．馬卡拉納斯所說：「菲律賓的貧困有著深刻的歷史根源，特別是西班牙超過三百年的殖民統治，導致封建體制深深影響菲律賓的治理模式，美國近五十年的殖民統治也維持了這些影響。」[28]

中南美洲式的封建制度，也可能導致菲律賓受到東南亞數一數二的獨裁統治。泰國和印尼歷史上也不乏軍事獨裁者，印尼的蘇哈托家族、菲律賓的斐迪南．馬可仕家族都各自從統治中獲益，不同的是，蘇哈托盡力提高印尼人的生活水準，馬可仕卻只任憑其家族到處斂財。值得注意的是，儘管「人民力量革命」在一九八六年推翻馬可仕，菲律賓在二〇〇一年到二〇一〇年間，卻再次面臨另一位總統葛洛麗雅．馬嘉柏皋－艾若育的貪污，儘管法庭宣稱她是清白的。

雖然存在這些問題，菲律賓依然是東協（甚至是亞洲）前景最看好的經濟體之一。經過幾任總統勤勉廉潔的執政，例如柯拉蓉．艾奎諾、羅慕斯、貝尼尼奧．艾奎諾，菲律賓人民開始看到了國家穩定繁榮的前景，經濟上，越來越多產業嶄露頭角，尤其在電話客服方面，印度的外包服務業過去一向領先全球，如今已經被菲律賓超越。根據菲律賓客服中心協會的估計，目前菲律賓大約有三十五萬客服人員，超過印度的三十三萬。[29]

菲律賓和印度類似，目前正在成為軟體的發展中心。根據菲律賓軟體產業協會的統計，菲律賓的軟體業是所有外包部門中成長最快的，二〇一一年成長37％，總收入達九．九三億美元，還有近五萬名全職人員剛加入這一行。[30]軟體產業的發展，證明菲律賓擁有年輕、充滿活力與天賦的人口可以加以利用，但菲律賓真正需要的是良好的治理。只要有效管理，菲律賓能變得更好，二〇一〇到二〇一六年執政的貝尼尼奧．艾奎諾政府已經證明了這點。經過這個時期的發展，菲律賓GDP年成長率已經從前十年的平均值4.45％成長至超過6％。

所以，儘管菲律賓未能體現五十年前各方看好的預測，但如今已經有希望實現目標。過去，菲律賓主要的問題一直來自國內；隨著國內達成經濟開放並與世界整合的共識，這些挑戰正逐步解決。杜特蒂的治理究竟會產生何種影響，目前言之尚早，不過好消息是他很可能和羅慕斯、艾奎諾一樣誠實。菲律賓當前的挑戰主要是地緣政治，特別是與中國在南海上的爭端。另外三個東協國家也和中國有類似的爭端，但汶萊、馬來西亞與越南嘗試用低調務實的做法解決南海問題，菲律賓卻將之訴諸海牙的國際仲裁法院，選擇強制仲裁公然與中國對抗。儘管菲律賓勝訴，但杜特蒂發現判決結果對中國並無強制力。因此，他很可能轉變態度，與東協鄰國一樣，採取更務實的雙邊協商來解決爭議。二〇一六年杜特蒂訪問中國，開啟了這個進程。如果這些分歧能夠受到控制，菲律賓無疑會成為二十一世紀的經濟「小虎」之一。

即便菲律賓經濟能持續復甦，它和其他東協會員國的關係也將暫時處於尷尬之中，因為菲律賓依然在亞洲與西方認同之間拉鋸，承受著與東協文化不相容的風險。在東協創立初期，這種文化上的差異便已顯露。曾參與一九六七年八月東協創始國會議的新加坡前總統納丹告訴我們，在起草東協宣言的最後階段，菲律賓代表堅持把關注焦點集中在形式而非內容上，堅持使用美式拼音，而不是更廣泛使用的英式拼音。

好在菲律賓有不少睿智的外交部長，頭一位是卡洛斯．羅慕洛，他是《聯合國憲章》的簽署人之一。包括卡洛斯．羅慕洛的兒子博比、後來的多明戈．西亞松在內，這些外交部長對東協如何運作理解深刻，那位成功的菲律賓籍東協秘書長羅德．塞維里諾也是如此。馬尼拉必須進一步內化這種對東協的了解，藉此彌補菲律賓與其他會員國之間的文化隔閡。

菲律賓擔任主席國期間，由於菲律賓採用西方的立法方式，導致《東協憲章》的談判進展緩慢。新加坡大使許通美接手主席後，為起草過程注入亞洲式（更準確的說是東協式）的實用主義，因此談判變得順利許多。這段插曲再次顯示，菲律賓與其他東協國家存在著文化鴻溝，實有待跨越。

改變菲律賓一般大眾和精英的西方思維模式並不簡單。二〇一四年蓋洛普一項針對全球三十六個國家的調查顯示，菲律賓是最親美的國家，第二名是以色列。實際上，這項調查顯示菲律賓比美國人自己更親美。

這個現象或許會在杜特蒂總統的領導下有所改變。在他就任總統不到四個月內，他訪問了寮國、印尼、汶萊、越南、中國和日本，他曾表示，希望優先發展與東協、中國、日本的關係，但他的總統辦公室又補充說他不會拋棄美國。其實，他想以總統身份訪問的第一個國家是汶萊，這是一個強而有力、象徵意味濃厚的舉措。

杜特蒂總統有可能成為東協最有影響力的領導人之一，這對於需要強大的領導力的東協來說是重要的。這裡我們的菲律賓朋友有一些建議給杜特蒂總統。

首先，他可以在菲律賓的對外政策和貿易政策方面，重申東協的重要性。過去，菲律賓與美國和歐盟的貿易往來佔其貿易額的60%，如今這60%的貿易轉而來自東協和亞洲。與此同時，菲律賓受到汶萊、印尼和馬來西亞的極大幫助，才解決棉蘭老島的穆斯林叛亂問題。菲律賓也依賴越南、泰國供應稻米。因此，轉變政策路線、以東協為對外政策的核心，會更符合菲律賓的國家利益。

第二，杜特蒂身為二〇一七年東協成立五十週年慶祝活動的主席，可利用這個場合促成東協與中國簽訂關於南海問題的協定，還可以推動海上絲綢之路，進一步促進東協與中國的經濟整合，也推動東協內部的經濟與社會整合。

第三，杜特蒂總統可親自邀請美國總統川普、中國國家主席習近平和俄羅斯總統普丁訪菲並參加東協高峰會，藉此展示他在東協的領導能力。如果杜特蒂成功邀請上述重要領導人參加東協成立五十週年峰會，這將會是他外交生涯中的光輝紀錄，也象徵著菲律賓與其他東協會員國的文化隔閡已經縮小。

新加坡

新加坡並非自主建國，而是被馬來西亞拋棄。由於馬來西亞和新加坡的領導人對馬來西亞未來的發展方向意見相左，一九六五年八月九日，新加坡被逐出馬來西亞聯邦。此時，馬來西亞人和新加坡人唯一的共識就是新加坡極可能失敗，因為一個沒有腹地的城市國家幾乎不可能生存。

對於一個似乎註定要失敗的國家來說，新加坡的表現非常亮眼。有時馬凱碩為了使對話氣氛活絡，常常這麼說：人類歷史上從來沒有一個國家，能像新加坡那樣快速、全方位地提高國民生活水準。到目前為止，沒人能反駁這個論斷。新加坡的非凡成功值得載入金氏世界紀錄。

是什麼讓新加坡取得如此非凡的成就？最簡單的解釋是卓越的領導階層。就和美國一樣，新加坡也擁有偉大的國父，整個世界都聽說過李光耀。二〇一五年三月，來自世界各國的領導人出席他的葬禮並致悼詞，這足以證明他在全球的影響力。

沒有李光耀，新加坡絕無可能如此成功。但不為世人所知的是，那些與李光耀一起辛勤工作的團隊成員，特別是兩位突出的領導者：吳慶瑞博士和拉惹勒南。

這些人在新加坡獨立之前一塊對抗共產黨勢力，建立了親密的同志情誼。吳慶瑞博士生動地說：「我們像無知少女在妓院閒逛一樣，幾乎無法避免不幸的事。」[31]李光耀在反共方面不遺餘力，當時的吳慶瑞博士和拉惹勒南也和他一樣。

他們也是睿智的知識份子。他們努力學習，透徹了解世界。吳慶瑞博士深入研究日本的明治維新，並在新加坡建設過程中借鑑明治維新的實踐經驗，成功締造新加坡奇蹟。他的行事作風極為務實。拉惹勒南則是善於發表精彩演講，號召國際力量支持新加坡。總之，新加坡的成功也是絕佳團隊合作的結果。

這個非凡的團隊秉承三大施政理念：精英治國、實用主義和廉潔。馬凱碩會在李光耀學院把這三大準則分享給每個外國學生，向他們保證如果履行這些準則，他們的國家就會和新加坡一樣成功。精英治國是指國家挑選最好的國民而非統治階層的親眷來治理國家；實用主義指的是國家不會閉門造車，正如吳慶瑞博士所說：「不論面對任何問題，在世界上某個地方一定已經有人解決過，我們可以複製其經驗，使之與新加坡國情相適應。」㉜任何國家都能夠複製他國最好的經驗。但是，三大政策中最難實踐的卻是廉潔。第三世界國家失敗的最大原因一向就是貪污腐敗，但這幾位新加坡國父最大的長處，正是剛正不阿，此外他們也格外精明狡猾。

然而，新加坡的確也飽受西方媒體的批評。一些自認為博學的西方人士認為，李光耀是獨裁者，因此新加坡與北韓並沒什麼兩樣。一位《紐約時報》的評論家威廉・薩菲爾寫道：「無人能夠取代李光耀，他是世界上最聰明、某種程度上也最受喜愛的暴君。」㉝他同時將吳作棟比作「替獨裁者李光耀的兒子保住總理位子的傀儡」㉞。在一九八〇、九〇年代，新加坡的領導人打贏一系列和西方主流報章雜誌的訴訟，包括《紐約時報》、《國際先驅論壇報》、《華爾街日報》、《經濟學人》、《遠東經濟評論》。這些媒體雖然支付了罰款，但也導致新加坡與西方媒體互生嫌隙。這些媒體損害了新加坡的名聲，尤其是在西方世界的名聲。

在國內，新加坡政府也受到批評。二〇一四年六月，新加坡著名小說家林寶音說：「我們正處於危機中：人民不再信任政府，政府也不在乎能否重獲人民的信任。」㉟她認為，新加坡領導人以誹謗罪起訴反對者，是造成人民不信任的主要因素。她說：「新加坡人早已有個根深蒂固的觀念：這裡沒有公平的政治環境，有的是全能的、會報復人民的政府，不惜逼得反對者破產。」雖然主流紙媒支持政府，社群媒體卻強烈表達對政府的不滿。因為如此，加上其他諸多原因，新加坡正在形成一種新的政治環境。

還好的是，兩位繼任李光耀的總理都深受歡迎、務實高效。吳作棟在一九九〇年到二〇〇四年擔任總理，使新加坡的政治環境更自由，因此廣受好評。李光耀之子李顯龍也是新加坡的一位偉大領導人，全心全意為新加坡服務，他和父母一樣才智超群。新加坡很幸運連續出現了三位好總理。

不過，如今新加坡人並不知道下一屆總理會是誰，這是新加坡近三十年來第一次碰到的情況。目前已有幾個可能的人選，但並沒有對特定人選形成明確的共識。李顯龍宣佈他將在七十歲時辭去總理，也就是二〇二二年，所以在幾年之內，新加坡也許還要面對政治上的不確定性。

政權交接只是新加坡未來十年要面對的眾多挑戰之一。馬凱碩在他二〇一五年的《新加坡能生存下去嗎？》一書中，指出至少有三種潛在的危險，可能嚴重影響新加坡：民粹主義政黨崛起、中美之間的地緣政治對抗可能撕裂新加坡，以及一些黑天鵝事件，比如北極航線的開闢，將會削弱新加坡港的重要性。

多年來新加坡在東協中一直扮演著安靜卻重要的領導者角色，這已是一個公開的秘密。東協自由貿易區（AFTA）、東協區域論壇（ARF）的概念，就是在新加坡萌芽的。同樣地，吳作棟總理率先提出了亞歐會議（ASEM）的構想。但新加坡也明智地意識到，不應該因為率先提出這些計畫就過度邀功，這會遭致他國嫉妒，甚至憎恨。所以，新加坡樂見其他東協國家來推動這些計畫。一位泰國記者曾簡潔地評論道，只要新加坡有新想法，泰國就會醞釀實施。東協自由貿易區和亞歐會議都是由泰國啟動的。

擔任東協智囊的新加坡，在組織內扮演了極具價值的角色。由於其政局相對穩定，以及強大的領導力，新加坡能夠提出和推動一些有遠見的想法。但是，新加坡針對東協秘書處的政策卻頗為短視，令人困惑。正如最後一章所述，新加坡堅持東協各國平攤秘書處預算，阻礙秘書處的發展。坦白說，新加坡支持這樣的政策，是在損害自己的國家利益，這個政策會阻礙東協自然成長。身為東協和平環境的最大受益者之一，新加坡的短視政策無異於是搬石頭砸自己的腳。

新加坡需要繼續強化東協。儘管新加坡非常的成功，但和所有小國一樣，它仍然可能受到攻擊。為了生存，新加坡面對的挑戰很單純。一方面，新加坡需要時刻警醒，注意各種新的挑戰出現；但新加坡也需要對未來保持強大的自信，以免人口大規模外移。既要保持謹慎，又必須保持自信，這需要超凡的智慧。

泰國

泰國至少在三個方面特別引人注目。第一，它是東南亞國家中唯一沒有被歐洲人殖民過的國家，這個事實令人驚異，雖然這可能只是一個意外。當時英國殖民了緬甸和馬來亞，法國掌控中南半島，也許兩國認為在英法勢力範圍之間保留一個緩衝國比較明智；或者，泰國保持獨立的成就，也可以視為其外交手腕高明的結果。幾個世紀以來，泰國王室一直從中國古典小說《三國演義》中學習地緣政治的技巧。㊱

第二，泰國擁有絢爛的文化。一些日本學者私下告訴馬凱碩，日本受泰國吸引並展開緊密合作的原因，在於泰國散發著「文化的香氣」。其他研究泰國的人員也做出類似的結論，納塔瓦．平帕說：「獨特的泰國文化以其複雜多樣的特性而聞名於世。」㊲

第三，中國和印度重新崛起，活躍於東南亞地區，由於泰國文化同時受到兩國傳統影響，使泰國處於獨特的地位。泰國皇室可追溯到十三世紀，當時宮廷文化深受印度影響。直到今天，許多泰國的宮廷儀式依然由婆羅門祭司主持，驚人地延續了自人類文明最初幾世紀便沿襲下來的傳統。梵文也被廣泛地用於泰國皇家典禮中。不過，泰國宮廷雖深受印度文化影響，但卻幾乎完全吸收海外華人，超越了任何一個東南亞國家（新加坡顯然除外）。

卻克里王朝的建立者，拉瑪一世國王，具有華人血統。拉瑪一世自一七八二年到一八〇九年去世為止，一直統治著泰國。一八五一至一八六八年是拉瑪四世蒙固王統治泰國，他也以自己有華人血統而自豪。與馬來西亞、印尼、汶萊和越南不同，海外華人在泰國並不會被當做外國人，而是完全融入泰國社會，大多數華人已改用泰語名字，能講一口流利的泰語，說不定還覺得自己更像泰國人而非華人。學者克里斯多夫·貝克和帕蘇克·蓬沛齊特解釋說：「這些華人學習了泰語，改變行為舉止，認同自己是泰國公民。但另一方面，他們也塑造了獨特的都市文化，涵蓋華人文化的對話方式、品味以及審美等。」㊳

儘管擁有悠久的歷史和文化傳統，以及從未被殖民的優勢，泰國在建設亞洲現代國家的道路上仍然困難重重。在東南亞國家裡，泰國本應是第一個效仿日韓、在政治經濟領域全面實現現代化的國家，然而實際上卻是新加坡。

泰國經濟確實成功地現代化，國民生產總值從一九六五年的一四五·八億美元，成長至二〇一五年的三三二〇·一億美元，成長近十六倍（新加坡同期成長了三十五點六倍）。㊴國際貨幣基金（IMF）預測，按照購買力平價（PPP）計算，泰國的國內生產總值將在二〇二〇年達到一萬三千七百八十億美元。總體來說，泰國的經濟發展狀況還是令人滿意的。但即便在經濟方面，泰國仍錯失不少機會。吉迪雅·品通博士告訴我們說：「即使泰國最後決定不加入TPP，至少也應參與討論。但當時國內問題眾多，我們並沒有多餘的精力去處理這件事情。」

相較於經濟領域，政治領域的問題就更棘手。泰國軍方在政治上長期掌握大權，二〇一四年還宣布實行戒嚴。冷戰期間，泰國擔憂中南半島的共產主義擴張，美國認為泰國軍事政權會是可靠的盟友，為了自身利益而欣然支持這個政權。冷戰結束時，泰國是東南亞第一個實行西方民主制度的國家。一九九〇年代，泰國政治人物甚至向東協夥伴大肆鼓吹民主理念，泰國的報紙也曾發表過許多評論，批評其他東南亞政府不民主。

諷刺的是，在經歷了這段民主傳道期之後，泰國竟又倒退回軍事獨裁。這一切源於塔信．欽那瓦的政黨連續在二〇〇一、二〇〇五和二〇〇六年大選中獲勝。當時，塔信的選票大多來自泰國東北部地區，那裡的人口數量龐大，但相對於貧窮，塔信提供諸多好處，例如數量龐大的醫療保健服務補貼、三年期債務凍結、支援鄉村小企業發展的政府撥款和農業補貼等，藉此贏得廣大農民的支持。

傳統上，泰國的政治權力長期保持在曼谷精英以及中產階級手中，但是塔信的成功卻導致權力轉移，強大的曼谷勢力為了反擊，發起黃衫軍運動對抗支持塔信的紅衫軍。不幸的是，由於黃衫軍相對少數，不得不使用非民主的手段來重獲權力，其中一些手段頗為極端，二〇〇八年他們猛攻，並佔領曼谷機場，攻擊政府大樓，封鎖了議會。

這場內亂自二〇〇六年便持續不斷，泰國人民難以避免地開始感到厭倦，結果，他們在二〇一四年消極地接受軍政府再次上台。這場軍事政變由陸軍總司令巴育．詹歐查主導，巴育宣佈軍政府是臨時性的，泰國將會重回民主。他說：「我們在頒布新憲法之後，再實施大選……這場大選將會是自由公正的，這是泰國實現完全民主的堅實基礎。」[40]他補充道：「如果我們現在就急著進行大選，將再次產生衝突，讓我們的國家再次陷入暴力、利益集團的腐敗、恐怖主義、利用戰爭武器的舊迴圈中。」二〇一六年八月，泰國實施全民公投，通過了軍方支持的新憲法草案（一九三二年來泰國的第十七部憲法）。

泰國政治正如一個潘朵拉之盒。塔信成功地喚醒泰國鄉村人民運用選票發揮力量，這些獲得力量的人一旦被喚醒，就不會再沉寂下去。只要泰國再次進行大選，他們一定會運用這項政治權利。撰寫此書之際，泰國政局依然充滿不確定性，在二〇一六年十月十三日蒲美蓬·阿杜德國王去世之後，更是前途未卜。

泰國的自我恢復能力如何？某種程度上，泰國已經展示了自身的韌性。儘管二〇〇六年泰國政局撲朔迷離，但其經濟依然保持著緩慢、穩定的成長。在外交領域上，泰國在各國之間巧妙周旋，妥善應對近年來動盪不安的國際形勢，與那些試圖在東南亞地區施加影響力的國家保持緊密關係，無論是美國還是中國，印度還是日本。泰國並沒有喪失自己的外交技巧。

但毫無疑問的是，泰國國內的政治問題削弱了東協。東協是在泰國誕生的，素猜·邦蓬坎回憶說：

一九六七年，當東協宣言起草會議沒有什麼進展時，東協領導人一起回到了邦盛海灘，在一片和諧寧靜的氛圍下起草了東協宣言的最終版。宣言是由頌蓬草擬的，他那時是塔納．科曼的私人秘書。㊶

自一九六七年八月東協於曼谷創建以來，泰國始終是這個組織的中流砥柱。許多重大舉措之所以能夠實現，就是因為都是由泰國發起，包括東協自由貿易區和亞歐會議。泰國的優勢之一，就是深受其他創始國（新加坡、馬來西亞、印尼、菲律賓）的信任，這就是為什麼泰國早日解決國內問題也對其他東協國家有益。

但是，東協國家干涉泰國國內事務並不明智。泰國歷史上最不光彩的事件之一，就是在二〇〇九年四月東協峰會期間，示威者衝破泰國警方的警戒線衝入酒店，東協國家領導人不得不被迫撤離酒店，全世界看到了這些領導人乘坐直升機逃離的尷尬一幕。儘管有此令人尷尬的插曲，東協領導人還是明智地決定不多加評論和干涉泰國國內事務。真正的智慧就是耐心等待。泰國是個歷史悠久的自傲國家，終將擺脫目前的政治困境，再次走上正軌。

越南

每一個東南亞國家都是獨特的，但越南是最獨特的一個。為什麼呢？它是唯一有著深厚中華文化根源的東南亞國家。越南在兩千年來對抗中國的過程中，形成了自己的身份認同。矛盾的是，越南既與中國有著共同的文化根源，同時也是東協國家裡最讓中國警惕的國家。

從西元前一一一年到西元九三八年，超過一千年的時間裡，越南都是中國的一部分，此後的一千年裡，則努力守護得來不易的獨立地位。越南民間故事中有許多反抗中國的英雄，例如中國首次統治越南期間，徵氏姐妹起義反抗，解放南越並治理三年，之後於西元四十三年敗給中國軍隊。越南歷史上最著名的英雄是黎利，他率領部隊抗擊明朝，在長達十年的對明朝戰爭中贏得勝利，使越南在一四二七年獨立，成為黎朝的開國皇帝。

雖然這麼說可能政治不正確，但我們認為越南是東南亞裡最強硬的國家，這是兩位作者直覺上的認知。東南亞各國文化大多是柔軟靈活的，越南卻是堅硬不屈的。泰國像一根柔韌的竹子順勢而為，維護了自身的獨立，從而避免被殖民的命運。相反的，越南像一塊堅硬的岩石，即使遇到暴風驟雨也要堅定矗立。因此，在軍事力量最強大的美國攻擊越南時，越南沒有退縮，甚至擊敗了美國，當越軍坦克開進西貢時，美國外交官不得不顏面無光地逃離。

矛盾的是，先前越南在中國的援助下擊敗美國，如今中國崛起，越南反倒希望美國幫助它平衡來自中國、日益成長的壓力。越南近年來的大逆轉不只這一件，先前越南曾強力譴責東協國家是「美帝國主義的走狗」[42]，冷戰結束後卻很樂意加入東協。一九九一年蘇聯解體，一九九五年越南就加入了東協。更有趣的是，越南雖然不是東協的創始國，但它卻是東協最堅定的支持者之一。

在加入東協的同時，越南也順應東協主流，開放經濟，參與世界貿易。雖然越南有好幾十年都實行蘇聯式的中央計劃經濟，但實施經濟改革的速度非常快，所以自二〇〇〇年以來，越南成功躋身世界上經濟成長速度最快的國家。二〇一三年，越南貿易總額相當於其GDP總量的164%[43]，這個比例是中國和印度的三倍多。值得注意的是，雖然越南改革開始較晚，但赤貧人口比例卻少於中國、印度、印尼，以及菲律賓。[44]世界銀行行長金墉曾盛讚越南：「在短短三十年裡，越南從世界上最貧窮的國家之一，一躍成為世界上最成功的發展典範。」[45]

越南在經濟上雖然取得一定成就，卻仍面臨諸多嚴重問題。諷刺的是，越南所面臨的問題大多與中國類似。就像中國一樣，越南的成功是因為在共產黨強力領導之下，政府非常穩定，但也黨紀渙散，高層腐敗成風（二〇〇六年，一名交通部副部長遭逮捕）。

不同的地緣政治力量將使越南受益。中國快速崛起，越南需要小心處理與中國的關係，但也可以依賴其他國家的力量制衡中國。近年來，美日都試圖與越南建立更緊密的關係。

理論上，美越合作應該並不容易。畢竟美國曾在越南慘敗，並批評越南侵犯人權的現象和一黨專制。但是，照例，地緣政治的考量總是會壓倒道德原則。就像美國熱烈歡迎越南參與「跨太平洋夥伴協定」（TPP）的談判，而越南也於二〇一六年二月四日簽署協定。同樣令人震驚的是，美國軍艦已開始在金蘭灣集結。更重要的是，二〇一六年五月二十三日，歐巴馬宣佈美國將解除對越南近五十年的武器禁運。馬凱碩早在三十多年前便料到美越如今密切的關係，一九八五年，他前往位於紐約的美國外交關係協會演講，預測說位於蘇比克灣的美國海軍基地最終將遷至金蘭灣。其實就算不是天才，也能預料到這一步，地緣政治的考量有時就像數學計算一樣精確、容易預料。

每年的對外直接投資（FDI）是衡量越南經濟前景的主要指標。該指標已從一九九五年的十七億美元[46]，成長到二〇一五年的一五五・八億美元[47]，二十年內成長九倍。對越投資者主要來自新加坡、韓國和日本（二〇一四年）。[48]日本是主要投資國並不令人意外，這同樣是基於政治考量。日本和美國一樣試圖制衡中國，自然會支持越南。

越南領導人的終極政治挑戰很簡單：面對中國崛起，如何在不疏遠中國、也不與中國為敵的情況下，利用地緣政治優勢，處理好與中國的關係。但對越南來說，這並不算什麼新的挑戰，越南兩千年來都在處理這個問題。在這許多世紀以來，越南必定積累不少如何處理對中關係的政治智慧。

鑒於越南在地緣政治方面對崛起的中國有較多顧慮，倘若東協的力量轉弱，越南將是最大的輸家。東協為越南提供了寶貴的地緣緩衝，所以在東協投注更多心力、強化東協，很明顯會符合越南的利益。理論上，這應該不算難事，但在實務上，這可能有些難度，因為越南是一個「硬頸」的國家，很難與其他相對「柔性」的國家相處與合作。有一個小例子可以解釋這個問題。二〇一四年五月，中國在中越爭議海域建設石油鑽井平台，引起越南國內的廣大不滿，爆發了排華暴動。此時的東協秘書長是越南人黎良明，他決定公開譴責中國。但這並非明智之舉，他不該利用自己在東協的職位批評中國，因為這並非中國與東協之間的爭端。簡言之，越南需要學習如何更巧妙隱微地利用東協來制衡中國，而不該把東協當成直接攻擊中國的工具，相反的，應逐漸加強東協的軟實力，這有助於在長遠的考量上約制中國。

總體來說，要對越南的未來秉持樂觀態度並不難。幾乎可以肯定的是，就像今天韓國一樣，越南將成為一個經濟強國。越南自開放經濟以來，已經有了令人矚目的發展，證明在東協大家庭裡，越南很有潛力成為超級經濟強國。

1. 爪夷文在日常生活中的使用多見於馬來西亞偏傳統的馬來人聚居區，汶萊的看板和宗教學校，印尼某些省的政府標誌。
2. "Cambodian Genocide Program"，Yale University Genocide Studies Program, http://gsp.yale.edu/case-studies/cambodian-genocide-program，瀏覽時間：二〇一六年十月十三日。
3. Veasna Var, "Cambodia Should Be Cautious When It Comes to Chinese Aid"，East Asia Forum, 9 July 2016, http://www.eastasiaforum.org/2016/07/09/ cambodia-should-be-cautious-whenit-comes-to-chinese-aid/，瀏覽時間：二〇一六年十月十三日。
4. Schwarz, "Indonesia after Suharto"。
5. Endy M. Bayuni, "SBY, the Military Strategist Besieged by War on Two Fronts"，*Jakarta Post*, 25 Nov. 2009, http://www.thejakartapost.com/news/2009/11/25/ sby-military-strategist-besieged-war-two-fronts.html，瀏覽時間：二〇一六年十月十日。
6. Raoul Oberman *et al.*, "The Archipelago Economy: Unleashing Indonesia's Potential"，McKinsey & Company, http://www.mckinsey.com/insights/asia-pacific/the_archipelago_economy，瀏覽時間：二〇一六年十月十三日。
7. Catriona Croft-Cusworth, "Beware ISIS' Threat to Indonesia"，*National Interest*, 24 Mar. 2015, http://nationalinterest.org/blog/the-buzz/beware-isis-threat-indonesia-12472，瀏覽時間：二〇一六年十月十三日。
8. 一位印尼外交官曾對馬凱碩談及此事。
9. "Remarks by the President at the University of Indonesia in Jakarta, Indonesia"，White House, 10 Nov. 2010, https://www.whitehouse.gov/the-press-office/2010/11/10/remarks-president-university-indonesia-jakarta-indonesia，瀏覽時間：二〇一六年十月十三日。
10. "Remarks by President Obama at the Cooperative Orthotic and Prosthetic Enterprise （COPE） Centre"，White House, 7 Sept. 2016, https://www. whitehouse.gov/the-press-office/2016/09/07/remarks-president-obama-cooperative-orthoticand-prosthetic-enterprise，瀏覽時間：二〇一六年十月十二日。
11. "Country Profile: Laos"，International Hydropower Association, http://www. hydropower.org/country-profiles/laos，瀏覽時間：二〇一六年十月十二日。
12. Greg Lopez, "Malaysia: A Simple Institutional Analysis"，*Malaysia Today*, 22 Aug. 2011, http://www.malaysia-today.net/malaysia-asimple-institutional-analysis/，瀏覽時間：二〇一六年十月十三日。
13. "Dr Mahathir Bin Mohamad at the Opening of the Tenth Session of the Islamic Summit Conference at Putrajaya Convention Centre on October 16"，*Sydney Morning Herald*, 22 Oct. 2003, http://www.smh.com.au/ articles/2003/10/20/1066502121884.html，瀏覽時間：二〇一六年十月十三日。
14. Ravi P. RannanEliya, "Achieving UHC with Limited Fiscal Resources: Lessons for Emerging Economies"，Speech, Ministerial Meeting on Universal Health Coverage （UHC）：The Post-2015 Challenge, Singapore, 2015, https:// www.moh.gov.sg/content/dam/moh_web/PressRoom/Highlights/2015/ Universal Health Coverage/Session 2 Slides 3 Rannan Eliya.pdf，瀏覽時間：二〇一六年十月十四日。
15. Ian Bremmer, "The New World of Business"，*Fortune International*, 22 Jan. 2015, http://fortune.com/2015/01/22/the-new-world-of-business/，瀏覽時間：二〇一六年十月十二日。
16. "Group of Prominent Malays Calls for Rational Dialogue on Position of Islam in Malaysia"，*The Star*, 7 Dec. 2014, http://www.thestar.com.my/news/nation/2014/12/07/

group-prominent-malays-callsfor-moderation/，瀏覽時間：二〇一六年十一月九日。

17. Muhammad Amin B．*et al.*，"A Trend Analysis of Violent Crimes in Malaysia"，*Health and the Environment Journal* 5, 2 （2014）．
18. Haikal Jalil，"Malaysia's Tertiary Education Notup to Par, Says Nurul Izzah"，*Sun Daily*, 22 Feb. 2015, http://www.thesundaily.my/news/1335663，瀏覽時間：二〇一六年十二月一日。
19. "Malaysia Economic Monitor 2011"， World Bank, 2011, http://siteresources. worldbank.org/INTMALAYSIA/Resources/324392-1303882224029/malaysia_ec_monitor_apr2011_execsumm.pdf，瀏覽時間：二〇一六年十月十四日。
20. Kenneth Roth，"Rights Struggles of 2013"，Human Rights Watch，2014，https:// www.hrw.org/world-report/2014/essays/rights-struggle-sof-2013，瀏覽時間：二〇一六年十月十三日。
21. Expansión, "Myanmar: Human Development Index"， Country Economy, http://countryeconomy.com/hdi/burma，瀏覽時間：二〇一六年十月十二日。
22. "GDP Per Capita of Myanmar （Constant 2010 US$）"， World Bank, http://data. worldbank.org/indicator/NY.GDP.PCAP.KD?locations ＝ MM，瀏覽時間：二〇一六年十月十日。
23. "GDP at Market Prices （Constant 2010 US$）"， World Bank, http://data. worldbank.org/indicator/NY.GDP.MKTP.KD?locations ＝ MM, accessed 10 Oct. 2016.
24. "GDP of Vietnam （Current US$）"， World Bank, http://data.worldbank.org/ indicator/NY.GDP.MKTP.CD?locations ＝ VN，瀏覽時間：二〇一六年十月十日。
25. Hong Zhao, "China-Myanmar Energy Cooperation and Its Regional Implications"，*Journal of Current Southeast Asian Affairs* 30, 4 （2011）: 89109, http://journals.sub.unih-amburg.de/giga/jsaa/article/view/502，瀏覽時間：二〇一六年十月十四日。
26. Rufino Antonio, "We, the People" （Letters to the Editor）, *Manila Times*, 11 May 1972.
27. James Fallows, "A Damaged Culture: A New Philippines?" *The Atlantic*, 1 Nov. 1987, http://www. theatlantic. com/technology/archive/1987/11/a-damaged-culture-a-new-philippines/7414/，瀏覽時間：二〇一六年十月十三日。
28. Bonifacio S. Macaranas, "Feudal Work Systems and Poverty: The Philippine Experience"， International Labour and Employment Relations Association, 2009, http://www.ileradirectory.org/15thworldcongress/files/papers/Track_4/Poster/CS2T_2_MACARANAS.pdf，瀏覽時間：二〇一六年十月十三日。
29. Gregory Walton, "Sarcasm Gives Call Centres in Manila the Edge"， *The Telegraph*, 9 Mar. 2015, http://www.telegraph.co.uk/news/newstopics/ howaboutthat/11460424/Sarcasm-gives-call-centres-in-Manilathe-edge.html，瀏覽時間：二〇一六年十月十三日。
30. "PHL Emerging as a Strong Software Development Hub"， Team Asia, 26 Nov. 2012, http://www. teamasia. com/newsroom/readclientnews. aspx?id ＝ 407: phl-emerging-as-astrong-software-development-hub，瀏覽時間：二〇一六年十月十四日。
31. Goh Keng Swee，"A Holy Order to Scale New Heights: Dr. Goh Keng Swee's Last Major Speech before Retiring from Politics, 25 September 1984"， in *Goh Keng Swee: A Legacy of Public Service*, ed. Emrys Chew and Chong Guan Kwa （Singapore: World Scientific, 2012）, p. 311.
32. Kishore Mahbubani，"Why Singapore Is the World's Most Successful Society"，*Huffington Post*, 4 Aug. 2015, http://www.huffingtonpost.com/kishore-mahbubani/singapore-world-successful-society_b_7934988.html, accessed 12 Oct. 2016.

33. William Safire, "Essay: The Dictator Speaks"，*New York Times*, 15 Feb. 1999, http: //www.nytimes.com/1999/02/15/opinion/essay-thedictator-speaks.html，瀏覽時間：二〇一六年十月十四日。
34. William Safire, "Essay: Singapore's Fear"，*New York Times*, 20 July 1995, http://www.nytimes.com/1995/07/20/opinion/essay-singapore-s-fear.html，瀏覽時間：二〇一六年十月十四日。
35. Catherine Lim, "An Open Letter to the Prime Minister"，7 June 2014, http:// catherinelim.sg/2014/06/07/anopenlettertotheprimeminster/，瀏覽時間：二〇一六年十月十四日。
36. Malinee Dilokwanich, "A Study of Samkok: The First Thai Translation of a Chinese Novel"，*Journal of the Siam Society* 73（1985）: 77112.
37. Nattavud Pimpa, "Amazing Thailand: Organizational Culture in the Thai Public Sector"，*International Business Research* 5, 11（16 Oct. 2012）, http://www. ccsenet.org/journal/index.php/ibr/article/view/21408/13905，瀏覽時間：二〇一六年十月十二日。
38. Christopher John Baker and Pasuk Phongpaichit, *A History of Thailand*（New York: Cambridge University Press, 2005）, p. 207.
39. "GDP of Thailand（Constant 2010 US$）"，World Bank, http://databank. worldbank. org/data/reports. aspx?source = wdi-database-archives-（beta），瀏覽時間：二〇一六年十月十日。
40. "Thai Army Promises Elections in October 2015"，*BBC News*, 28 June 2014, http://www.bbc.com/news/worldasia28069578，瀏覽時間：二〇一六年十二月一日。
41. 作者對素猜．邦蓬坎（Suchit Bunbongkarn）的採訪，二〇一五年四月二十三日。
42. Stephen Vines, "Vietnam Joins ASEAN Grouping"，*The Independent*, 29 July 1995, http: //www. independent. co. uk/news/world/vietnam-joins-aseangrouping-1593712.html，瀏覽時間：二〇一六年十月十四日。
43. "Trade（% of GDP）"，World Bank, http://data. worldbank. org/indicator/NE. TRD. GNFS. ZS，瀏覽時間：二〇一六年十月十四日。
44. "Millennium Development Goals Database"，UNDATA, http://data.un.org/Data.aspx?d = MDG&f = seriesRowID% 3A580，瀏覽時間：二〇一六年十月十四日。赤貧的定義爲家庭收入每天低於 1.25 美元。
45. Jim Yong Kim，"Lessons from Vietnam in a Slowing Global Economy"，*Straits Times*, 24 Feb. 2016, http: //www. straitstimes. com/opinion/lessons-from-vietnam-inaslowing-global-economy，瀏覽時間：二〇一六年十月十四日。
46. "Foreign Direct Investment, Net Inflows（BoP, Current US$）"，UNDATA, http: //data. un. org/Data. aspx?d = WDI&f = Indicator_Code % 3ABX. KLT. DINV. CD. WD，瀏覽時間：二〇一六年十月十四日。
47. "Vietnam's FDI Pledges Dip, but Actual Inflows Jump in 2015"，*Reuters*, 29 Dec. 2015, http://www.reuters.com/article/vietnameconomyfdiidUSL3N14J1I120151230，瀏覽時間：二〇一六年十月十四日。
48. "Vietnam"，US Department of State, http://www.state.gov/documents/organization/229305.pdf，瀏覽時間：二〇一六年十月十四日。

第5章

東協的優勢與劣勢

東協將在二〇一七年八月八日前後慶祝成立五十週年，而單是之前它累積的動能就足以支撐東協在未來十年、甚至更長的時間內繼續發展。然而，我還無法確定東協能否在二〇六七年八月八日慶祝成立一百週年。

和其他生物體一樣，東協也會面臨生老病死。奇怪的是，儘管世界上的區域組織一直增生，而且已存在了幾十年，但都沒人想過，要把不同類型的區域組織以及其獨特的優勢和劣勢加以分類。❶美國政治學者今天不太可能這樣做，因為為了使政治成為一門科學，他們更傾向於研究定量指標。然而，構成每個區域組織的獨特性以及區分彼此差異的，是地理和歷史、經濟和政治、文化和民族心理的獨特組合。總之，每個區域組織都是一頭獨特的野獸。

奇怪的是，東協是這些野獸中相對強壯和健康的。與其他區域組織相比，它比較少出現功能失調的情況。只要將東協與其他主要區域組織稍做比較一下，就能說明這點。可以拿來比較的區域組織（按字母順序）如下：非洲聯盟、東協、歐盟、海灣合作委員會（GCC）、南方共同市場、美洲國家組織（OAS）、上海合作組織（SCO），以及南亞區域合作聯盟（SAARC）。

在這個名單中，最強大的當然是歐盟。它十六兆美元❷的國內生產總值，就使其他組織相形見絀。然而，歐盟的性質卻不容易洞悉。理論上，它是一個旨在促進經濟整合的經濟組織。實際上，當初設立歐盟的主要目的是為了預防歐洲爆發新的戰爭。歐盟在組織上雖然很強大，但面臨著獨特挑戰，包括二〇一二年希臘脫歐的威脅和二〇一六年英國的意外退出。在這麼多世界區域組織的大家庭中，這個最強大的野獸其實也很脆弱。

概覽其他幾個區域組織會發現，每個區域組織都因其本身的功能問題而阻礙其發展。美洲國家組織功能不彰，是因為它由美國主導。這意味著它不會有包容性，也無法容忍像古巴這種共產黨領導的國家。上海合作組織的問題類似，因為它是由中國主導，由中國設定議程。毫無疑問，中國對上海合作組織其他會員國很慷慨，但其他會員國並沒有感受到如同東協和歐盟會員國那樣的歸屬感。

成立於一九八五年的南亞區域合作聯盟也有功能上的問題，因為印度和巴基斯坦的敵對阻礙了任何真正的合作。海灣合作委員會的功能障礙，則是因為它的成員之間沒什麼信任感——儘管該組織自一九八一年成立並存在至今。照理說，海灣合作委員會內的信任與信心程度應該很高，因為會員國共有同一種語言（阿拉伯語）、宗教（伊斯蘭教）、社會結構（傳統家族統治）和地緣政治利益（對伊朗的恐懼）等等。然而，在馬凱碩經常與海灣合作委員會、南亞區域合作聯盟以及東協的決策者互動的過程中，他能夠很有自信地說，東協內的信任程度最高。

每一個區域組織都是獨一無二的，而顯然東協比許多其他區域組織運作得更好。本章的目標是利用SWOT分析方法（優勢、劣勢、機會和威脅）來說明東協的獨特性。我們將對調「機會」和「威脅」的部分，來強調最後的結論。

優勢

東協有很多優勢，本書前面已經強調了一些。其中最重要的是東南亞十國之間的共同體意識，儘管它們之間有顯著的不同。東協人民對東協的認同感與歐洲人民建立起來的認同感有所不同。正如新加坡已故總統塞拉潘·納丹提醒的：「即使到現在，東協的民間關係尚未建立。東協各會員國內沒有任何學校把東協放入課程裡。」❸

儘管如此，東協各國政府和領導人都覺得有責任維護與加強東協的共同體意識。東協自一九六七年成立以來，沒有任何兩個會員國之間發生過戰爭——儘管有會員國偶爾捲入緊張的軍事對峙：二〇〇八年柬埔寨和泰國為了柏威夏古寺幾乎爆發衝突，而二〇〇五年印尼和馬來西亞則都在有爭議的西巴丹島和利吉丹島周圍海域，進行了咄咄逼人的海軍巡邏。

沒有戰爭似乎是共同體意識的一個底線。這就是為什麼我們強調，在東協的精英和決策者之間已經形成的、一種看不見但卻真實存在的共同體心理意識很重要。本書第二章曾闡述了東協在冷戰時期和冷戰後的形成與發展。自那時以來，數以千計的正式會議和非正式的高爾夫球賽，已經讓成千上萬的主要亞洲官員培育出無形的信任和合作網絡。關於高爾夫球這點，可能會使一些讀者感到困惑。新加坡前外長尚穆根．賈古瑪曾在他的書中解釋過，當時為什麼東協名人專家小組（EPG）同意他編寫的報告草案，他還寫道：「它（指高爾夫球）幫助羅慕斯、阿里．阿拉塔斯、穆薩、林玉成和我成為長期的高爾夫球友！」❹從一開始，高爾夫球就對東協的成功至關重要。新加坡前外長蘇皮烈．達納巴蘭也提到了高爾夫的重要性，他說：

> 頻繁地舉行諸如高層會議、部長會議等，其實會耗費大量精力，甚至無法有任何實質內容產出。這些會議往往被視為浪費時間。但正是這些會議培養出一種我們是一個群體的認同感，一種我們是一個整體的理念。如果不是各種層級的會議頻繁召開，我們不會有這種認同和團結意識。❺

各會員國領導階層之間對彼此的信任與信心，雖然經常被國際社會忽視，但卻是東協最大的優勢之一。它解釋了為什麼印尼重要的決策者，包括總統蘇西洛．班邦．尤多約諾和他的外交部長馬蒂．納塔萊加瓦，在二〇一二年七月、東協的外長們未能於金邊達成一項聯合公報的協議時，仍能立即修補裂痕。這種保護和修復東協的動力顯示，東協的精英之間已經培養出一種真正對東協共同體的責任感。

東協第二個重要的優勢是，東協正建立起各種機制來強化這種無形的共同體意識。隨著二〇〇七年《東協憲章》的通過，東協制度化的進程又往前大幅邁進。引人注目的是，這種轉變東協制度特性的複雜進程，在第一階段還算是順利。這個進程始於二〇〇五年名人專家小組的成立，目的是要提出《東協憲章》的綱要。該小組成員包括一些東協最受尊敬的政治家，其中有菲德爾．羅慕斯、穆薩．希塔姆、阿里．阿拉塔斯和尚穆根．賈古瑪，他們為《東協憲章》綱要的設計獻策。因此，他們的報告具有很高的可信度。為實施名人專家小組報告內容而設立的高層工作組（HLTF）同意該報告中的大部分建議。事實上，HLTF 能夠在二〇〇七年不到一年的時間內完成起草《東協憲章》，是一個政治奇蹟。

一位敏銳的東協觀察家丁薩．猜林帕拉努帕，研究了這兩個小組在這整個過程中所扮演的不同角色。他指出，名人專家小組成員「既不代表其各自的政府，也不代表各個國家。他們被賦予了充分的自由，跳脫框架思考」。丁薩補充說：

名人專家小組成員並不關心如何實施他們的建議；他們寧可把這個運作問題交給官員。另一方面，高層工作組的憲章起草者充分意識到，必須要確保執行和遵守憲章中的每一條款。如果他們放入的內容太過理想化和不切實際，是得要負起責任。❻

顯然，起草《東協憲章》是一個複雜的過程。名人專家小組成員試圖在他們的建議中表現得大膽和富有遠見。高層工作組成員在選擇採納哪些建議時則必須謹慎和務實。他們在起草文本時還必須考慮來自其他方面的各種意見，包括與東協領導人和部長，以及與經濟整合高層工作組、東協部門裡資深官員和其他利害關係方的磋商。他們還考慮了現有的東協承諾。磋商的結果就是，名人專家小組的一些想法不得不放棄，包括以下：

- 不將東協聯盟當作最終目標寫進憲章
- 不放入關於暫停、驅逐和退出東協會員國的規定
- 不放入投票（實際上 EPG 建議，僅在非敏感領域無法達成共識時投票）

- 不設立東協研究所
- 不設立專門基金以縮小發展差距

雖然最終文本確實沒有接納名人專家小組的一些建議，但是名人專家小組和高層工作組仍帶領東協跨過了重要的門檻。在此之前，東協國家雖然已經進行政治、經濟和其他形式的合作，但一直有人反對建立強大的機構。

這就是為什麼名人專家小組的報告是開創性的。名人專家小組的報告在東協內部形成一項新的共識，並納入《東協憲章》，以支持強化其共同機制的架構。名人專家小組的成功同樣是吉迪雅·平東博士在接受我們採訪時提到的一個例子：「東協已經成功，因為它知道如何找到自身的意義。」❼

名人專家小組和高層工作組的努力使得幾個機構和進程得以強化。關於《東協憲章》已有兩本好書出版：溫長明的《東協憲章：現場報導》（The ASEAN Charter: A Commentary, 2015）；許通美、羅薩里奧·岡薩雷斯·馬納洛和溫長明編著的《東協憲章的誕生》（The Making of the ASEAN Charter, 2009）。這些書詳細闡述了憲章中的重要改善措施。針對憲章中提及的制度改變，東協發表聲明強調以下幾點：

- 東協領導人必須每年至少會面兩次
- 在雅加達設立常駐東協代表委員會，由各會員國的常駐代表組成。
- 允許非會員國和國際組織任命駐東協大使
- 成立三個東協共同體理事會，分別對應三個東協共同體支柱。
- 設立單一的東協主席職位，東協主席主持所有的東協主要機構。
- 成立東協人權機構
- 擴大東協秘書長的角色和作用
- 東協基金會將直接向東協秘書長而非理事會報告

相較於無形的東協共同體意識，這些顯性的東協機構和機制化進程的優勢就在於機制的清楚可見度。事實上，東協國家的公民可以看到這些機制在運行，這或許能有助於他們培養更強的東協主人翁意識。此外，即使無形的東協共同體意識偶爾會失效，這些顯性的機制仍可維持東協運轉。一旦橋樑建成，兩端便有了聯繫。在名人專家小組和高層工作組報告之後，還會出現更龐大和更複雜的東協體制框架，它們將成為連接各個東協國家之間的橋樑。這些機制會發揮自身的力量，正如歐盟一樣，創造東協合作的新途徑。

東協的第三個優勢是，許多大國在維持東協發展方面是有既得利益的。第三章提到一些重要大國，包括美國、中國、日本和印度，儘管它們在東協地區的利益各有不同，但是東協的生存和成功對它們都有利。東協已成為亞太地區不可或缺的一部分，沒有其他組織可以取代。只有東協能夠為所有大國信任，成為一個它們可以互相接觸的中立與有效的平台。幾十年後，美國、中國、日本、印度，甚至俄羅斯和歐盟的外長都會看到，參加東協年度會議的價值。同樣，隨著「東協＋3」和「東協＋6」會議提高到峰會層級，這些國家的總統和總理也發現參加東協會議的價值。根據許通美大使的說法：

歐盟的發展由兩個最大的經濟體驅動，但在亞太地區，美國、中國和印度都沒法扮演這個角色，因為它們沒有共同的議程。在三個大國難以達成一致的情況下，東協能夠發揮主導作用。只要大國發現我們是中立與獨立的，我們就可以繼續這樣做。❽

在過去，東協外長會邀請非東協國家，在東協年度部長級會議期間的晚宴上表演一些短劇。遺憾的是，現在這個活動已經停止了。其中曾有一些令人難忘的演出，都是由知名人士表演的，如馬德琳．歐布萊特與加雷思．埃文斯，他們在這些活動中唱歌、跳舞或表演。這些傑出但總是有些拘謹的領導人在東協晚宴上會放輕鬆，並且在展現出真實自我的表演過程中，增進參與者之間的友誼。

亞太地區的一項奇蹟是，儘管在這個地區，大國之間發生了重大的權力轉移，但是我們卻阻止了大國發生明顯的衝突。沒有發生衝突的原因當然是複雜的。其中一個原因可能是，東協的中立性能夠使它保持在這個地區的中心地位。正如楊榮文在前面解釋的：

最終大家都認為，儘管東協行事方式不靈活，效率不彰且簡略，但是有東協總比沒有東協好。這是東協外交政策厲害之處。到頭來，他們幾乎都是輕蔑地接受由東協掌舵。是的，因為沒有其他國家能夠得到所有人的信任，所以由東協主導是最能被接受的。

毫無疑問，東協會議改變了大國之間的關係氛圍，有助於減低大國的敵對態度，加強彼此間的合作。如果這就是東協在五十年後的唯一成就，那麼這也足以證明東協是一個真正有價值的區域組織。

劣勢

東協也有一些嚴重的缺點。第一，東協沒有一個天然的監管者。歐盟之所以能夠一直保持強勁與韌性，是因為法國和德國共同承擔了讓組織運轉的責任。因此，一些強有力的領導人，如戴高樂、康拉德·艾德諾、密特朗和科爾認為，他們有很大的責任來維持和強化歐盟。歐盟永遠不會面臨被忽視不管的危險。

沒有監管者對東協就構成了挑戰。誰擁有東協？誰要培養它、保護它，並長期發展它？如第二章所述，恐懼、運氣和明智的領導等因素非比尋常地共同促成了東協的誕生及早期的發展。現在，那些早期推動東協發展的許多因素都已經消失了。那些相信和關心東協的人現在應該自問：誰可以為東協提供監管？顯然，美國、歐洲、中國和印度等利益相關方是不能履行這個職責的；那麼監管人就必須來自內部。

印尼人口約佔東協總人口的40%，它會是一個合理的選項。印尼這個幅員遼闊的國家，是東協創造出來、具有成效的和平生態系統的最大受益者。蘇哈托總統非常清楚這點，他在年輕的時候曾經歷過動盪，看到甚至像東帝汶這樣小國的佔領都讓印尼倍感壓力。儘管他對開放印尼經濟，讓印尼與其他東協經濟體競爭有些舉棋不定，但是他完全理解和平的好處，並努力培養和發展東協。在這件事情上，如第二章所言，蘇哈托總統被夾在兩種不同的經濟主張之間：「伯克利黑幫」宣導自由市場，威佐約·尼蒂薩斯特羅宣導民族主義。

這種猶疑不定一直是印尼政治的特質。二〇〇四至二〇一四年執政的蘇西洛·班邦·尤多約諾總統，試圖將印尼推向經濟光譜中自由和開放的那一端。佐科威總統最初傾向於聽取印尼民族主義者的意見，但在他執政的第二和第三年，則開始在貿易上採取比較自由的方式。印尼貿易部長湯瑪斯·林邦告訴菲律賓拉普勒新聞網的瑪麗亞·雷薩，近年來亞太經濟合作組織的經濟體一直採取阻礙經濟成長的保護主義政策：「坦白說，我們都在談論自由貿易、甚至公平貿易，但我們實際上所做的恰恰相反。事實上，自二〇〇八年全球金融危機以來，包括印尼在內，更多國家一直在悄悄推出保護主義措施。」[9]很顯然，佐科威總統已開始抵制這種趨勢，甚至暗示印尼可能會加入「跨太平洋夥伴協定」（ＴＰＰ）。他在白宮與美國總統會晤期間，冒著惹怒國內經濟民族主義者的風險，聲稱「印尼打算加入ＴＰＰ。印尼是一個擁有二．五億人口的開放經濟體，我們是東南亞最大的經濟體。」[10]林邦在二〇一五年十月說：「如果政府可以在兩到三年內加入ＴＰＰ，並且和歐洲達成相關協定」[11]，外商將持續對印尼進行投資。

佐科威是否會繼續堅持這個方向仍有待觀察。如果東協最大的會員國印尼變得閉關自守，東協自然會出現動盪。現在印尼當局需要做的是，公開、強力討論東協對印尼的價值。所幸，印尼的一大優勢就在於其有能力進行這種公開討論。

林綿基是印尼重要的公共知識份子之一，他曾以雅加達戰略和國際研究中心（CSIS）主任的身份，參加東協戰略與國際研究所（ASEAN—ISIS）會議，這個機構是為東協合作提供「第二軌」（NGO）管道所組成的東協智庫網絡。馬凱碩與林綿基熟識，也知道林綿基認同東協共同體的重要性。但身為印尼民族主義者，林綿基也一直批評東協的不足。

東協未來將非常仰賴印尼政府內部形成的共識。如果強勢的民族主義一方勝出，他們就可能會說服印尼人民，說印尼正在在經濟上遭受損失，因為印尼不得不與其他東協國家分享印尼的龐大市場；在政治上，東協則會限制印尼憑藉自身力量成為一個強大和獨立的國家。印尼民族主義者可能會認為，作為世界第四大人口大國（在中國、印度和美國之後），印尼應該不需要屬於或支援像東協這樣的區域組織。毫無疑問，印尼的這種不確定性是東協面臨的最大內部威脅。如果民族主義者贏得勝利，最糟糕的情形就是他們將會把印尼拉出東協，東協將無法在二〇六七年八月慶祝其成立一百週年。或許，印尼到那時仍然還是東協的成員，但它可能已經喪失參與東協事務的熱情。如此一來，東協就無法依靠印尼的領導繼續發展。

如果印尼無法繼續領導東協，另外三個東協監管人的最佳候選者是馬來西亞、新加坡和泰國。想知道原因，看看東協的地圖便知。這三個國家與緬甸、越南或菲律賓不一樣，它們在地理上是東協共同體的核心國家。因此，如果結合地理和政治因素，亦即地緣政治，那麼馬來西亞、新加坡和泰國應該是有動力引領東協發展，並且成為東協下一個主要監管人的國家。但是，這種情況在短期內不太容易實現。

二〇〇六年塔信總理被迫離開泰國後，自此泰國政局持續不穩，國家受到嚴重傷害。雖然二〇一四年八月三十日泰國陸軍總司令巴育成立臨時軍政府後暫時平息了動盪局勢，但泰國政局仍然充滿不確定性。二〇一六年十月十三日，深受民眾愛戴的泰國國王蒲美蓬．阿杜德去世，更加深了這種不確定性。

這是很令人遺憾的，因為泰國領導階層總是在東協發展上給予重要支持。東協在一九六七年的成立，正是在泰國外交部長他納．科曼的指導下。東協自由貿易區（AFTA）的概念也是由泰國總理和老一輩政治家阿南．班雅拉春所發起的。泰國領導人對東協的發展有積極的影響力，但考慮到目前的國內挑戰，近期內泰國不太可能擔當起引領東協的責任。泰國領導的缺席可能會對東協產生不利影響。

馬來西亞也不太可能在短期內為東協提供領導力支持。納吉總理是東協堅定和忠實的支持者，他和這個組織有情感上的連結，因為他的父親是一九六七年《曼谷宣言》的簽署人。納吉於二〇一五年十一月擔任東協主席，當時東協的經濟、政治安全和社會文化共同體剛剛啟動。但是在二〇一五年和二〇一六年的大部分時間，納吉政府就跟泰國政府一樣，因政治動盪而嚴重受損。任何雄心勃勃、想將東協合作提升到更高水準的舉動，都不得不先放棄，以先解決國內政治危機；而且在這些共同體內，為東協合作所設的目標並不如原本預期的那麼雄心勃勃。正如一九八八至一九九四年擔任新加坡外交部長的黃根成指出的：「如果領導人在國內夠強大，他們就不會擔心既得利益者會攻擊他們在外交政策上的決定。」⑫

新加坡沒有經歷過這種政治動盪。二〇一五年李光耀逝世，全國哀悼，但是新加坡國內沒有因此產生任何政治不確定性或政治真空。李顯龍總理顯然是東協內最有能力的領導人之一（雖然不見得是全世界）；不過鑒於新加坡的規模較小，新加坡領導人是無法彌補東協政治領導力中所欠缺的印尼、馬來西亞和泰國的政治領導力。的確，在過去當新加坡力促加強東協合作時，其自身是一直存在有不滿的情緒。

至少在多年內，東協的其他三個小國（汶萊、柬埔寨和寮國），或是三個較大但地理位置邊緣的國家（緬甸、菲律賓和越南）是無法引領東協發展的。雖然越南於一九九五年才加入東協，時間較晚，但是越南已經成為東協最熱情的支持者之一，因為東協會員國為越南提供了一個雖小但具有價值的地緣政治緩衝區，以緩解北部邊境日益強大、正在崛起的中國所帶來的壓力。然而，由於文化和歷史因素，越南絕不能擔任東協共同體的領導者。

缺少天然的監管者是東協的第一個主要弱點。但是這第一個弱點又因第二個弱點而更形嚴重，也就是缺少強大的機制。在本章前面說過，東協的一個優勢在於其機制，讀者可能會對此感到困惑。但其實這個矛盾很容易解釋。二〇〇八年《東協憲章》簽署後，東協基於各國過去幾十年建立起來的團結意識，制定了更為複雜的機制框架。是這些機制將東協維繫在一起，但是這些機制又不夠強大，不能像歐盟委員會那樣領導東協，也不能阻止東協各個國家領導人將其國家利益置於東協利益之上。

根據尚穆根．賈古瑪所說，名人專家小組（EPG）在編寫報告時採訪了幾位前東協秘書長。EPG分別詢問每個人：「如果你希望東協能做一件事，那會是什麼？」所有人都回答：執行決策。東協最大的問題在於對於任何決策沒有強制力，對決策的實施沒有監督的承諾，也沒有制裁。秘書長們可以提出建議，甚至讓會員國同意這些建議，但是沒有辦法確保後續有貫徹實施。

東協缺少強有力的機制是有結構上的原因。其中一個原因就是一些會員國，包括馬來西亞、新加坡和泰國，堅持每個東協會員國都應該支付東協秘書處一樣的年度預算經費。因此，二〇一五年每個東協國家都付給東協秘書處一百九十萬美元，因此總預算為一千九百萬美元。相比之下，歐盟規定二〇一五年的承諾撥款總額為一四五三億歐元（一千五百九十億美元）。雖然歐盟的人口比東協少，但其秘書處的預算卻是東協的八千倍。

東協各國國內生產總值規模差別很大。GDP較大的國家（二〇一四年資料）有印尼（八八八七億美元）、泰國（三七三八億美元）和馬來西亞（三二六九億美元）。相比之下，GDP最少的三個國家有柬埔寨（一六六億美元）、汶萊（一五一億美元）和寮國（一一七億美元）。鑒於東協十國之間GDP的巨大差異，堅持讓每個國家支付等額的預算似乎既不公平也不明智。還好，這個問題現在有一個簡單容易又為各方接受的解決方案。當要付年度會費給主要的國際組織，特別是聯合國時，所有東協會員國都接受「能力支付」的原則。因此，東協應該能夠接受將這個原則應用在東協秘書處的年度預算上。這個簡單的方法可以幫助緩解東協的第二個主要缺陷。

東協的第三個主要弱點是，東協各國政府對於這個組織不太有主人翁意識。歐盟的巨大優勢就在於其大多數公民有著濃厚的主人翁意識，並總是認為自己是歐洲人。而東協的一大弱點就是它的人民缺乏這種強烈的意識。顯然，如果東協想要存活到二〇六七年，這種主人翁意識就必須逐步從政府轉向人民。如果缺乏人民的支持，政治家就沒有保障東協繼續運行的動力。新加坡媒體分析家蘇拉夫．羅伊在《赫芬頓郵報》上寫道：

幾乎每個東協國家的情況都差不多。關於東協人民如何看待東協這個組織，我知道很多相關的軼事，足以編成一本百科全書了。新加坡的一些小攤販以為東協（ASEAN）是一個英國足球俱樂部，他們誤以為是 Arsenal，還有人認為 ASEAN 是砷，一種有毒的化學物質。類似的小故事還有很多。從根本上說，東協或許是亞洲一個高端的政治和經濟集團，準備好迎接權力正從西方轉移到東方，但它自己的人民卻對此一無所知。東協是否已經準備好建立一個統一的市場（這是它正在朝向的目標）？並且準備好在全球扮演更重要的角色？[13]

目前已有一些小措施促進東協主人翁意識的培育。例如，當東協公民出國旅行時，他們會發現他們駐海外大使館有兩面旗幟：一面是自己國家的國旗，另一面是東協的旗幟。這是東協從歐盟學來的做法。這是一個好點子，因為對於許多一般東協公民而言，看到兩面旗幟同時存在，也許會第一次感受到自己的東協身份。

其實本書的主要目的之一就是說服一般的東協人民相信，東協是一個真實的政治奇蹟，東協人應該有一種更強烈的歸屬感。為此，如果所有東協國家的小學教科書裡有一本關於東協的統一教材，應該會有幫助。東協所有的兒童都應該瞭解他們東協鄰國的基本情況，特別是這些國家的歷史和地理、文化和身份。東協基金會在二〇〇七年曾做過一項關於東協態度和意識的調查，調查對象是十個會員國中的二一七〇名大學生。受訪者中，39%的人說，他們只是略微熟悉或根本不熟悉東協。平均而言，受訪者只能列出十個東協國家中的九個，在地圖上只能識別出七個；26%的人無法正確認出東協的旗幟；超過50%的人不知道東協何時成立。

如果東協基金會的這個調查是準確的，那這就是一項足以警惕的弱點。如果東協人民對東協這個共同體的基本狀況都不甚清楚，那麼他們要如何有主人翁意識？本書在最後會提出一些如何加強東協人民主人翁意識的具體建議。

威脅

地緣政治對抗是東協所面臨的最明顯威脅。在未來幾年，亞太地區將會出現重大的權力轉移，特別是美國將在二〇三〇年，甚至更早，將世界第一經濟體的位置讓給中國。歷史顯示，當世界第一大國（當今是美國）即將被新崛起國家（當今是中國）超越時，這兩個國家之間的競爭將加劇。川普的善變特質會使情況變得更糟，並增加中美關係的不可預測性。由於美中競爭加劇，東協在未來幾十年將面臨巨大壓力。東協也將受到日益激烈的中日和中印競爭的衝擊。地緣政治風暴即將來臨，如果東協無法為這些做好準備，那麼它很可能會四分五裂。

二〇一二年七月在金邊召開的東協部長級會議就出現了一個警訊。柬埔寨在中國的壓力下反對就南海問題進行討論。菲律賓和越南在美國的支持下，堅持要提及南海問題。本書沒有要在這裡討論南海問題，雖然中國很清楚，自己很難根據國際法來證明其九段線的主張。顯然，美國認為，在南海主權問題上為難中國符合美國的國家利益。二〇一〇年七月在河內舉行的東協區域論壇上，美國國務卿希拉蕊·柯林頓就南海問題發表了一項聲明。中國外長楊潔篪以嚴詞回應，否認南海問題是引起國際擔憂的原因，他說：「沒有人認為，目前有任何事情正在威脅南海地區的和平與穩定。」中國外交部長的官網上，他的聲明則說：「這種貌似公允的言論，實際上是在攻擊中國，是在給國際社會製造一種假象，以為南海局勢十分堪憂。」⓮後來未能就聯合公報達成一致結果可能是事出偶然。但二〇一二年的金邊事件和二〇一〇年的河內事件，顯然是對東協發出的明確警訊，也就是它將受到中美競爭的影響。

二〇一四年十月，中國提出設立亞洲基礎設施投資銀行（AIIB）的倡議，這對於東協來說又是一個警示。當時美國反對這個提議，一些亞洲國家，包括東協國家，都接到美國財政部打來的電話，遊說它們不要加入亞投行。東京、首爾和坎培拉抱持觀望態度，但東協國家明智地決定要加入亞投行，因為它們希望成為這項倡議的主要受益者。

在其他問題上，東協國家採取不同的立場。在南海問題上，大多數東協國家被視為更加親美。在亞投行問題上，東協國家則被視為更加親中。

在未來幾十年，中美之間還將出現其他許多具有挑戰性的問題。在最糟糕的情況下，東協這個統一的組織將無可避免地受到中美的競爭波及，其完整性可能會受到威脅。例如，極度親中的柬埔寨和極度親美的菲律賓就有可能發生衝突。一旦出現這種情況，東協就很容易出現分裂。因此，東協作為一個共同體，得要明智地做好應對這些最糟情況的準備。

在這裡要重述一下第三章的重點。特別是美國、中國、日本和印度的領導人，應該仔細考慮清楚，到底是一個團結強大、可以為東南亞帶來穩定的東協，還是一個弱小分裂的東協更符合它們的利益。第三章詳細解釋了為什麼這四個大國應該要明瞭，「團結一致」的東協才符合它們的利益。所幸，華府、北京、東京和新德里的主要決策者都堅信，東協作為一個有凝聚力的區域組織是符合它們各自的國家利益。

這是個好消息。壞消息是，大國並不總是能夠做出明智的決定。因為大國總是會受到具體事件或短期政治利益影響。回顧過往，中國在二〇一二年七月金邊會議上「阻止」東協聯合公報的發布就是不明智的。美國試圖阻止東協國家加入中國的亞投行同樣也是不明智的。北京或華府的這種零和行動不會結束。東協需要發展出自身的彈性，以應對這種地緣政治的壓力。

保持東協的彈性或靈活性的一種方法，就是與其他大國（不論是沒落的大國或正在崛起的大國）發展深層關係。日本和印度都承諾，會長期協助保護和強化東協，因此東協應該優先與新德里和東京合作。同樣，雖然歐盟和俄羅斯在爭取東協方面相對不積極，但東協應努力與歐盟和俄羅斯建立密切和廣泛的關係。

東協還可以發展成為另一個地緣政治的緩衝區，例如與澳洲和紐西蘭發展更緊密的夥伴關係。吳作棟和保羅·基廷分別擔任新加坡和澳洲的總理時，就曾討論過建立一個由東協十國、澳洲和紐西蘭組成的新「十二國共同體」。對於這項提議的任何理性評估結果都顯示，收益超過成本。如果這個共同體在二〇一五年完成，東協（二三三八〇億美元）、澳洲（一二五二〇億美元）和紐西蘭（一九一〇億美元）的GDP合計將達到三七七二〇億美元，這將使「十二國共同體」成為世界上第四大經濟體。

為了理解發展其他地緣政治緩衝區的重要性，東協國家必須要好好瞭解東協的歷史。東協在一九七〇年代和八〇年代，發展得特別好，因為它受益於美國和中國之間在利益上的策略合作。有利的地緣政治條件也有助於東南亞和平生態系統的發展。但是，如果失去了有利的地緣政治環境，出現對其不利的地緣政治風暴，那麼東協就需要強化自身的彈性和靈活性。

東協面臨的第二個威脅是，其政治領導人都主要關注自己國國內的挑戰，而非此區域的問題。現在回顧起來，很容易可以發現，東協之所以在八〇年代和九〇年代出現黃金時代，主要是因為當時東協有幾個強大的領導人，包括當時掌權的李光耀、馬哈地和蘇哈托。他們在國內地位穩固，所以有足夠的時間和政治資源來開展區域合作。

隨著東協即將屆滿五十年，大多數東協領導人——包括佐科威總統、納吉總理和巴育總理——都只忙於處理國內問題。關於各國重點放在國內問題所可能造成的風險，李顯龍總理發表了以下評論：

國內事務當然很重要，必須關注，但如果將全部精力都放在這上面，那麼就會壓縮東協合作的空間，無法在東協範圍內進行在投資、貿易、技術或人力資源等領域的合作。那麼，東協就會變得虛有其表，沒辦法實踐其實質的合作內容。[15]

如上所述，東協日益發展但仍相對薄弱的機制加劇了這個問題的嚴重性，而無法引領東協的發展。一些歐盟官員對東協－歐盟區域整合支援計畫表示失望。東協秘書長的說法是：「我們缺乏人力和資源，沒有足夠的授權，也沒有行政管理權。我們的人員一直都只是在旅行而已，沒有達成什麼實質的內容。」[16]

理論上，東協缺乏由上而下式的領導力，這是可以透過由下而上的領導力來補償，東協中的一些「第二軌」進程就是以這種方式運作。例如，在東協戰略與國際研究所（ASEAN－ISIS）的架構下，有一群東協智庫會定期開會。透過定期召開會議，他們提出了一些有關加強東協合作的有趣建議。根據克里帕．斯林哈拉和斯里尼瓦瑟－拉馬努金的觀點，「東協戰略與國際研究所的交流，特別是由他們主辦的年度亞太圓桌會議，有助於在這個地區創造一種信任和自信的氣氛」。[17]

考量東協目前面臨的極具挑戰性的環境，如地緣政治競爭加劇，以及領導人分心於國內事務，東協需要建立一個2.0版本的名人專家小組。東協現在很幸運地有一批最近剛卸任的領導人，他們掌權時都曾致力於強化東協。所有這些人在他們的國家和這個地區都深受敬重，其中包括印尼總統蘇西洛．班邦．尤多約諾、新加坡總理吳作棟、泰國總理阿南．班雅拉春和菲律賓總統拉莫斯。這些領導人彼此非常瞭解，而且相對於他們的繼任者，他們較少被國內事務纏身，也更重視東協。

東協在二〇一七年八月慶祝成立五十週年之際，可以召集第二屆名人專家小組（EPG），並籲請這個小組領導人檢視一下東協在未來五十年裡會面對的主要挑戰。他們的任務就是探尋東協需要做些什麼，以確保它在二〇六七年仍然是一個充滿活力的組織。簡言之，第二屆東協名人專家小組應該被授權為東協制定一個「二〇六七年規劃」報告。

但是如果無法應對前兩個威脅，東協就會出現第三個威脅。如果東協受到地緣政治衝突的打擊，而其領導人又受到國內事務的干擾，那麼東協就可能會被嚴重弱化或出現分裂。如果發生這種情況，東南亞潛在的斷層線就有可能會顯現出來。

英國歷史學家費希爾曾正確地指出，東南亞潛在的文化結構有可能使其演化成亞洲的巴爾幹；這個地區的許多地方都有可能爆發教派衝突。其中一個就是，緬甸的穆斯林羅興亞人和佔人口大多數的佛教徒之間的緊張關係。二〇一五年五月，緊張局勢變得非常嚴重，以致大批羅興亞人搭船逃至東南亞其他地區。最初，泰國、馬來西亞和印尼驅離這些運載羅興亞人的船隻入境。當這些行動招致國際批評時，東協國家受到外部壓力，不得不作出一些反應。幸好，東協國家做出了應對措施，有效緩解了這個問題。這些措施包括成立一個聯合工作組來幫助羅興亞人，並設立一個人道主義基金，其中，新加坡承諾提供給此基金總額達二十萬美元的啟動資金。

東協能夠以這種方式作出反應，證明它仍然是一個運轉良好的組織。然而，如果東協功能失調，加上其領導力薄弱，就不清楚是否還能有另外一個組織，或是有足夠的區域共同體意識來處理任何新爆發的宗派衝突，特別是跨越邊界的衝突。

東協學者必須非常努力，研究和記錄東南亞文化的斷層線。例如，在泰國南部出現了長期、低強度的叛亂，這些叛亂由一些泰國穆斯林領導，他們是為了爭取更大的自主權。二〇一三年，全國革命陣線（BRN）在與泰國政府和平談判的聲明中，表達了其首要訴求：「泰國政府必須承認北大年的馬來裔對北大年土地的權利。」[18]當曼谷妥善地處理泰國南部問題時，叛亂強度就會下降。但當曼谷採取不明智的行動時，叛亂活動就會升溫。根據紮卞里．

阿布紮的保守統計，泰國在軍政府的統治期間，暴力衝突在二〇〇七年中期達到最高峰。當總理沙馬·順達衛所領導的人民黨執政時，暴力衝突在二〇〇八年下降。二〇〇九至二〇一四年期間，傷亡人數穩定在每月約八十六人。二〇一四年五月的政變後，第二年二月，傷亡人數降至僅二十七人。接受阿布紮採訪的叛亂分子指出，洪災、逮捕和對安全部隊的恐懼是傷亡人數初步下降的原因。然而，二〇一五年五月傷亡人數再次增加到八十人，這可能是由於軍隊從南部撤退了一半，取而代之的是內政部的士兵、巡邏隊、村莊保安隊和當地防衛志願人員——阿布紮說，這些人員沒有辦法處理叛亂。⑲

東協還需要對中東最近的發展進行獨立研究。伊拉克、敘利亞、黎巴嫩、葉門和巴林的教派分裂不是近期出現，但是，儘管一直存在激烈的緊張局勢，一直到美國入侵伊拉克才爆發為公然開戰。總之，外部地緣政治的衝擊已引爆處於長期休眠狀態的宗派衝突。

由於東南亞在接下來幾十年可能會受到一些重要的外部地緣政治衝擊，東協需要考慮這種衝擊是否會帶來類似的結果。例如，如果泰國成為親中國家，而馬來西亞採取親美姿態，兩者之間的地緣政治緊張局勢可能會加劇泰國南部的宗派衝突。大多數泰國穆斯林是馬來裔，很可能就會輕易地支持馬來西亞的外交政策立場。地緣政治衝擊往往會有意想不到的後果。面對那些令人驚訝甚至震驚的、以往深埋地下如今卻重新出現的斷層線，東協應該做好心理準備因應。

機會

東協雖然面臨許多威脅，但它也面臨著大量的機會。為了進一步擴大這個可能性，東協可以充分利用至少三個正在上升的趨勢。

第一是多邊主義。這個簡單的說法可能會震驚許多讀者，特別是美國的讀者。因為現在即使在學術界，大肆奚落像聯合國這樣的多邊機構是大有人在。在美國流行的觀點中，多邊機構被視為臃腫、膨脹、缺乏效率和不必要的。美國擁有壓倒性的力量，讓它可以採取單邊行動，而且它也經常這樣做。所以大多數美國人並沒有意識到，世界上其他地方正在創建越來越多的多邊機構。

英國脫歐可能會加深這種印象，即多邊主義正在消亡。顯然，英國決定離開歐盟對多邊主義是一個巨大的衝擊，但我們應該等待和仔細觀察，看英國如何就它的退出展開談判。英國似乎仍會盡可能與歐盟的機構和進程維持聯繫。因為退出這些機構要付出龐大的費用。

一旦脫歐會發生的狀況清楚明瞭，全世界就會理解為什麼越來越多的國家正在加入多邊機構了。

在《大融合》（二〇一三）一書中，馬凱碩描述了比爾　柯林頓如何解釋多邊機構和進程的價值。柯林頓曾對一群美國聽眾說：

如果你認為，維持權力和控制權、絕對的行動自由和主權對美國的未來很重要，那麼美國現在的單邊行動也就沒什麼好奇怪的，因為美國現在是世界上規模最大、實力最強的國家，我們有力量，我們就要使用這種力量……但如果你相信，美國此刻應該創造一種世界，這個世界裡的秩序、夥伴互動關係和行為習慣，能讓未來已非全球政軍經超級強權的美國繼續安居樂業，那我們現在使用力量的方式就該不一樣。這都取決於你相信什麼。[20]

柯林頓睿智地預測出多邊主義快速成長的全球趨勢。許多美國人都對中國和俄羅斯的國際行為表示疑慮，因為這兩個國家參與了各種新的多邊機構。例如，中國在二〇〇一年發起上海合作組織，俄羅斯在二〇一四年啟動歐亞經濟聯盟。

多邊主義不僅是由政府推動，而且也是由全世界的人民推動。二〇一三年的一份報告指出：「在二十世紀，超過三萬八千多個IGO（政府間組織）和INGO（國際非政府組織）成立，平均每天都有超過一個這樣的組織成立。」[21]該報告中的一個圖表顯示了多邊機構增加的幅度有多大，尤其是INGO。以下就是這個圖表，它清楚地證明，多邊主義是一個陽光產業。

那些新組織展現出想要成為多邊合作的楷模的渴望。直到最近，具體成為這種楷模的機構是歐盟。它是最集約化的區域組織，用成千上萬的協定把會員國綁在一起。如前所述，歐盟領先東協，因為雖然任何兩個東協國家之間都沒有發生戰爭，但任何兩個歐盟會員國之間同樣也沒有發生戰爭的可能。儘管如此，東協還是世界第二。馬來西亞戰略與國際研究所（ISIS）主席丹·斯里·默罕默德·加瓦·哈桑評論道：「只要將東協與其他區域聯盟加以比

IGO和INGO的數量（1909—2009）

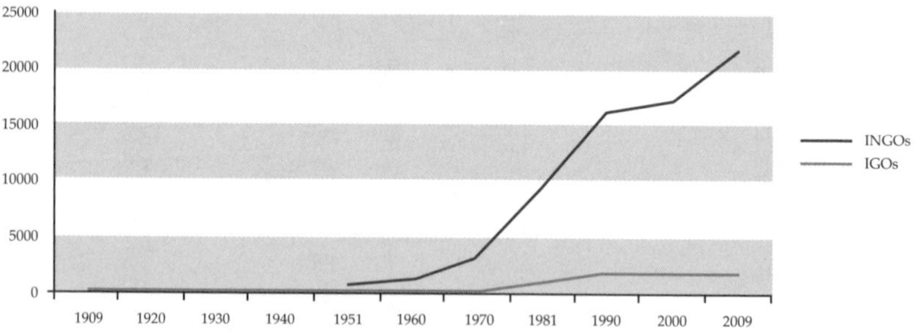

資料來源：Weiss 2013。

較即可。除了歐盟，沒有誰可以與之媲美。」[22]

以經濟合作為例。在歐盟之後，第二大成功的區域組織是東協。東協經濟共同體（AEC）正式成立於二〇一五年，「原本預期，東協將成為一個單一市場和生產基地，其特點是貨物、服務和投資自由流動，以及資本和技術的自由流動」[23]。自二〇一〇年[24]以來，即東協經濟共同體成立前期，東協內部幾乎沒有關稅。對東協的直接投資從二〇一〇年約七百六十億美元，增加到二〇一五年[25]的一千兩百億美元。東協的連接性大大提高——例如，二〇〇九至二〇一四年期間，東協區域內的航空旅行以10%的複合成長率增加，二〇〇〇至二〇一四年期間，互聯網普及率從8%增加到44%。[26]

儘管歐盟在市場整合方面領先，但它的方法和程序卻趨於僵化，而東協則傾向於靈活性和務實。歐盟在各個合作領域制定詳細的協議約束各國，東協則不同，它的各項協議簡單、概括，且有彈性。

在務實方面，歐盟和東協截然不同，其最顯著的例子就是其語言政策。歐洲人認為理所應當尊重每一種民族語言；但考慮到歐盟語言的多樣性，更明智的做法是將所有官方語言的使用限制在象徵性場合。但是在行政層面使用的工作文件是另外一回事。可惜的是，歐盟官員並沒有掌握基本的實用主義方法。他們在工作中要使用二十四種官方語言。在日常工作中，他們使用兩種語言，但是成噸的歐盟文件（這並不誇張）必須被翻譯成二十二種語言。東協國家只使用一種語言，即英語。英語不是任何東協國家的母語。當然，東協各國領導人參加峰會時需要翻譯。在大多數情況下，官員和部長以英語會見和交往，文件方面也是使用同一種語言。

隨著多邊主義在全球發展，特別是在區域層面，世界各國應繼續把歐盟當成一個區域合作典範來研究，但我們也應該瞭解歐盟不足的根源。此外，世界各國領導人應開始考慮將東協作為一種替代模式。由於大多數國家是開發中國家的一分子，東協可以更努力成為它們的榜樣。例如，非洲國家可能犯了一個錯誤，將歐盟當作非盟的榜樣。在非盟的名稱中使用了「聯盟」一詞，意味著非洲人正在走上歐洲模式的區域合作道路。但是非洲聯盟選擇這種錯誤的模式，可能已經使自己走上了失敗的道路。如果他們學習的是東協（ASEAN）模式（其中A是指「協會」），那麼非洲人將會尋求到一個層級較低、但更務實的區域合作模式。

幸運的是，開發中國家裡，越來越多的區域組織正在與東協建立聯繫，包括二〇〇〇年海灣合作委員會、二〇〇五年上海合作組織和二〇〇八年南方共同市場。此外，東協一直在非正式地促進與南亞區域合作聯盟、美洲國家組織、非洲聯盟、經濟合作組織、阿拉伯聯盟、歐亞經濟聯盟和南部非洲發展共同體的關係。不可避免的是，隨著這些區域組織越來越熟悉和瞭解東協，它們將開始效仿東協的一些絕佳做法。

如果東協成為區域合作的典範，它將不僅為東協地區六億多人加值，也將為居住在開發中國家其他地區近五十五億人加值。事實上，歐盟也可能藉由研究東協合作模式中受益。過去，歐盟向其他區域組織學習是不可想像的，但是不可想像的正在變成可以想像的。

第二個可以提高東協在世界上地位的趨勢是，亞太地區日益升高的地緣政治競爭。本書解釋了如何以及為什麼地緣政治競爭可能在這個地區升高，以及地緣政治競爭對東協的生存造成的危險。然而，如果東協能夠保持一定程度的凝聚力，它也可以利用地緣政治競爭從中獲利。例如，當中國首先向東協、韓國和澳洲提出簽署自由貿易協定時，美國也試圖將幾個亞洲國家，包括東協的四個成員（汶萊、馬來西亞、新加坡和越南）納入跨太平洋夥伴協定（TPP）中。

雖然地緣政治往往是一場零和遊戲，但從地理經濟學來看並非如此。密歇根大學安娜堡校區的新加坡籍教授林願清認為，還是有可能出現雙贏的結果：

從經濟學的角度來看，跨太平洋夥伴協定（TPP）和亞投行（AIIB）都不是「零和遊戲」。儘管每一個都會面臨內部操作上的挑戰，但兩者都有可能惠及中國和美國，

兩國都不排除加入另一方提出的倡議。或者說，正是兩個國家國內的政治境況，將制度創新轉變成爭奪國際主導權的手段。㉗

她還呼籲美國和中國都要低調點：

太平洋兩岸的政治家和專家們應該放下他們將國內政治神話置於國際經濟現實之上的主張。如果不那樣做的話，兩國爭奪霸權的渴望會增加衝突的風險，這會使我們其他國家更貧窮，更不安全。

林願清建議，關於中美在經濟領域日益激烈的競爭，記者和政治家的言論可以多加簡化，時間自會證明一切。他們的言論會代表美國試圖利用TPP來遏制中國制定太平洋貿易的遊戲規則，而引發人們的恐懼，認為中國的亞投行會採取寬鬆的措施。此外，這些言論還會引發陰謀論，認為中國是貨幣操縱者，因此美國將竭盡全力捍衛美元。她指出，這些主張是不可靠的，繼續使用這種措辭是危險的，因為它所創造的恐懼氣氛可能會在美國和中國之間製造真正的緊張關係。東協應該和她一起呼籲美國和中國強調地緣經濟競爭的正面部分，而不是負面部分。

如果美國和中國，其次是日本和印度，可能還有歐盟，繼續向東協提供地緣經濟的好處，東協國家可能最終會成為亞太地區不斷上升的地緣政治競爭中最大的贏家。幾個東協國家已經得益於日本和中國之間日益激烈的競爭。當印尼宣佈，將在爪哇兩個最大的城市——雅加達和萬隆之間建設一條高速鐵路時，日本和中國在這個計畫上進行了激烈的競爭。最初，日本似乎會得到合約，但令包括日本人在內的許多人驚訝的是，最後這份合約簽給了中國。毫無疑問，由於這種激烈的競爭，印尼為這條鐵路長期融資獲得非常有利的條款。

日本和中國也競相幫助東協在泰國、寮國、柬埔寨和越南建設鐵路和公路。這樣的競爭明顯有利於東協。拉惹勒南國際關係學院發表的一份報告明白地描述這種競爭：

日本一直是支持東協整合倡議（IAI）的重要合作夥伴，該倡議旨在降低東協會員國之間的發展差距。東京是IAI第一階段（二〇〇二—二〇〇八年）的最大貢獻者，主要著重於人力資源開發。中國也對IAI有所貢獻，但更多著重在CLMV國家（柬寮緬越四國）的內陸水道改善。湄公河地區（包括所有CLMV國家，以及泰國和部分中國的省份），是兩個經濟強國之間競爭的一個很好的例子。東京選擇促進共同價值觀、法治和永續發展的多邊綠色湄公河倡議。這使得日本的策略與中國的策略大大不同……

對於北京而言，與CLMV的合作也為國內經濟帶來好處。CLMV國家毗鄰雲南，因此繁華的湄公河次區域將直接惠及中國的西南地區。官方援助條款也是為了實施中國的「睦鄰友好」和「走出去」政策，旨在建立中國的良好形象，同時消弭「中國威脅」的認知。CLMV的發展援助有助於西部發展策略（WDS）。[28]

緬甸則是受益於中國和印度之間的競爭。緬甸即將卸任的軍政府和中國最大的國有企業中信集團簽約，發展皎漂經濟特區和鄰近緬甸與印度邊界的若開邦深海港口。[29]二○○一年二月十三日，印度和緬甸開通了兩百五十公里的德穆－葛禮瓦－卡列密高速公路，這條公路通常被稱為「印緬友誼公路」，主要由印度軍隊的「邊境道路組織」建造，旨在提供連接印度東北和南亞（視為一個整體）到東南亞的主要戰略和商業運輸路線。[30]印度和緬甸已經就建造一條三千兩百公里、四線道的高速公路達成協議（這條高速公路連接印度、緬甸和泰國），預計在二○二○年完成。這條高速公路從印度東北部進入緬甸，超過一千六百公里的道路將被建造或改進。[31]加叻丹多模式的交通運輸專案則是計劃經海路連接印度東部的加爾各答海港和緬甸的實兌港；它是經由加叻丹河船運，將實兌港連接到緬甸的臘戍，然後從公路將臘戍連接至印度的米左拉姆邦。[32]

第三個可以使東協受益的趨勢是，亞洲在世界事務中的普遍興起，也就是馬凱碩經常提及的、即將到來的「亞洲世紀」。「亞洲世紀」的想法，首先是由日本的崛起和香港、韓國、新加坡和台灣「四小龍」的巨大成功所引發。然而，中國和印度的崛起，對「亞洲世紀」必然性的意義賦予了真正的份量，因為它們龐大的人口是大規模經濟的基礎。這是一種正常的回歸，因為中國和印度在人類歷史的絕大多數時期擁有世界上最大的經濟體。

東協將自這種情況受益匪淺。只須看看世界地圖就可以明白箇中原因。地理環境是已經註定的：東南亞在地理上接近中國和印度。中亞也可能有同樣的地理因素，但它距離中國的經濟發展中心很遠，而喜馬拉雅山的天然屏障橫貫在中亞和印度之間。相比之下，兩千年來，主要的貿易路線已將東南亞與中國和印度連接起來。

新加坡前總理吳作棟用一個生動的比喻來解釋東協的前景：

> 我喜歡把新亞洲視為正在建造的巨型噴射飛機。東北亞，包括中國、日本和韓國，形成了一個具有強大引擎的翅膀。印度，作為第二個翅膀，也有一個強大的引擎。東南亞國家則構成機身。即使我們十國缺乏強大的發展引擎，但兩個翅膀也將會帶我們飛

上天。[33]

因此，隨著中國和印度的起飛，東協地區自然會跟著它們一起在經濟上起飛。這在許多方面已經發生了，東協與這兩個國家之間日益增加的貿易和投資合作就足以證明。

雖然地理上的接近使得東協受惠於中國和印度的成長，但是文化包容性和自在性同樣重要。經過數千年的互動，隨著過去歐洲殖民地的烙印逐漸淡去，自然可以預期東南亞與中國和印度之間的聯繫會重新建立。

隨著時間過去，中國和印度政府都越來越靠向東南亞。它們現任的領導人——習近平主席和納倫德拉·莫迪總理都是有活力的改革家，他們都談到要讓他們的國家與東南亞的關係更緊密。二〇一五年十一月二十三日，莫迪總理在第三十七屆新加坡講座上說：

> 東協是我們「東向行動政策」（Act East Policy）的錨。地理和歷史將我們聯繫在一起，對抗過許多共同的挑戰，也有許多共同的願望。我們和每一個東協成員正在深化政治、安全、國防和經濟領域的連結。而且，由於東協共同體主導了區域整合的進程，我們期待印度和東協將會建立更有活力的夥伴關係，為我們十九億人民帶來無窮的發展潛

力。㉞

二〇一三年十月，習近平主席在印尼國會發表的談話中指出：

中國和東協國家山水相連、歷史相連。今年是中國和東協建立戰略夥伴關係十週年，中國和東協的關係正站在新的歷史起點上。中國高度重視印尼在東協的地位和影響，願同印尼和其他東協國家共同努力，使雙方成為興衰相伴、安危與共、同舟共濟的好鄰居、好朋友、好夥伴，攜手建設更為緊密的中國－東協命運共同體，為雙方和本地區人民帶來更多福祉。㉟

二〇一五年十一月，中國總理李克強在吉隆坡的中國－東協峰會上說：

中國和東協是陸海相連、人文相親的好鄰居……近幾年，我們已加快二十一世紀海上絲綢之路建設，實施「2＋7合作框架」，推動形成中國和東協命運相繫、利益相融、情感相依的良好局面。雙方關係已遠遠超越雙邊範疇，日益成為東亞地區和平、穩定

與發展的重要基石。㊱

結論

東協面臨的優勢和劣勢，以及威脅和機會，很容易就可以辨識出來，而且顯然，現在這個地區面臨著嚴重的挑戰。但是，優勢遠遠大於劣勢，機會多於威脅。如果東協能夠在二十一世紀找到正確的領導層並引導東協的發展，它本身所形成的優勢便可以使其更快速地向前發展。本書的目的是要讓更多的東協決策者和東協國家的民眾意識到，他們繼承了一項寶貴的資源，他們不應該忽視，或認為這是理所當然的（正如一些亞洲領導人近年來習慣做的那樣）。東協是開創期那些優秀的創始人給予當代領導人的禮物。如果這份禮物因疏忽或領導不善而失去，那將會是一個悲劇。

1. 在發明「軟實力」一詞之前，政治學者約瑟夫．奈於一九七一年出版了《局部和平：區域組織中的整合和衝突》一書（Peace *in Parts: Integration and Conflict in Regional Organization*, Boston: Little, Brown, 1971）。他討論了不同的區域組織及其促進和平的方式。由於東協是新成立的組織，所以未在書中提及，但此書是他進行這方面努力的一個範例。

2. "歐洲聯盟"，世界銀行，htp://data.worldbank.org/region/europeanunion，瀏覽時間：二〇一六年十二月一日。二〇一五年的資料以當前美元計。

3. 作者對總統納丹的採訪，二〇一五年六月二十七日。

4. 該小組成員包括印尼前外交部長阿里．阿拉塔斯、馬來西亞前副總理穆薩．希塔姆、菲律賓前總統羅慕斯、越南前副總理阮孟琴（英文原文中，作者將"Kasemsamosem Kasemsri"，即"格森沙莫頌．格森西"誤認為"越南前副總理阮孟琴"。此外，事實上，該小組成員也包括泰國前副總理兼外長格森西，但英文原文中未提及）、汶萊外交和貿易部長林玉成。Jayakumar, *Diplomacy*。

5. 作者對達納巴蘭（S.Dhanabalan）的採訪，二〇一五年七月三十日。

6. Termsak Chalermpalanupap, "In Defence of the ASEAN Charter"，in *The Making of the ASEAN Charter*, ed. T. Koh, R. G. Manalo and W. C. Woon （Singapore: World Scientific, 2009）, pp. 11736.

7. 二〇一五年四月二十三日。

8. 作者對許通美大使的採訪，二〇一五年十二月二十三日。

9. Maria Ressa, "Indonesia's Tom Lembong: ‘Let's Move Away from Playing Games’"，Rappler, 20 Nov. 2015, htp://www.rappler.com/thought-leaders/113434-indonesiaminister-tom-lembong-trade-politics，瀏覽時間：二〇一六年十月十日。

10. Agence FrancePresse, "Indonesia Will Join Trans-Pacific Partnership, Jokowi Tells Obama"，*The Guardian*, 27 Oct. 2015, htps://www.theguardian.com/world/2015/oct/27/indone-siawill-jointrans-pacific-partnership-jokowi-tells-obama，瀏覽時間：二〇一六年十月十三日。

11. Bernadete Christina, "Indonesia's Trade Minister Calls for TPP Membership in Two Years"，*Reuters*, 9 Oct. 2015, http: //www. reuters. com/article/us-trade-tpp-indonesia-idUSKCN 0S312R20151009，瀏覽時間：二〇一六年十月十三日。

12. 作者對黃根成的採訪，二〇一五年七月二十四日。

13. Sourav Roy, "ASEAN: What's That and Who Cares? Certainly Not the Common Man in Asia"，*Huffington Post*, 9 Oct. 2013, htp://www.huffingtonpost.com/sourav-roy/asean-whats-that-and-who-cares_b_3894984.html，瀏覽時間：二〇一六年十月十三日。

14. "Chinese FM Refutes Fallacies on the South China Sea Issue"，*China Daily*, 25 July 2010, htp://www.chinadaily.com.cn/china/2010-07/25/content_11046054.htm，瀏覽時間：二〇一六年十月十日。

15. "Dialogue with Prime Minister Lee Hsien Loong at the Singapore Summit on 19 September 2015"，Singapore Summit, htps://www.singaporesummit.sg/downloads//Dialogue%20with%20PM%20Lee%20Hsien%20Loong_SS2015.pdf，瀏覽時間：二〇一六年十月十二日。

16. Laura Allison, *The EU, ASEAN and Interregionalism: Regionalism Support and Norm Diffusion between the EU and ASEAN* （Houndmills: Palgrave, 2015）, p. 108.

17. Kripa Sridharan and T. C. A. Srinivasa-Raghavan, *Regional Cooperation in South Asia and Southeast Asia*（Singapore: ISEAS, 2007）．
18. N. Hayipiyawong, "The Failure of Peace Negotiation Process between Government of Thailand and Revolution National Front（BRN）in Southern Thailand Conflict（Patani）"，BA thesis, Universitas Muhammadiyah Yogyakarta, 2014, htp://thesis.umy.ac.id/datapublik/t39343.pdf，瀏覽時間：二〇一六年十月十二日。
19. Zachary Abuza, "The Smoldering Thai Insurgency"，*CTC Sentinel*, 29 June 2015, https://www.ctc.usma.edu/posts/the-smoldering-thai-insurgency，瀏覽時間：二〇一六年十月十日。
20. William J. Clinton, "Transcript of‘Global Challenges’: A Public Address Given by Former US President William J. Clinton at Yale University on October 31, 2003"，*Yale Global*, 31 Oct. 2003, htp://yaleglobal.yale.edu/content/transcript-global-challenges，瀏覽時間：二〇一六年十月十三日。
21. Thomas G. Weiss *et al.*, "The Rise of Non-State Actors in Global Governance: Opportunities and Limitations"，One Earth Future Foundation, 2013, htp://acuns.org/wp-content/uploads/2013/11/gg-weiss.pdf，瀏覽時間：二〇一六年十月十三日。
22. 作者對哈桑（Tan Sri Mohamed Jawhar Hassan）的訪談，二〇一六年六月十七日。
23. "ASEAN Economic Community: How Viable Is Investing?" Invest in ASEAN, http://investasean. asean. org/index. php/page/view/asean-economic-community/view/670/newsid/758/single-marketand-production-base.html，瀏覽時間：二〇一六年十月十三日。
24. "Foreign Direct Investment into Asean in 2010"，ASEAN, http://www. asean. org/storage/images/resources/Statistics/2014/StatisticalPublications/fdi_statistics_in_focus_2010_final. pdf, 二〇一六年十月十三日。
25. "Foreign Direct Investment Net Inflows, Intra and Extra ASEAN"，ASEAN, http://asean.org/storage/2015/09/Table-252.pdf，瀏覽時間：二〇一六年十月十一日。
26. "The ASEAN Economic Community（AEC）2015: A Guide to the Practical Benefits"，Ministry of Trade and Industry Singapore, https://www.mti.gov.sg/MTIInsights/MTIImages/MTI%20AEC%202015%20Handbook.PDF, 二〇一六年十月十一日。
27. Linda Lim, "The Myth of US-China Economic Competition"，*Straits Times*, 16 Dec. 2015, htp://www.straitstimes.com/opinion/the-myth-of-uschin-aeconomic-competition,，瀏覽時間：二〇一六年十月十三日。
28. "Impact of the SinoJapanese Competitive Relationship on ASEAN as a Region and Institution"，Report, S. Rajaratnam School of International Studies（RSIS）, Nanyang Technological University, 24 Dec. 2014, https://www.rsis.edu.sg/wp-content/uploads/2014/12/PR141224_Impact_of_Sino-Japanese.pdf，瀏覽時間：二〇一六年十月十日。
29. Thurein Hla Htway, "Military Party Awards Major Projects to China"，*Nikkei Asian Review*, 13 Jan. 2016, htp://asia.nikkei.com/Business/Companies/Military-party-awards-major-projects-to-China，瀏覽時間：二〇一六年十月十日。
30. Tony Allison, "Myanmar Shows India the Road to Southeast Asia"，*Asia Times*, 21 Feb. 2001, htp://www.atimes.com/reports/CB21Ai01.html#top5，瀏覽時間：二〇一六年十月十三日。
31. Dean Nelson, "India to Open Super Highway to Burma and Thailand"，*The Telegraph*, 29 May 2012, htp://www.telegraph.co.uk/news/worldnews/asia/india/9297354/India-to-open-super-highway-to-Burma-and-Thailand.html，瀏覽時間：二〇一六年十月十三日。

32. Government of India, Ministry of Development of Northeastern Region，*Kaladan MultiModal Transit Transport Project*, 2014, htp://www.mdoner.gov.in/content/introduction1，瀏覽時間：二〇一六年十月十二日。

33. "Singapore Is the Global City of Opportunity"，Ministry of Communications and Information Singapore, 2005, htp://www.mci.gov.sg/web/corp/pressroom/categories/speeches/content/singaporeistheglobalcityofopportunity，瀏覽時間：二〇一六年十月十二日。

34. "Text of 37th Singapore Lecture 'India's Singapore Story' by Prime Minister Narendra Modi during His Visit to Singapore"，23 Nov. 2013, https://www. iseas. edu. sg/images/event_highlights/37thsingaporelecture/Textof37thSingaporeLecture.pdf, accessed 10 Oct. 2016.

35. "Speech by Chinese President Xi Jinping to Indonesian Parliament"，ASEAN-China Centre, 2 Oct. 2013, htp://www.asean-china-center.org/english/201310/03/c_133062675.htm，瀏覽時間：二〇一六年十月十日。

36. "Remarks by H. E. Li Keqiang Premier of the State Council of the People's Republic of China at the 18th China-ASEAN Summit"，Ministry of Foreign Affairs of the People's Republic of China, 22 Nov. 2015, http://www.fmprc.gov.cn/mfa_eng/zxxx_662805/t1317372.shtml，瀏覽時間：二〇一六年十月十日。

第6章

諾貝爾和平獎

本書除了說明東協為東南亞地區以及世界帶來的貢獻之外，也想提出一點：東協創造了令人驚歎的和平奇蹟，其非凡的成就值得獲頒諾貝爾和平獎。但是，在短期內這個獎似乎不太可能頒給東協。還有很多人對東協並不瞭解，而且，東協的價值和成就總是被貶低。當然，我們也不得不說，東協自身在自我推銷方面做得並不夠好。

即使對本書這兩位一輩子生活在東南亞的作者來說，也曾錯過了東協許多重要的發展時刻。例如，兩位作者都不知道二〇〇八年東協國家創作了一首東協盟歌，叫《東協方式》，其歌詞如下：

高舉我們的旗幟，像天一樣高；
擁抱我們心中的自豪；
東協緊密團結一體，內省自身，放眼全世界；
以和平爲起點，以繁榮爲目標。
我們敢於夢想，我們樂於分享。
共同爲東協。
我們敢於夢想；

我們樂於分享，因爲這就是東協方式。

Raise our flag high, sky high
Embrace the pride in our heart
ASEAN we are bonded as one
Lookin out to the world.
For peace, our goal from the very start
And prosperity to last.
We dare to dream, we care to share.
Together for ASEAN
We dare to dream，
We care to share, for it's the way of ASEAN.

但事實是，即使那些深入參與東協發展的人也沒聽過這首東協盟歌。這明顯說明了東協要讓大家知道自己是一個組織，還有很長的路要走。

本書最後一章將重述東協取得的三大成就，並且著重強調目前東協內部正在進行、但需要培育及強化的一些積極進程。在本章最後，作者會提出三個大膽的建議，以便再提升東協內部的區域合作。當然，這些建議都不是能夠立即執行或實施的，但是東協應該對自己未來的目標要有雄心壯志。

首先要說的是，讓全世界瞭解並承認東協的成就仍然任重而道遠。正如導論中所述，《經濟學人》這個世界上最有影響力的新聞雜誌，一直表現出對東協的無知，而且似乎對東協的成就視而不見。二〇一四年五月十七日，《經濟學人》發表了一篇名為《東協方式》的文章。該文章歷數東協的種種缺陷，並且指出中國與越南兩方因一座中國石油鑽井正在越南海岸鑽鑿而陷入危險的僵局。此外，關於東協二〇一五年創立東協共同體的目標，該雜誌則以一種盎格魯－撒克遜屈尊就卑的口吻說，「按照《經濟學人》的新聞風格，我們對於『共同體』這個詞的使用是很審慎的」，然後帶著嘲諷暗示，「共同體傳遞的是一種不可能並存的凝聚力」。該篇文章作者還引用亞洲開發銀行以及東南亞研究院的一項研究，認為東協「在二〇一五年的最後期限到來之前，甚至在二〇二〇年或是二〇二五年之前，連接近單一市場的雛型都不可能會出現」。這篇文章最後總結道：「東協方式阻礙了東協的發展。」❶

僅憑一篇文章就來評斷《經濟學人》也許並不公平，但是作為該雜誌的忠實讀者，我們發現該雜誌對東協及其成就的否定是其來有自。當《經濟學人》（以及其他西方媒體）對東協進行報導時，他們並未注意到，東協一直讓他們的猜測失準。比如所謂中越之間就鑽井平台問題所產生的「危險」對抗一事，其實後來得到了和平且務實的解決。同樣的，與大多數預期相反的是，東協經濟共同體在二〇一五年十一月按照既定日程正式成立了。「東協方式」也許並不完美，但是東協將在東協經濟共同體內繼續發展。

東協的三大成就是令人滿意的。第一項成就就是為東協會員國帶來了五十年的和平。要充分理解這個偉大成就，得先來想像一下這樣一個世界：以色列和巴勒斯坦、伊朗和沙烏地阿拉伯、印度和巴基斯坦、中國和日本以及南北朝鮮之間，沒有戰爭。一九五〇和六〇年代，東南亞地區到處出現雙邊爭端，作為世界上動亂最嚴重的地區之一——「亞洲的巴爾幹」，東南亞地區能夠維持長時間的和平絕對是了不起的成就。單就這項，多年前東協就應該獲得諾貝爾和平獎。但是世人從來沒有認真考慮過，這充分說明了全球對東協的忽視。除了歐盟，沒有哪個區域組織能夠望其項背、能像東協這樣為這個地區帶來長達五十年的和平。在許多方面，東協的發展就是和平的代名詞。然而，歐盟在二〇一二年獲得了諾貝爾和平獎，但是東協卻從來都沒有被考慮過。

東協的第二項重大成就在於其改善了東南亞地區六億多人口的生活水準。同樣，要說明東南亞地區的進步，最好的方式就是與其他地區比較。一九六五年，新加坡的國民平均收入和加納一樣。但是今天兩國之間的差距可是非常驚人，新加坡的國民平均收入是三八〇八八美元，而加納則只有七六三美元。也許新加坡是個例外，那麼讓我們來對比一下東協人口最多的國家印尼，以及非洲和拉丁美洲人口最多的國家奈及利亞和巴西。一九六七年，東協剛成立之時，巴西和奈及利亞的國民平均收入分別是一九〇二美元和四八四美元，印尼是二七四美元。將近五十年後，在二〇一四年，巴西的國民平均收入為五八八一美元（增加百分之三百），奈及利亞為一〇九八美元（增加百分之兩百二十），而印尼為一八五三美元（增加百分之六百七十）。[2]印尼會大大領先奈及利亞並不讓人詫異，畢竟非洲的情況更加艱難，但是印尼的成長速度卻高於巴西則是出乎意料。因為當東協成立之時，巴西的發展程度遠大於印尼。國家領導力促進經濟發展，但是東協則在各國發展中充當了隱形的未知因素。

在過去的半個世紀，越南是東南亞地區經歷過重大衝突的國家，一九九二年《柬埔寨和平協定》簽署之後才真正實現和平。一九九五年，越南加入了東協這個它曾視為仇敵的區域組織。結果越南的國民平均收入從一九九五年的四〇九美元，成長到二〇一四年的一〇七七美元，GDP則從二九五億美元成長到九七七億美元。世界銀行行長金墉在二〇一六年二月二十三日感歎道：

越南過去二十五年的發展是舉世矚目的。在這段期間，越南人民的生活有十分顯著的改善。經濟成長平均接近7%，這讓越南這個在一九八〇年代世界上最貧窮的國家，僅過了一個世代之後就一躍成為中等收入國家。越南尤其了不起的成就是，將極端貧困人口比例，從二十五年前的50%減少到今天的3%。❸

一九九五年，越南僅有45%的人口有衛生設施，到二〇一五年提高為78%。越南五歲以下人口的死亡率從一九九五年的每千人有四十一人，減少到二〇一五年的每千人有二十二人，其高等教育的總升學率（高等教育人口在中學畢業後，五年內升學者佔總人口中的比例）從一九九五年的3%成長到二〇一三年的25%。

很難再找到其他國家在經過五十年不間斷的衝突後（比如越南，從一九四二至一九九二年之間），經濟還能成長如此之快。越南的成就證明，東協有能力促進其會員國在經濟和社會的發展。

東協的第三大成就是「教化」參與這個地區事務的大國。在過去幾十年中，涉入東南亞地區的各個大國（美國、中國、日本、印度、歐盟和俄羅斯）都盡力討好東協，給東協一些好處。目前還沒有任何一個區域組織像東協一樣受到大國如此拉攏。舉例而言，二〇一五年二月，美國前總統歐巴馬邀請所有東協領導人參加在美國舉辦的首屆美國－東協峰會，並且在開幕儀式上發表談話：

很榮幸能夠邀請各位領導人參加此次由美國主辦的首屆美國－東協峰會，此次盛會代表了一項新的里程碑。這次峰會代表我個人以及美國對所有東協國家和東南亞區域組織——東協的承諾，也就是維持良好與持久的夥伴關係。❹

歐巴馬在任期間對東南亞的政策是有缺陷的，他至少取消三次赴東南亞訪問的行程，但是他承認培育東協一直都很重要。《海峽時報》的一篇文章報導了此次峰會的成果，顯示歐巴馬對東南亞的評估是正確的：

此次峰會的舉辦證明美國言出必行，因為二〇一一年美國政府曾提出在外交政策上要有一個「戰略平衡」，並且會將更多注意力轉移到東南亞。在其八年的總統任期內，此次峰會是第二次試圖在經濟上將美國和東南亞連結起來，前兩次分別是二〇一二年制定的「美國－東協擴大經濟合作倡議」（USASEAN Expanded Economic

Engagement）以及去年的跨太平洋夥伴協定（TPP）……對於美國而言，一個強大且發達的東協能夠緩衝中國的經濟崛起，尤其是通過類似「東協＋3」以及東亞峰會這樣的區域組織。[5]

在未來的幾十年內，東協對於多數大國的價值會與日俱增，而且相應的，大國也會愈發想拉攏東協。目前，大國對東協的拉攏已經帶來巨大的社會和經濟效益。儘管東協要比歐盟年輕得多，發展程度也落後，但是東協簽署的自由貿易協定的數量幾乎快與歐盟一樣，目前東協簽署七個協定，歐盟則是十個。東協和中國之間的貿易額在一九九五年僅有兩百億美元[6]，但是二〇一四年已經成長到四千八百億美元，增加了二十四倍[7]。日本在東協的貿易和投資也迅速成長。二〇一四年，日本成為東協第三大貿易夥伴，雙邊貿易額高達二二〇四億美元，這是一九九五年貿易額一一六三億美元[8]的兩倍。此外，日本還是東協對外直接投資流量的第二大來源國（二〇一四年為二〇四億美元，一九九七年該數字僅為五十一億美元）[9]。令人驚訝的是，儘管美國與東協的貿易額已落後於中國、日本和歐盟，但是美國仍是繼歐盟之後東協的第二大投資國。

除了這三項主要成就，目前東協內部正在進行的三項發展也將讓東協國家及其鄰國受益匪淺。第一個就是東協國家領導人、部長以及高層官員之間的同志情誼。西方學者往往忽視國際關係中的個人因素。楊榮文曾經意味深長地告訴我們，東協官員之間的同志情誼有多麼重要，會產生多大的力量。他本人有超過二十年的時間都在跟東協高層官員打交道，並且參與東協政治和經濟兩個不同的合作領域。⑩

馬凱碩以往僅從外交領域參與東協合作，因此他總是以為，外交部長善於外交，比貿易部長更容易培養密切的關係，因為後者總是忙於保護本國經濟免於過度競爭。但是出乎意料的是，楊榮文說，實際上東協的貿易部長比較容易親近。這就能夠解釋，為什麼即使有時候某些東協國家奉行保護主義，但是東協的貿易和經濟合作卻仍然可以穩步成長。他說，其實是因為東協國家的貿易部長及官員之間的深厚情誼會對同伴產生壓力，讓東協的經濟逐步開放。楊榮文還強調，歐盟受到嚴苛的、法令上的約束，但東協不同，東協國家的貿易合作方式鬆散但務實。東協的貿易自由化並非一蹴即成，而是緩慢但穩健地逐漸取消關稅和非關稅障礙。

新加坡資深外交官許通美大使多年參與東協事務，但是即使是他偶爾也會對東協之間的合作感到驚訝。他有回從一位醫生處得知，東協國家的兒科外科醫生會定期舉行會面，這改善了東協國家的小兒科醫療狀況。簡而言之，每年東協國家之間舉行的上千次會面都會產生數百個相關網絡，這在實質上促進了東協國家之間的合作。

保守的美國學者都對東協正在發生的多邊發展不以為然。但是如果這些對東協有質疑的學者能夠參加與研究一下東協的會議，他們會被東協官員在多個領域的高水準合作震撼到。從健康到環境，從教育到國防，東協國家在多邊合作方面正穩定地進步中，這些都是由東協領導人和官員之間逐漸發展起來的個人關係所促成。

楊榮文還發現，東協國家之間的同志情誼還解除了許多潛在的危機。他在任職期間有三個例子可以加以說明。二〇〇七年八月十五日，緬甸突然取消燃料補貼，一夜之間物價飛漲，之後仰光爆發街頭抗議，一些和尚被射殺，震驚世界。由於東協在一九九七年已接納緬甸成為其會員國，因此對於是否發表聲明譴責緬甸政府的射殺行為，東協國家面臨很大的壓力。而身為東協會員國之一的緬甸，當時有兩個選項。一是直接否決發布聯合聲明，二是緬甸自己退出聯合聲明，這樣的話，東協剩餘的九個會員國就會發布聯合聲明譴責緬甸。當時許多人，包括九個東協會員國的外交部長在內，都認為比較可能產生的是第二種結果。

就在射殺行動發生之際，也就是二〇〇七年九月二十六日，東協十國的外交部長們正在紐約參加聯合國大會。當時新加坡恰逢輪值東協主席國，所以楊榮文主持了相關會議。當大家在起草強烈譴責緬甸的射殺行為時，楊榮文建議在聯合聲明中排除緬甸，由剩餘的九個國家發布聯合聲明。當所有人都認為緬甸外交部長年溫會退出聯合聲明之時，令楊與其他外交部長驚訝的是，年溫同意包括緬甸在內的所有國家為這次聯合聲明背書。這真的令人非常意外，因為聯合聲明中所說到，東協外交部長們：

對於收到緬甸政府對平民使用自動武器的報告感到震驚，並且要求緬甸政府立即停止對示威遊行人員採取暴力的行為。緬甸外交部長年溫報告稱，緬甸正在使用暴力對示威遊行進行強力鎮壓，並且已經造成多人傷亡，其他外交部長對此表示強烈反感。⓫

換言之，緬甸外交部長年溫為譴責其本國政府的聯合聲明進行背書。甚至在會議之後召開的記者會上，緬甸方面也有一位高層官員代表出席。在評價這次驚人的發展時，楊榮文說：

對於緬甸而言，東協就是他們的全部。他們會參加東協的所有會議。他們會先設定好，然後準備好發布聲明的內容。他們在受到譴責時會厚著臉皮挺住，因為東協是緬甸的唯一希望。雖然緬甸依賴中國，但是卻不想跟中國走得太近。儘管印度起初支持翁山蘇姬並且採取中間立場，但是從不曾和緬甸走得太近。而西方國家則更不友好。

簡言之，儘管緬甸及其他東協會員國之間存在許多尖銳的分歧，但是緬甸還是決定要與東協步調一致，而非扭頭退出。東協之間的同志情誼能夠幫助各國創造出一種深刻的凝聚力，在危急時刻能派上大用場。

另一場危機發生在二〇〇八年五月，當時強烈熱帶氣旋「納吉斯」在緬甸造成成千上萬名民眾喪生，並且導致上萬災民流離失所，沒有食物和藥品。根據國際危機組織亞洲專案組的一份報告稱：「在相當於半個瑞士的廣大區域內，電力、通信和交通網絡、衛生設施，以及學校等重要基礎設施都遭到嚴重破壞。嚴重程度可與二〇〇四年印度洋海嘯匹敵。」⓬國際社會已經做好準備，隨時應緬甸政府請求提供援助，但是當時執政的軍政府由於擔心外國勢力，尤其是西方勢力的干涉，拒絕所有援助。

國際社會對於緬甸的情況感到震驚。樂施會（Oxfam）東亞區主任莎拉．愛爾蘭說：「這次風災造成的死亡人數可能達到十萬人，甚至更多，但是由於各種原因導致的公共衛生災難，在未來一段時間內所造成的死亡人數將會達到十五倍。」⓭一如往常，西方領導人又以道德高姿態猛烈譴責緬甸政府。一家英國報紙報導英國首相戈登．布朗對此事的反應：

英國對緬甸軍政府進行了有史以來最嚴厲的譴責，總理稱緬甸軍政府正在將一項自然災害變成人為的災難。布朗告訴BBC世界頻道：「緬甸政府的行為是不人道的。我們無法容忍此次自然災害所造成的後果」，「緬甸政府的不作為和拒絕國際援助，是對緬甸人民忽視與不人道的行為，使得這次自然災害轉變為人為的災難。緬甸政權必須為此次災難負責。」[14]

法國外交部長貝爾納・庫希內也發表特別猛烈的攻擊性言論。他援引二〇〇五年聯合國世界峰會中聯合國大會做出支持「保護的責任」這個概念的決定，認為如果緬甸政府拒絕國際援助災民，國際社會有責任保護這些受害者，因此應該以武力介入，可以違背緬甸政府的意願提供援助給災民。

庫什內的聲明是非常不明智且不恰當的，強化了緬甸軍政府的偏執傾向。緬甸政府已習慣無視西方的批判和譴責，而且也對於一波接一波的責難做好準備。對於庫什內以武力干涉的威脅，緬甸政府的反應是在伊洛瓦底江加派駐軍，以抵擋任何西方軍隊介入。緬甸的軍隊不是去幫助此次風災中的災民，而是被派去對抗外國勢力。這種僵局持續了數週，如果情況再拖延，成千上萬的災民將遭受更嚴重的災難。還好，此時東協伸出了援助之手。

二〇〇八年五月十九日，在新加坡舉行的東協外交部長會議上，緬甸代表仍然堅持拒絕任何外部援助。當討論到氣氛緊繃之際，印尼外交部長哈山．維拉尤達看著緬甸外交部長年溫的眼睛說道：「你們對我們意味著什麼？我們對你們又意味著什麼？」這是一個強有力的質問。楊榮文插話進來，對年溫說：「你為什麼不回去問問內比都那邊？」年溫說：「好吧，我這就去。」楊榮文說：「不急，慢慢來。」午餐之後年溫回來說：「我已得到指示，我們可以就援助問題進行下一步的討論。」

緬甸政府對解決援助問題點頭之後，東協遇到了一些援助方面的現實困難。在《納吉斯過後的緬甸》一書中，作者帕文．查查瓦龐潘和姆．杜莎描述了東協當時遇到的挑戰：

在捐助會議之後，東協秘書處發現，要進駐仰光在時間和空間方面都有壓力。直到那個時候，秘書處的人員還沒有辦公場所，其辦公器材還是由聯合國提供的。這在秘書處的歷史上還屬首次，工作人員由於缺乏資源，現在得面臨在外地成立辦事處的挑戰。秘書長素林．比素萬博士去找辦公場所，並且利用他自己的人脈談好合適的條件，還得到了充足的資金，度過了東協仰光辦事處初期的困難時期。⓯

這個例子充分說明，東協國家部長間的信任和友誼已經達到一個很高的程度。緬甸，尤其是其勇敢的外交部長年溫，要兼顧其他東協會員國的利益而承受極大的壓力。但是這最後卻挽救了緬甸成千上萬人的生命，之後，緬甸政府終於在二〇〇八年五月二十三日同意外國援助人員進入緬甸。這個例子有力地證明了，東協應該繼續培育及強化地區網絡。

楊榮文提及的第三個例子是柬埔寨和泰國之間的柏威夏古寺爭端。這兩個國家關於此次領土爭端差點爆發軍事衝突。此次爭端於二〇〇八年一月開始發酵，當時柬埔寨在沒有獲得泰國同意的情況下，為柏威夏古寺申報聯合國教科文組織的世界文化遺產。泰國方面最終對此表示同意，七月八日柏威夏古寺被正式批准為聯合國教科文組織的世界文化遺產。然而，泰國政府的決定卻導致泰國國內爆發抗議行動，七月十五日，三個泰國人試圖在柏威夏古寺附近樹立旗幟時被柬埔寨政府逮捕。在接下來的幾天，兩國政府向這個地區加派軍隊及重型火炮，二〇〇八年十月三日兩軍交火。此後幾年內發生過幾次衝突，而且在二〇一一年二月衝突加劇，不過二月底，雙方同意印尼觀察員進入衝突地點。七月時，國際法院要求兩國撤軍。此後衝突有所緩解，但是在當年又爆發了兩次衝突。二〇一三年十一月國際法院作出判決，柏威夏古寺隸屬於柬埔寨。

從理論上來講，這次事件是兩國之間的雙邊邊境爭端。但是實際上，此次爭端的根源在於泰國國內的政治危機。當時同情泰國前總理塔信．欽那瓦的泰國政府與柬埔寨政府的關係甚篤，因此在柏威夏古寺的問題上並沒有採取強硬政策。當時支持塔信政府的政治勢力被稱為「紅衫軍」，而反對塔信的被稱為「黃衫軍」。為了要與紅衫軍對抗，黃衫軍指責外交部長將泰國領土割讓給柬埔寨，形同叛國。一場政治危機一觸即發，此時泰國政府不得不採取強硬立場。二〇〇八年六月和七月，泰柬兩國幾乎爆發軍事衝突。

東協再一次介入，化解此次危機。二〇〇八年七月二十二日，東協召開外交部長會議，楊榮文這樣描述當時會議的過程：

那個時候大家摩拳擦掌，幾乎要大打出手。我們幾個部長都出席了，只有泰國的外交部長沒有出席。他們只派了一個副部長，據他自己承認，他之所以過來完全是因為其他幾位副部長知道這次會議會很可怕，所以都找了理由推拒，而他是「被志願」參加的。我們說我們要討論一下柏威夏古寺的問題。他說：「我沒有得到指令要討論柏威夏古寺問題。」我對他說：「你代表泰國！」他說：「是，可是我還是不能跟你們討論這個問題，因為所有會談內容都必須先告知我們的議會；否則我就得背上叛國的罪名。」我說：「如果是這樣的話，那麼請你離開，我們的會議你不能參加。」他說：「不行，你們不能這麼做。你要知道，東協的會議泰國必須參加。」我說：「你自己決定吧。你如果還想留在這兒，那麼待會我們討論柏威夏古寺的時候你就必須參加。但是如果你不能參與討論，那麼請你離開。」所以他就回去了，去向曼谷請示。之後他回來，然後說：「我會參加此次會議。」所以他後來參加了這次會議，實際上在我的書裡還有一張當時會議的照片。會議是在植物園舉行的，是在那裡的一個平房裡。會議氛圍很緊張。我們提議將此事交由東協來協調，泰國不同意。柬埔寨方面說：「為什麼不呢？」等到印尼成為輪值主席國後，印尼外交部長馬蒂主動提出訪問兩國，試圖說服兩國就這個問題進行談判。最後終於奏效了。我們用耐心和堅持化解了一場危機。⑯

這些正面的結局，之所以會在東協發生，是因為經過上千次的東協會議，東協領導人和官員之間已經建立了深厚的同志情誼和共同體意識。即使他們別的什麼都不做，他們也得繼續召開這些會議，因為其獲益是非常明顯的。

第二個重要的進展就是東協各國的知識份子更加緊密合作。在前面關於東協SWOT的分析中已經提到，東協有一個關鍵弱點是東協人民缺乏主人翁精神。那麼，建立東協人民主人翁精神的敲門磚，就是加強知識界精英進一步的合作，尤其是那些活躍在外交領域的人。

按照學術界的說法，這叫「第二軌」合作。這主要指非政府組織之間的合作，而與「第一軌」合作，即政府間合作，形成對比。東協合作主要是通過「第一軌」，但是「第二軌」變得越來越重要。目前東協的「第二軌」合作主要是 ASEAN–ISIS 系列會議（這裡的 ISIS 是指戰略與國際問題研究所，不是敘利亞的恐怖組織）。每一個東協國家都已經向 ASEAN–ISIS 網絡派駐一個戰略問題智庫作為代表。⑰

這個網絡的精神之父是知名的印尼學者尤素夫·瓦南迪，其所任職的戰略與國際問題研究中心（CSIS）位於雅加達，是東南亞地區最有影響力的智庫之一。尤素夫集結了一批他熟悉的東協學者，包括諾丁·索皮耶（馬來西亞）、戴尚志（新加坡），以及卡洛琳娜·埃爾南德斯（菲律賓）。該網絡成立於一九八八年，創始成員包括戰略與國際問題研究中心、馬來西亞的戰略與國際問題研究所（ISIS）、菲律賓的戰略與發展問題研究所（ISDS）、新加坡國際問題研究所，以及泰國的安全和國際問題研究所（ISIS）。

從一九九四至一九九八年，東協高級官員會議（ASEAN–SOM）在新加坡方面一直由馬凱碩領導，他數次參加東協高官與 ASEAN–ISIS 代表的會議。由於雙方代表的群體不同，在其他國家的政府和非政府代表舉行會談時往往導致消極結果，或是兩邊對峙。但是還好，這些東協的相關會議從來沒有出現過這種情況。東協的會議秉持開放精神，並且鼓勵雙方互相傾聽，在每個會議中ASEAN-ISIS代表都會提出自己對強化東協合作的建議。加州州立大學助理教授瑪麗亞．奧托斯特在評價此種方法時寫道：

東協模式之所以確定可以輸出，是由於ASEAN-ISIS的協助以及其他國家的支持（或是默許）。目前，ASEAN-ISIS在東南亞和亞太地區（尤其是與日本、加拿大和澳洲）已經發展出一套廣泛的聯繫網絡，使得各國學者能夠透過一個區域安全對話平台進行初步交流。當東協決定在東協部長級會議後續會議（PMC）上與其對話夥伴討論解決政治和安全問題，之後解決東協區域論壇成立的問題時，這種模式的效果達到了高峰。⑱

ASEAN-ISIS主席馬來維．沙功尼洪在二〇〇七年召開的東協區域論壇會議間的支援小組會議上發表了一篇文章，他寫道：

在二十年間（ASEAN-ISIS成立於一九八八年），ASEAN-ISIS已經成為一個非常重要的「第二軌」網絡，得到東協各國政府的認可……儘管只是「第二軌」，但是

> ASEAN–ISIS 透過組織各種地區研討會、會議、研討會、討論會等，為「第一軌」的各國政府提供政策建議……我們必須瞭解到，在眾多重要的會議中，其中一些已經變成 ASEAN–ISIS 的「旗艦性活動」，例如致力於信任建立以及衝突解決的亞太圓桌會議、ASEAN–ISIS 人權研討會（AICOHR），以及東協人民大會（APA）。[19]

東協的第三個進展就是需要進一步強化亞太地區所有大國參與的多邊會議。正如本書所言，東協在「教化」大國方面已經有了很好的成績。然而，真正的挑戰才剛要來臨。亞太地區即將發生劇烈的權力轉移，而且可以合理預測，在未來幾十年，隨著美國、中國、日本和印度相對權力的劇烈轉移，緊張局勢將愈趨嚴峻。因此，重新調適儘管痛苦，但卻是必須要做的。

東協透過邀請大國領導人和部長定期參加東協會議，有助於緩解這些再調適的痛苦。這些場合中非正式的會面可以有助於紓解與減少大國之間的摩擦。

但是想要使上述目標達成，相關各方就有必要理解這些會議的價值。在若干時候，當新的領導人出現時，他們會質疑這些會議的價值，以為只是為了開會而開會。例如，二〇一四年七月當選印尼總統的佐科威，他上任後參加東協和東協擴大會議，就深感驚訝。在他與其他東協領導人第一次開會之後，他問新加坡總理李顯龍，東協領導人是否有必要在每次東協會議上都進行例行報告。他比較希望免除這些儀式性的會議，而待在國內解決實際問題。

但是儀式性的會議很重要。每年所有領導人按照慣例聚集在一起，他們透過這種方式以個人身份，而非不同國家的代表互相瞭解。因此，我們想籲請佐科威要有耐心，在參加幾次東協以及「東協＋」會議之後，靜待這些與其他領導人的會面出現好的效應。此外，如果佐科威總統能夠持續參加東協的相關會議，也會鼓勵其他國家領導人參與。歐巴馬總統以及前國務卿康朵麗莎．萊斯等美國領導人和官員往往選擇缺席東協的會議。如果美國未來的官員都養成這種習慣，東協就不太可能幫助緩解大國之間的摩擦。東協必須盡其所能說服大國都來參加東協擴大會議，但是如果東協最大的國家，印尼的總統自己都不出席，那麼其他國家肯定也不會想參加。所以，出席本身就很重要。如果我們能夠保證美國、中國、印度和日本的領導人定期參加東協擴大會議，即可奠定緩解亞太地區大國緊張關係的基石。

三個大膽的建議

本書最後想提出三個大膽的建議，幫助東協內的合作更上一層樓，並且保障東協在未來半個世紀成長為一個強大、有活力、且生機勃勃的區域組織。每個建議都會遇到一些阻力，而且在實施的過程中可能困難重重，但是如果東協領導人連設定未來五十年的宏偉目標都沒辦法承諾，那他們也無法扛起責任，在前人達成的偉大成就上繼續發揚光大。

第一個建議非常明顯。如果東協要長期繁榮與發展，該組織的主導權就必須從政府移交到人民手中。政府會更迭，但是人民不會。政府更替，東協會員國參與東協事務的熱情也會有所變化。蘇哈托總統在位時，他是東協的堅定擁護者，但是其接班人哈比比總統一開始對東協事務興趣缺缺。正如阿米塔夫·阿查亞指出的，印尼當時對待東協的方式有所改變：「儘管哈比比和瓦希德政府起初有些忽視東協，但是印尼後來對東協表現出積極的態度。」[20]同樣，相較於其繼任者佐科威，蘇西洛總統是東協熱情的支持者，不過佐科威在後續的幾年中越來越支持東協。他在二〇一五年任命的貿易部長湯姆·林邦，比其前任拉赫馬特·戈貝爾更支援建設東協經濟共同體。

為了保護東協免於受到政府更迭的影響，東協人民必須要有更深的主人翁意識。如果東協的民眾對其政府施壓，讓其更加注重東協，將是東協會員國在未來不會退出或危害東協發展的終極保證。由於東協實施了一些讓人激賞的倡議，在過去幾年中，民眾對於自己是東協主人翁的意識逐漸建立起來。例如，每個東協國家都仿效歐盟升起兩面旗幟，一面是東協的旗幟，一面是本國的國旗。如果大多數民眾在拜訪其大使館時都會油然生起一種民族自豪感，他們也會將這份自豪與自己國家和東協連結在一起。

要培育東協人民的主人翁意識，最好辦法是將東協納入教育系統。所有小學生都必須能說出東協十個國家的名字，並且至少知道每個國家的一些歷史和文化。在英國殖民新加坡時，小學教育包含英國的歷史和文化，裡面有很多關於英國女王的介紹，但是對泰國國王卻沒有什麼介紹。另外，教科書很重要。所有東協國家都應該鼓勵在學校教材中放入東協的相關內容。無疑的，東協國家將會出現十個關於東協的版本，所以這些國家可以就教材內容進行交流，以彼此理解東南亞地區的多樣性，而這也是東協這個組織的核心特點。

目前，東協已經採取一些措施來擴大及深化大眾的主人翁意識。例如，東協各國旅遊免簽以及廉價航空的爆炸式增加，已經大幅提高不同國家人民面對面交流的機會，因此也將促進東協內人民的相互瞭解。根據東協的旅遊網站可知：

> 根據統計，目前到東協十國旅遊的人數可達一・五億，而東協國內旅遊人數的市場佔比還不及這個總數的一半，大約為46%—48%。但是到二〇二五年，到東協十國旅遊

的人數將達到一・五二億，而東協國內旅遊人數將突破九千萬大關。屆時，東協旅遊業對GDP的貢獻率有望從12％成長到15％，旅遊所帶動的就業將從現在的3.7％成長到7％。[21]

BBC在二〇一二年曾報導，目前東南亞的廉價航空公司承擔了此地區三分之一的航空運量。[22]《經濟學人》於二〇一四年五月份的一篇文章寫道：

根據雪梨的一家調查公司亞太航空中心（CAPA）統計，在短短十年內，廉價航空從無到有，其市場佔比已經從零飆升到58％……現在東南亞地區的天空很擁擠……世界上最繁忙的十五條廉價國際航線，其中有九條都在東南亞。[23]

東協境內廉價航空公司爆炸式的發展所帶來另一個意想不到的好處是，東協各國詩人和藝術家更容易相互交流。那麼必然地，以後也會有越來越多的作品引用東協國家的藝術和文學作品。馬修・以撒・科恩在《亞洲戲劇雜誌》上寫的一篇文章提到：

東南亞國家因自豪其擁有的藝術傳統，表面上看起來未受國際潮流的影響，因此長期被視為全球文化潮流無法觸及之地。但是，隨著東協會員國之間的聯繫迅速又緊密，東南亞正開始以自己文化傳承為基礎，重新演繹傳統文化，呈現出新的樣式和想法……當今一代的藝文工作者，視野更具有世界觀、更有求知欲，對於跨藝術合作也更有經驗，嗅覺更敏銳，並且渴望擴展經驗，探索新的藝術形式的可能性和連結。一個當代的泰國舞者說，他的同行們都住在印尼和柬埔寨，而非曼谷。來自吉隆坡的一位年輕皮影藝術家說，他得到資助，跟隨馬來西亞北部吉蘭丹州的一位傳統皮影藝術大師學習，但是當他到爪哇短期旅行並跟當地一位有經驗的皮影藝術家交談後，他發現後者更有助於他瞭解皮影。印尼的劇作家和導演則都在研讀、翻譯，甚至直接演出新加坡劇作家所編寫的戲劇。[24]

儘管這些倡議已經對建構東協人民的主人翁意識逐漸發揮積極的影響，但是一些「爆炸式」的倡議也將讓東協從中受益，而且目前已經有兩個提案。二〇一一年一月的東協外長會議上，各國外交部長討論了他們聯合申辦世界盃的可能性，二〇一四年十二月國際奧會投票決議，允許多個國家聯合申辦奧運會，因此東協舉辦奧運會也成為可能。新聞媒體報導了東協各國奧會對此倡議的支持。既然巴西分別在二〇一四年和二〇一六年舉辦了世界盃和奧運會，東協沒有理由不能聯合舉辦這兩大盛會或其中之一。如果能舉辦世界上最重要的體育賽事，讓東南亞地區以及全世界都認識到東協，這對東協將有震撼效應。

但是任何一個提議都會引發爭論，例如，若舉辦最引人矚目的體育賽事——世界盃決賽，要在哪個國家的首都舉辦呢？幸好，東協對爭論已經習以為常了。例如，當日本提議設立一個研究機構促進東協國家經濟問題研究時，馬來西亞和印尼都奮力爭取。因為這兩國各有一位強勢活躍的貿易部長，即印尼的馮慧蘭和馬來西亞的拉菲達．阿齊茲。最後，經過緊張的遊說，印尼勝出。東協和東亞經濟研究院（ERIA）於二〇〇八年在雅加達成立，目前已經發表許多關於東協經濟的珍貴研究。簡而言之，儘管舉辦世界盃或是奧運這樣的盛事會引發東協國家之間的激烈競爭，但是東協很善於解決此類分歧，而且最終會達成共識。

此外，東協也可以效仿歐洲舉辦類似愛丁堡藝穗節或是歐洲電視歌唱大賽等文化盛事，來展現東南亞地區豐富的藝術和文化遺產。任何大型活動都將對東協人民在建構東協認同感上產生滲透式影響。

第二個大膽的建議同樣顯而易見：那就是將現在這個發展不健全且嚴重受限的秘書處，轉變成一個有活力的機構，以更完善地服務東協。隨著組織（或是公司）的成長和發展，它們的管理能力也應該相應地提高。確實，東協是絕對不可能編到像歐洲委員會那樣巨大的機構預算。東協和歐盟不同，它是一個政府間的組織，並不是類似歐洲委員會那樣的超國家機構。新加坡大使比拉哈里·考斯甘就指出東協和歐盟的區別：

歐盟是後民族主義的建構物。弔詭的是，歐盟的成立是源於民族主義者對於民族優越主義的極端恐懼……東協並不否認民族主義的存在，也不會試圖用某種異想天開的更高目標來取代民族主義。由於東協處於一個大國利益交錯的地緣政治區域，這使得該區域各國的主權持續受到威脅，為此，東協透過本身的機制來約束各國的民族主義，此機制可以引導各國民族主義來提升其維護自主性和主權的能力。無論東協各國有哪些差異，那都是我們所共有的。[25]

然而，隨著東協的發展，秘書處不能還是止步不前。為什麼秘書處一直沒有擴大呢？答案很簡單，就是它設計上的缺陷一直沒有得到修正。在一九七六年東協秘書處成立之時，當時只有五個會員國，且國力相當，它們同意採取簡單平均的原則，即每個會員國向東協秘書處提供一樣的會費，這樣就可以避免為了到底誰該多付、誰該少支付而爭論不休。當時，新加坡很大方地同意這個提議，因為它的人口只有兩百二十萬，但是所支付的會費與印尼的相同，後者擁有 1.324 億人口，是新加坡人口的六十倍。

但是到了二〇一四年，東協已經擁有十個會員國，而且它們之間的差距一直在擴大。例如，寮國和柬埔寨二〇一四年的 GDP 分別是一一八億美元和一六七億美元，而印尼的 GDP 則高達八千九百億美元，是東協國家 GDP 最少的國家的七十五倍。㉖這個結構性的問題，也就是平均會費政策，阻礙了東協秘書處的發展，因為繳給東協秘書處的年度會費，不能超過東協最貧窮國家的支付能力。

一份亞洲開發銀行的報告就強烈建議，東協應重新考慮東協十國平均會費的原則：

> 堅持平均會費原則不僅會阻礙秘書處預算的成長，而且會讓該機構本質上更加依賴國際捐贈者等外部資金。雖然實際上在一般情況下資金是充足的，但是捐贈者和東協的優先事項不一定總是吻合。如此一來，為其提供資助的外部利益相關方就會對該機構提出各種要求，那麼東協的決策就會因為要考量到這些要求而動搖，無法獨立執行其規劃和策略。如果東協想要發展得更成熟，並且蒸蒸日上，東協會員國就應該體認到，現在的這個會費原則必須要被廢棄。㉗

東協作為一個充滿活力的區域組織，它需要一個與其相稱的、強大的、有活力的秘書處。我們為什麼要讓目前這個會費原則來限制秘書處的能力，讓其由最貧窮會員國的支付能力來決定？這十個東協會員國也是聯合國會員國，但是在聯合國內，每個會員國上繳的年度費用是根據一個複雜的公式計算的，讓每個會員國根據自身的「支付能力」上繳一定比例的金額。

既然東協國家能夠接受聯合國的「能力支付」原則，那麼對於對其國家利益更加重要的東協，為什麼不能同意在東協秘書處採取同樣的原則呢？東協國家可以根據上繳給聯合國秘書處會費的比例，繳交東協秘書處的會費。二〇一四年東協會員國在聯合國的繳費比例分別是：汶萊0.026％，柬埔寨0.004％，印尼0.346％，寮國0.002％，馬來西亞0.281％，緬甸0.01％，新加坡0.384％，泰國0.239％，菲律賓0.154％，越南0.042％。[28]那麼如果是按照這個比例，東協各國（根據二〇一四年的資料）繳給東協秘書處的會費比例應該如下表（見下頁）。

要求較大的國家（例如印尼）以及比較繁榮的國家（例如新加坡）支付較高的預算比例是公平公正的。同樣重要的是，這樣就可以幫助秘書處擺脫原本會費原則的限制，讓其能夠隨著每個東協國家GDP的成長而相應地成長。一份亞洲開發銀行的研究就建議東協秘書處的預算應該增加十倍：

> 隨著秘書處功能的增加和規模的擴大，很明顯其可用的資源也必須呈幾何級數增加，以滿足東協的需求。為了此研究，我們做了一個運算，到二〇三〇年，東協秘書處若要履行其擴大後的職能，其年度預算需要達到二・二億美元，而且至少需要一千六百名工作人員。㉙

汶萊	1.75%
柬埔寨	0.27%
印尼	23.25%
寮國	0.13%
馬來西亞	18.88%
緬甸	0.67%
新加坡	25.81%
泰國	16.06%
菲律賓	10.35%
越南	2.82%

對於那些反對經費大幅增加的人（包括新加坡的許多反對者），我們要強調，每個國家所支付的絕對數字只是一個小數目。以新加坡來說，如果根據亞洲開發銀行新計算出來的二・二億美元的預算計畫，新加坡每年需要支付的經費是五六七八萬美元。相比之下，二〇一四年新加坡國防部和外交部的年度預算分別是九十八億美元和三・五三億美元。考慮到東協對於強化新加坡長期安全和繁榮的貢獻，新加坡如果不同意以上建議的金額就顯得太

吝嗇，也不夠明智。此外，以聯合國「能力支付」原則來計算是符合新加坡的長期利益的，因為新加坡是東協裡面最小的國家之一。隨著時間過去，東協其他國家的國民生產總值會大幅增加，那麼新加坡支付的比例就會相應地縮小。

有兩位新加坡前外交官批評了新加坡支持平均會費的政策，這反映出我們會希望為其他國家樹立榜樣。如果其他東協會員國政府也反對增加付給東協秘書處的年度會費，那麼它們國家的公民也應該同樣批判自己本國的政府。每個東協國家毫無例外都受益於東協所創造的和平與繁榮的生態系統。與其抱怨年度會費的增加，東協的公民應該向本國政府請願，為東協秘書處多貢獻心力。

此外，新加坡也可以試著與東協的機構分享自己優異的工作文化，來影響東協秘書處的工作文化。那要如何影響呢？可以採取以下幾個簡單的步驟。第一，新加坡有非常多高層公務員，包括常務秘書，他們一般都在六十歲左右就退休，這個年齡相對而言算早。但是他們仍然很活躍，也精力充沛，新加坡政府可以為他們提供很好的補助，請他們為東協秘書處提供志願服務。其實這個點子並不新。其他組織已經採用過了。例如，一九六四年美國一些商務人士退休後成立了SCORE（退休商務服務公司），他們為八百五十多萬客戶提供管理諮詢服務。美國小型企業管理局創業教育的一項研究指出，SCORE每年為美國創造大約兩萬五千個新的就業職務。同樣的，非官方諮詢也可以幫助改善東協秘書處的工作情況。

第二，新加坡可以為東協秘書處新加坡辦事處的官員提供免費培訓。新加坡擁有世界頂級的培訓機構，例如公共服務學院、新加坡國立大學、李光耀公共政策學院和新加坡管理大學商學院、以及歐洲工商管理學院。利用新加坡的合作專案基金為新加坡的東協公務人員提供培訓課程，符合新加坡的國家利益。成效不會一蹴即成，但是隨著時間，東協秘書處的工作文化和效率會有所提升。

迪派克．奈爾曾記錄了東協秘書處有能力招聘優秀人才和無法招聘優秀人才的階段。[30] 顯然，東協秘書處無法吸引出色人才的階段恰好就是其資源短缺的階段。但是如果採用新的會費機制，那麼東協秘書處就有充足的資源招聘傑出、有活力的人才。

如果東協秘書處突然湧進過多新的資源，這些資金會被浪費嗎？必須承認的確會有這個風險，但是要避免這種情況，有很多辦法。例如，東南亞地區一些大型顧問公司，如麥肯錫公司、貝恩公司、波士頓諮詢公司，以及奧緯諮詢等，都有為有價值的非營利性組織提供免費服務，並且有很好的實踐經驗。二〇〇三年，應東協諸位貿易部長之請，麥肯錫公司就東協自由貿易區（FTA）的效益做了一項研究。一些東協國家一直擔心ＦＴＡ是一個零和遊戲，並非所有國家都能從市場整合中受益。然而，這項研究發現，市場整合有利於各會員國經濟進行互補，而且有助於刺激各國提高各自的競爭力。此外，麥肯錫得出結論，整合後的東協將在未來的貿易談判中有更多籌碼，對於對外直接投資也將更有吸引力。

東協各國有足夠的財政實力及聰明才智將東協秘書處發展為一個強大又有活力的機構，能夠主持許多東協最近發起的合作計畫案。但是除了實施已經制定好的決策，秘書處作為一個積極有活力的機構，也可以提出新的想法。只要有正確的領導，東協秘書處肯定能夠促進東協合作更上一層樓。

第三個建議應該是一個真正大膽的倡議，就是將東協建設為一座人道主義的新燈塔。傳統上，美國一直在扮演人道主義希望燈塔的角色。儘管川普當選美國總統引發諸多不安，但是美國在許多方面仍繼續扮演這個角色。然而，美國處理文化差異的模式是創造一個大熔爐，在這個熔爐中，不同文化之間的所有差異全都不見，最後留下的只有一個美國文化。可是我們生活的世界永遠不可能變成一個熔爐。事實上，隨著亞洲不同文明的復興，我們需要應對的是一個更具多樣性的世界，而非更沒有什麼多樣性的世界。

這也就是為什麼東協這個世界上唯一一個真正有多樣性文明的區域組織，可以成為另一個人類希望的燈塔。在過去的兩個世紀，我們的世界都是由西方文明主導，但是現在正在轉向一個多種文明的世界，關於來自極為不同的文明如何近距離地並存與合作，東協可以提供珍貴的模式。世界上沒有任何其他地區能夠扮演一個真實存在的文化多樣性的實驗地，既然如此，全球都對東協的成功負有責任。東協每分每秒的成功都會為人類帶來寶貴的希望。

此外，全球悲觀主義蔓延，在西方世界尤其盛行，認為不同的文明不能互相合作，在這個時刻，證明不同文明可以和諧相處就變得尤為緊迫。在二〇一五年十一月十三日的巴黎恐攻事件、二〇一五年十二月二日的加州恐攻事件，以及二〇一六年三月二十二日的布魯塞爾恐攻事件造成無辜平民傷亡後，這種悲觀主義變得更加嚴重。許多西方知名學者開始公開認為，之前哈佛學者薩繆爾．杭廷頓預測的「文明衝突」或許是正確的。

針對這種在西方滋長的消極情緒，馬凱碩與美國前財政部長暨哈佛大學前校長拉里．薩默斯合寫了一篇名為《文明的融合》的文章，發表在《外交事務》期刊二〇一六年五／六月這期。在這篇文章中，兩位作者使用「文明的融合」（fusion of civilizations）一詞來指世界各大文明間存在著共同性，這個看法是源自於一項西方的現代觀點，而此西方觀點是依靠科學和理性來解決問題。

事實很清楚，目前世界正在進行融合而非文化衝突，上述這篇文章便闡述了由於這種融合過程，世界正以何種方式變得更美好。史蒂芬．平克在其《人性中的良善天使》一書中，證明了衝突和暴力在一段長時間內已經大幅下降。[31]全世界嬰兒死亡率已經從一九九〇年的每千人有六十三人，下降到二〇一五年的每千人有三十二人。這意味著每年有超過四百萬嬰兒免於死亡。此外，在全球的範圍內，中產階級人口在迅速成長。

單憑實證還無法說服所有人相信世界文明正在進行融合。人們還需要親眼見證這個過程是真實在發生，而東協就是明證，因為在這個地區每天都在上演這樣的劇碼：不同的文明克服彼此差異，基於彼此的共同性和諧共處、相互合作。有鑒於西方的極端悲觀主義和對伊斯蘭不斷成長的不信任，馬來西亞和印尼的成功提供了希望，因為這兩個國家證明，伊斯蘭世界是可以繼續現代化的。它們的成功還證明，伊斯蘭可以和現代西方價值觀相容。例如，馬來西亞的全民醫療保險制度就是開發中國家裡最好的一個，大學裡女生和男生比例分別是65％和35％。㉜

印尼是世界上人口最多的伊斯蘭國家，約有二・五億人口。印尼也是最成功的伊斯蘭民主國家。最近兩任總統蘇西洛・班邦・尤多約諾和佐科威・維多多都曾承諾，要帶領印尼融入現代世界。印尼宗教學者復興會，是印尼最大的伊斯蘭組織（有五千萬教眾），正扛起重責大任，努力向全世界推銷現代伊斯蘭。如果印尼二・五億人口能夠繼續沿著這個軌跡走下去（事實上他們很有可能這麼做），那麼他們會向全世界證明，文明融合的正面影響力在伊斯蘭世界也是可以有成效的。㉝

東協有屬於完全不同文明的六．二五億人口，其實就是世界人口的一個縮影，因為世界上七十億的人每天都擠在一個正在形成的「地球村」。西方許多人都在質疑，在這麼小的一個「地球村」內我們是否可以和平共處。關於這點，東協內部的基督教、伊斯蘭教、印度教、儒家學派、道教，以及共產黨信眾和諧共處的事實就可以提供一個實證，打消西方人士的懷疑。這也有可能成為東協在二十一世紀對世界歷史的最大貢獻。

然而，也必須強調，東協會成功，只是過程並不見得完美。如前文所述，東協的發展是不穩定的，而且永遠不是直線發展。不過，這些不完美和缺陷只會增加東協帶給人類的希望。如果這樣一個不完美的地區都能為六．二五億的人口帶來和平和繁榮，那麼世界上其他地區肯定能複製東協這種並不完美的模式。這就是東協的故事中最弔詭之處：在不完美中蘊涵著優勢。

這是東協應該被授予諾貝爾和平獎的另外一個理由，也許二〇一七年，東協成立的五十週年就是一個好時機。這個獎項會吸引全球眼光，關注這個在世界舞台上新的希望燈塔，並且會向西方傳遞一個正面的訊息：伊斯蘭文明和非伊斯蘭文明是可以和平相處。此外，由於東協有三個最成功的伊斯蘭社會，這點也將激發世界上其他約十億的穆斯林認真學習東協模式。東協五十年的努力不應該被白白浪費。東協的成功應該被善加利用，激發其他社會和文化來效仿它的精神。

1. "Gett ing in the Way"，*The Economist*, 17 May 2014, http://www.economist.com/news/asia/21602265-south-east-asia-finds-decorum-it-sregional-club-rather-rudely-shatteredgetting-way，瀏覽時間：二〇一六年十月十二日。
2. "Adjusted Net National Income Per Capita （Constant 2005 US$）"，IndexMundi, http://www. indexmundi. com/facts/indicators/NY. ADJ. NNTY. PC. KD，瀏覽時間：二〇一六年十月十三日。
3. "World Bank Group President Jim Yong Kim Opening Remarks at the Vietnam2035 Report Launching"，World Bank, 23 Feb. 2016, http://www.worldbank.org/en/news/speech/2016/02/23/world-bank-group-president-jimy-ongkim-opening-remarksat-the-vietnam-2035-report-launching，瀏覽時間：二〇一六年十月十二日。
4. "Remarks by President Obama at Opening Session of the U. S.ASEAN Summit"，White House, 2016, https://www.whitehouse.gov/thepressoffice/2016/02/15/remarks-pres-ident-obama-openings-essionus-asean-summit，瀏覽時間：二〇一六年十月十二日。
5. Sanchita B. Das, "What US-Asean Connect Means for the Region"，*Straits Times*, 17 Mar. 2016, http://www.straitstimes.com/opinion/what-us-asean-connect-means-for-theregion，瀏覽時間：二〇一六年十月十二日。
6. Yu Sheng *et al.*, "The Impact of ACFTA on People's Republic of China-ASEAN Trade: Estimates Based on an Extended Gravity Model for Component Trade"，Asian Development Bank, July 2012, https://www.adb.org/contact/tang-hsiao-chink，瀏覽時間：二〇一六年十月十二日。
7. "ASEAN-China Economic and Trade Cooperation Situation in 2014"，Asean-China Centre, 16 Mar. 2015, http://www.asean-china-center.org/english/2015-03/16/c_134071066.htm，瀏覽時間：二〇一六年十月十二日。
8. 根據此網站資料 http://www.customs.go.jp/toukeiinfo/index_e.htm 以及 IMF 資料庫計算所得。
9. Japan External Trade Organization, "East Asia Economic Integration and the Roles of JETRO"，Ministry of Foreign Affairs of Japan, http://www.mofa.go.jp/region/asia-paci/cambodia/workshop0609/attach5.pdf，瀏覽時間：二〇一六年十月十二日。; Japan External Trade Organization, "JETRO Global Trade and Investment Report 2015: New Efforts Aimed at Developing Global Business"，http://www.jetro.go.jp/en/news/2015/ea96c87efd06f226.html，瀏覽時間：二〇一六年十月十二日。
10. 一九八八至一九九一年，楊榮文擔任外交部高層官員（外交部政務部長：一九九〇至一九九一年，擔任外交部高層政務部長：一九九一至一九九四年，擔任外交部第二部長：二〇〇四至二〇一一年，擔任外交部長）。一九九七至一九九九年，楊榮文還擔任貿工部第二部長：一九九九至二〇〇四年，擔任貿工部部長。無論是哪個職位，楊榮文都與其他東協國家官員進行了頻繁的會面。
11. "Statement by ASEAN Chair, Singapore's Minister for Foreign Aff airs George Yeo in New York, 27 September 2007"，Embassy of the Republic of Singapore, Washington, DC, http://www. mfa. gov. sg/content/mfa/overseasmission/washington/newsroom/press_statements/2007/200709/press_200709_03.html，瀏覽時間：二〇一六年十月十二日。
12. "Burma/Myanmar after Nargis: Time to Normalise Aid Relations"，International Crisis Group, 2008, https://www.fi les.ethz.ch/isn/93248/161_burma_myanmar_after_nargis.pdf，瀏覽時間：二〇一六年十月十二日。

13. "Oxfam Warns up to 1.5 Million in Danger if Aid Effort Cannot Reach Cyclone Victims"，Oxfam America, 11 May 2008, https://www.oxfamamerica.org/press/oxfam-warns-up-to-15-million-in-danger-if-aide-ffor-tcannot-reachcyclone-victims/，瀏覽時間：二〇一六年十月十二日。
14. Ian MacKinnon and Mark Tran, "Brown Condemns ‘Inhuman’ Burma Leaders over Aid"，*The Guardian*, 17 May 2008, https://www.theguardian.com/world/2008/may/17/cyclonenargis.burma2，瀏覽時間：二〇一六年十月十二日。
15. Pavin Chachavalpongpun and Moe Thuzar, *Myanmar: Life after Nargis*（Singapore: ISEAS, 2009）, p. 56.
16. 作者對楊榮文的訪談，二〇一六年二月十五日。
17. 更多資訊請參考 http://www.siiaonline.org/page/isis/.
18. Maria Consuelo C. Ortuoste, "Internal and External Institutional Dynamics in MemberStates and ASEAN: Tracing Creation, Change and Reciprocal Influences"，PhD dissertation, Arizona State University, 2008, http:// gradworks.umi.com/33/27/3327250.html，瀏覽時間：二〇一六年十月十日。
19. Malayvieng Sakonhninhom, "Flagships and Activities of ASEAN-ISIS"，ASEAN Regional Forum, Mar. 2007, http://aseanregionalforum.asean.org/files/Archive/14th/ARF_Inter-sessional_Support_Group/Annex（34）.pdf，瀏覽時間：二〇一六年十月十日。
20. Acharya, *Constructing a Security Community in Southeast Asia*, p. 221.
21. Luc Citrinot, "ASEAN for ASEAN: Focus Will Be Given to Strengthening IntraASEAN Tourism"，ASEAN Travel, 2016, http://asean.travel/2016/01/24/asean-for-asean-focus-will-be-given-to-strengthening-intra-asean-tourism/，瀏覽時間：二〇一六年十月十二日。
22. Nick Easen, "In Asia, a Boom in Low-cost Flights"，BBC, 2 Apr. 2012，http://www.bbc.com/travel/story/20120402-low-cost-flightsin-asia-booms，瀏覽時間：二〇一六年十月十二日。
23. "Too Much of a Good Thing"，*The Economist*, 15 May 2014, http://www.economist.com/news/business/21602241-after-binge-aircraft-buying-and-airline-found-ing-it-timesober-up-too-much-good，瀏覽時間：二〇一六年十月十二日。
24. Matthew Isaac Cohen, "Introduction: Global Encounters in Southeast Asian Performing Arts"，*Asian Theatre Journal* 31, 2（2014）: 353-68.
25. Bilahari Kausikan, "Hard Truths and Wishful Hopes about the AEC"，*Straits Times*, 2 Jan. 2016.
26. "World Economic Outlook Database"，International Monetary Fund, https://www.imf.org/external/data.htm，瀏覽時間：二〇一六年十二月十二日。
27. "ASEAN 2030: Toward a Borderless Economic Community"，Asian Development Bank Institute, 2014, http://www.adb.org/sites/default/fi les/publication/159312/adbiasean2030borderlesseconomiccommunity.pdf，瀏覽時間：二〇一六年十月十日。
28. "Assessment of Member States'-Advances to the Working Capital Fund for the Biennium 2014-2015 and Contributions to the United Nations Regular Budget for 2014"，United Nations Secretariat, 27 Dec. 2013, h p://www.un.org/ga/search/view_doc.asp?symbol = ST/ADM/SER.B/889，瀏覽時間：二〇一六年十二月十二日。
29. Ibid.
30. Deepak Nair, "A Strong Secretariat, a Strong ASEAN? A Re-evaluation"，*ISEAS Perspective*, 2016, https://www.iseas.edu.sg/images/pdf/ISEAS_ Perspective_2016_8.pdf，瀏覽時間：二〇一六年十月十日。

31. Steven Pinker，*The Better Angels of Our Nature: Why Violence Has Declined* (New York: Viking, 2011).

32. Latifah Ismail, "Factors Influencing Gender Gap in Higher Education of Malaysia: A University of Malaya Sample"，Faculty of Education, University of Malaya, 2014, https://umexpert.um.edu.my/file/publication/00000380_116971.pdf，瀏覽時間：二〇一六年十月十日。

33. Mahbubani and Summers, "Fusion of Civilizations".

參考書目

"Address to the Ministerial Meeting of the Association of South East Asian Nations in Bali, Indonesia", Ronald Reagan Presidential Library & Museum, 1 May 1986. https://reaganlibrary.gov/34-archives/speeches/1986/5513-50186c/, accessed 12 Oct. 2016.

"Adjusted Net National Income Per Capita (Constant2005 US$)", IndexMundi. http://www.indexmundi.com/facts/indicators/NY.ADJ.NNTY.PC.KD, accessed 12 Oct. 2016.

"ASEAN 2030: Toward a Borderless Economic Community", Asian Development Bank Institute, 2014. http://www.adb.org/sites/default/files/publication/159312/adbi-asean-2030-borderless-economic-community.pdf, accessed 10 Oct. 2016.

"ASEAN Economic Community: How Viable Is Investing?" Invest in ASEAN. http://investasean.asean.org/index.php/page/view/asean-economic-community/view/670/newsid/758/single-market-and-production-base.html, accessed 13 Oct. 2016.

"ASEAN-China Economic and Trade Cooperation Situation in 2014", Asian-China Centre, 16 Mar. 2015. http://www.asean-china-center.org/english/2015-03/16/c_134071066.htm, accessed 12 Oct. 2016.

"ASEAN-India Eminent Persons' Report to the Leaders", ASEAN, Oct. 2012. http://www.asean.org/storage/images/2012/documents/Asean-India%20AIEPG%20(29%2010%2012)-final.pdf/, accessed 12 Oct. 2016.

"ASEAN Investment Report 2013-2014: FDI Development and Regional Value Chains", ASEAN Secretariat and United Nations Conference on Trade and Development, 2014. http://www.asean.org/storage/images/pdf/2014_upload/AIR%202013-2014%20FINAL.pdf/, accessed 12 Oct. 2016.

"Assessment of Member States' Advances to the Working Capital Fund for the Biennium 2014-2015 and

Contributions to the United Nations Regular Budget for 2014” , United Nations Secretariat, 27 Dec. 2013. http://www.un.org/ga/search/view_doc.asp?symbol=ST/ADM/SER.B/889, accessed 12 Dec. 2016.

“Burma/Myanmar after Nargis: Time to Normalise Aid Relations” , International Crisis Group, 2008. https://www.files.ethz.ch/isn/93248/161_burma_myanmar_after_nargis.pdf, accessed 12 Oct. 2016.

“Cambodian Genocide Program” , Yale University Genocide Studies Program. http://gsp.yale.edu/case-studies/cambodian-genocide-program, accessed 13 Oct. 2016.

“Chinese FM Refutes Fallacies on the South China Sea Issue” ,*China Daily*, 25 July 2010. http://www.chinadaily.com.cn/china/2010-07/25/content_11046054.htm, accessed 10 Oct. 2016.

“Country Profile: Laos” , International Hydropower Association. http://www.hydropower.org/country-profiles/laos, accessed 13 Oct. 2016.

“Dialogue with Prime Minister Lee Hsien Loong at the Singapore Summit on 19 September 2015” , Singapore Summit. https://www.singaporesummit.sg/downloads//Dialogue%20with%20PM%20Lee%20Hsien%20Loong_SS2015.pdf, accessed 12 Oct. 2016.

“Direction of Trade Statistics” , International Monetary Fund. https://www.imf.org/external/pubs/cat/longres.aspx?sk=19305.0/, accessed 12 Oct. 2016.

“Donald J. Trump Statement on Preventing Muslim Immigration” , Donald J. Trump for President, 7 Dec. 2015. https://www.donaldjtrump.com/press-releases/donald-j.-trump-statement-on-preventing-muslim-immigration/, accessed 12 Oct. 2016.

“Dr Mahathir Bin Mohamad at the Opening of the Tenth Session of the Islamic Summit Conference at Putrajaya Convention Centreon October 16” , *Sydney Morning Herald*, 22 Oct. 2003. http://www.smh.com.au/articles/2003/10/20/1066502121884.html, accessed 13 Oct. 2016.

“Establishment of the Group of 77” ,G77. http://www.g77.org/paris/history/establishment-of-g77.html/, accessed 12 Oct. 2016.

“European Union” , World Bank, http://data.worldbank.org/region/European-union, accessed 1 Dec. 2016.

“Foreign Direct Investment into Asean in 2010” ,ASEAN, http://www.asean.org/storage/images/resources/

Statistics/2014/StatisticalPublications/fdi_statistics_in_focus_2010_final.pdf, accessed 13 Oct. 2016.

"Foreign Direct Investment, Net Inflows (BoP, Current US$)" , UNDATA. http://data.un.org/Data.aspx?d=WDI&f=Indicator_Code%3ABX.KLT.DINV.CD.WD, accessed 14 Oct. 2016.

"Foreign Direct Investment Net Inflows, Intra and Extra ASEAN" , ASEAN. http://asean.org/storage/2015/09/Table-252.pdf, accessed 11 Oct. 2016.

"Foreign Relations 1964-1968, Volume XXVI, Indonesia; Malaysia-Singapore; Philippines" , U. S. Department of State Archive, 10 Dec. 1966. http://2001-2009.state.gov/r/pa/ho/frus/johnsonlb/xxvi/4432.htm, accessed 12 Oct. 2016.

"Frequently Asked Questions about DG Translation" , European Commission, last updated 21 Sept. 2016. http://ec.europa.eu/dgs/translation/faq/index_en.htm/, accessed 14 Oct. 2016.

"GDP at Market Prices (Constant 2010 US$)" , http://data.worldbank.org/indicator/NY.GDP.MKTP.KD?locations=MM, accessed 10 Oct. 2016.

"GDP of Thailand (Constant 2010 US$)" , World Bank. http://databank.worldbank.org/data/reports.aspx?source=wdi-database-archives-(beta), accessed 10 Oct. 2016.

"GDP of Vietnam (Current US$)" , World Bank, http://data.worldbank.org/indicator/NY.GDP.MKTP.CD?locations=VN, accessed 10 Oct. 2016.

"GDP Per Capita of Myanmar (Constant 2010 US$)" , World Bank. http://data.worldbank.org/indicator/NY.GDP.PCAP.KD?locations=MM, accessed 10 Oct. 2016.

"Getting in the Way" , *The Economist*, 17 May 2014. http://www.economist.com/news/asia/21602265-south-east-asia-finds-decorum-its-regional-club-rather-rudely-shattered-getting-way, accessed 12 Oct. 2016.

"Group of Prominent Malays Calls for Rational Dialogue on Position of Islam in Malaysia" , *The Star*, 7 Dec. 2014. http://www.thestar.com.my/news/nation/2014/12/07/group-prominent-malays-calls-for-moderation/, accessed 9 Nov. 2016.

"Impact of the Sino-Japanese Competitive Relationship on ASEAN as a Region and Institution" , Report, S. Rajaratnam School of International Studies (RSIS), Nanyang Technological University, 24 Dec. 2014. https://www.rsis.edu.sg/wp-content/uploads/2014/12/PR141224_Impact_of_Sino-Japanese.pdf, accessed 10 Oct. 2016.

"Indian MP Tharoor: Europe Must Stop Lecturing India" , *EurActiv*, 19 Apr. 2011. http://www.euractiv.com/

section/global-europe/interview/indian-mp-tharoor-europe-must-stop-lecturing-india/, accessed 12 Oct. 2016.

"Indonesia Will Join Trans-Pacific Partnership, Jokowi Tells Obama" , *The Guardian*, 27 Oct. 2015. https://www.theguardian.com/world/2015/oct/27/Indonesia-will-join-trans-pacific-partnership-jokowi-tells-obama, accessed 13 Oct. 2016.

"Joint Statement of the ASEAN-U.S. Special Leaders' Summit: Sunnylands Declaration" , Permanent Mission of the Republic of Singapore, ASEAN, Jakarta, 17 Feb. 2016. http://www.mfa.gov.sg/content/mfa/overseasmission/asean/latest_news_in_asean/2016/2016-02/Latest_News_In_ASEAN_2016-02-17.html/, accessed 12 Oct. 2016.

"Malaysia Economic Monitor 2011" , World Bank, 2011. http://siteresources.worldbank.org/INTMALAYSIA/Resources/324392-1303882224029/malaysia_ec_monitor_apr2011_execsumm.pdf, accessed14 Oct. 2016.

"Memorandum of Conversation, Washington, May8, 1975, noon-1 p.m." , *Foreign Relations of the United States, 1969-1976, Volume E12, Documents on East and Southeast Asia, 1973-1976*, 8 May 1975. https://history.state.gov/historicaldocuments/frusl969-76vel2/d297/, accessed 12 Oct. 2016.

"Millennium Development Goals Database" , UNDATA. http://data.un.org/Data.aspx?d=MDG&f-seriesRowID%3A580, accessed 14 Oct. 2016.

"More Hat Than Cattle" , *The Economist*, 2 Jan. 2016. http://www.economist.com/news/finance-and-economics/21684811-seamless-regional-economic-bloc-just-around-corneras-always-more-hat/, accessed 12 Oct. 2016.

"*Nanfang Ts'aomu Chuang*" [A Fourth-Century Flora of South-East Asia], trans. Li HuiLin. Hong Kong: Chinese University Press, 1979.

"National Accounts Main Aggregates Database" , United Nations Statistics Division, http://unstats.un.org/unsd/snaama/dnllist.asp/, accessed 7 Sept. 2016.

"Opening Remarks, James A. Baker, III, Senate Foreign Relations Committee" , United States Senate Committee on Foreign Relations, 12 May 2016. http://www.foreign.senate.gov/imo/media/doc/051216_Baker_Testimony.pdf/, accessed 12 Oct. 2016.

"Oxfam Warns up to 1.5 Million in Danger if Aid Effort Cannot Reach Cyclone Victims" , Oxfam America, 11 May 2008. https://www.oxfamamerica.org/press/Oxfam-warns-up-to-15-million-in-danger-if-aid-effort-cannot-reach-cyclonevictims/, accessed 12 Oct. 2016.

"PHL Emerging as a Strong Software Development Hub" , Team Asia, 26 Nov. 2012. http://www.teamasia.com/newsroom/read-client-news.aspx?id=407:phl-emerging-as-a-strong-software-development-hub, accessed 14 Oct. 2016.

"President Eisenhower's News Conference, 7 Apr. 1954" , *The Pentagon Papers*, Gravel Edition, Vol. 1 (Boston: Beacon Press, 1971), pp. 597-8. https://www.mtholyoke.edu/acad/intrel/pentagon/ps11.htm, accessed 13 Oct. 2016.

"Puny Counter- Alliance" , *Peking Review* 10, 3 (18 Aug. 1967): 40. https://www.marxists.org/subject/china/peking-review/1967/PR1967-34.pdf/, accessed 12 Oct. 2016.

"Remarks by H.E. Li Keqiang Premier of the State Council of the People's Republic of China at the 18th China-ASEAN Summit" , Ministry of Foreign Affairs of the People's Republic of China, 22 Nov. 2015. http://www.fmprc.gov.cn/mfa_eng/zxxx_662805/t1317372.shtml, accessed 10 Oct. 2016.

"Remarks by President Obama at Opening Session of the U.S.-ASEAN Summit" , White House, 15 Feb. 2016. https://www.whitehouse.gov/the-press-office/2016/02/15/remarks-president-obama-opening-session-us-asean-summit, accessed 12 Oct. 2016.

"Remarks by President Obama at the Cooperative Orthotic and Prosthetic Enterprise (COPE) Centre" , White House, 7 Sept. 2016. https://www.whitehouse.gov/the-press-office/2016/09/07/remarks-president-obama-cooperative-orthotic-and-prosthetic-enterprise, accessed 12 Oct. 2016.

"Remarks by President Obama at Young Southeast Asian Leaders Initiative Town Hall, 11/14/14" , White House, 14 Nov. 2014. https://www.whitehouse.gov/the-press-office/2014/11/14/remarks-president-obama-young-southeast-asian-leaders-initiative-town-ha/, accessed 12 Oct. 2016.

"Remarks by the President at the United States Military Academy Commencement Ceremony" , White House, 28 May 2014. https://www.whitehouse.gov/the-press-office/2014/05/28/remarks-president-united-states-military-academy-commencement-ceremony/, accessed 12 Oct. 2016.

"Remarks by the President at the University of Indonesia in Jakarta, Indonesia" , White House, 10 Nov. 2010. https://www.whitehouse.gov/the-press-office/2010/11/10/remarks-president-university-Indonesia-Jakarta-indonesia, accessed 12 Oct. 2016.

"Report to the National Security Council by the Executive Secretary (Lay)", *Foreign Relations of the United States, 1952-1954. East Asia and the Pacific (in two parts)*, Vol. 12, part 1, 25 June 1952. https://history.state.gov/historicaldocuments/frus1952-54v12p1/d36/, accessed 12 Oct. 2016.

"Singapore Is the Global City of Opportunity", Ministry of Communications and Information Singapore, 2005. http://www.mci.gov.sg/web/corp/press-room/categories/speeches/content/singapore-is-the-global-city-of-opportunity, accessed 12 Oct. 2016.

"Speech by Chairman of the Delegation of the People's Republic of China, Teng Hsiao-Ping, At the Special Session of the U.N. General Assembly". Beijing: Foreign Languages Press, 10 Apr. 1974. https://www.marxists.org/reference/archive/deng-xiaoping/1974/04/10.htm/, accessed 12 Oct. 2016.

"Speech by Chinese President Xi Jinping to Indonesian Parliament", ASEAN-China Centre, 2 Oct. 2013. http://www.asean-china-center.org/english/2013-10/03/c_133062675.htm, accessed 10 Oct. 2016.

"Speech by Prime Minister Lee Hsien Loong at the 19th Nikkei International Conference on the Future of Asia", Prime Minister's Office Singapore, 26 May 2013. http://www.pmo.gov.sg/mediacentre/speech-prime-minister-lee-hsien-long-19th-Nikkei-international-conference-future-asia/, accessed 12 Oct. 2016.

"Speech by Prime Minister Lee Kuan Yew to the National Press Club in Canberra, Australia, on16 Apr 86", National Archives of Singapore, 16 Apr. 1986. http://www.nas.gov.sg/archivesonline/data/pdfdoc/lkyl9860416a.pdf/, accessed 12 Oct. 2016.

"Speech by Takeo Fukuda", *Contemporary Southeast Asia* 2, 1 (1980): 69-73.

"Statement by ASEAN Chair, Singapore's Minister for Foreign Affairs George Yeo in New York, September 27 2007", Embassy of the Republic of Singapore, Washington, DC. http://www.mfa.gov.sg/content/mfa/overseasmission/washington/newsroom/press_statements/2007/200709/ press_200709_03.html, accessed 12 Oct. 2016.

"Text of 37th Singapore Lecture 'India's Singapore Story' by Prime Minister Narendra Modi during His Visit to Singapore", 23 Nov. 2013. https://www.iseas.edu.sg/images/event_highlights/37thsingaporelecture/Textof37thSingaporeLecture.pdf, accessed10 Oct. 2016.

"Thai Army Promises Elections in October 2015", *BBC News*, 28 June 2014. http://www.bbc.com/news/worldasia-28069578, accessed 1 Dec. 2016.

"The ASEAN Economic Community (AEC) 2015: A Guide to the Practical Benefits", Ministry of Trade and Industry Singapore, https://www.mti.gov.sg/MTIInsights/MTIImages/MTI%20AEC%202015%20Handbook.PDF, accessed 11 Oct. 2016.

"The South China Sea, Press Statement, Hillary Rodham Clinton, Secretary of State, Washington, DC", U.S. Department of State, 22 July 2011. http:// www.state.gov/secretary/20092013clinton/rm/2011/07/168989.htm/, accessed 12 Oct. 2016.

"The United States' Contribution to Regional Stability: Chuck Hagel", International Institute for Strategic Studies, IISS Shangri-La Dialogue: The Asia Security Summit, 31 May 2014. https://www.iiss.org/en/events/shangri%20la%20dialogue/archive/2014-c20c/plenary-1-d1ba/chuck-hagel-a9cb/, accessed 12 Oct. 2016.

"Too Much of a Good Thing", *The Economist*, 15 May 2014. http://www.economist.com/news/business/21602241-after-binge-aircraft-buying-and-airline-founding-it-time-sober-up-too-much-good, accessed 10 Oct. 2016.

"Trade(% of GDP)", World Bank, http://data.worldbank.org/indicator/NE.TRD.GNFS.ZS, accessed 14 Oct. 2016.

"Trade Statistics of Japan", Ministry of Finance, http://www.customs.go.jp/toukei/info/index_e.htm, accessed 11 July 2016.

"Transcript of Speech by the Prime Minister, Mr. Lee Kuan Yew, on 30th May, 1965, at the Delta Community Centre on the Occasion of its 4th Anniversary Celebrations", National Archives of Singapore, 30 May 1965. http://www.nas.gov.sg/archivesonline/data/pdfdoc/lky19650530a.pdf/, accessed 12 Oct. 2016. "Vietnam", US Department of State. http://www.state.gov/documents/organization/229305.pdf, accessed 14 Oct. 2016.

"Vietnam: The End of the War. Broadcast by Malaysia's Minister of Home Affairs, Tan Sri M. Ghazali Shafie 6 May 1975", *Survival* 17, 4 (1975): 186-8.

"Vietnam's FDI Pledges Dip, but Actual Inflows Jump in 2015", *Reuters*, 29 Dec. 2015. http://www.reuters.com/article/Vietnam-economy-fdi-idUSL3N14J1I120151230, accessed 14 Oct. 2016.

"World Bank Group President Jim Yong Kim Opening Remarks at the Vietnam 2035 Report Launching", World Bank, 23 Feb. 2016. http://www.worldbank.org/en/news/speech/2016/02/23/world-bank-group-president-jim-yong-kimopening-remarks-at-the-Vietnam-2035-report-launching, accessed 12 Oct. 2016.

"World Economic Outlook Database" , International Monetary Fund, https://www.imf.org/external/data.htm, accessed 11 July 2016.

Abuza, Zachary, "The Smoldering Thai Insurgency" , *CTC Sentinel*, 29 June 2015. https://www.ctc.usma.edu/posts/the-smoldering-thai-insurgency, accessed 10 Oct. 2016.

Acharya, Amitav. *Constructing a Security Community in Southeast Asia: ASEAN and the Problem of Regional Order*. London: Routledge, 2001.

——. "ASEAN at 40: Mid-Life Rejuvenation?" *Foreign Affairs*, 15 Aug. 2007. https://www.foreignaffairs.com/articles/asia/2007-08-15/asean-40-mid-life-rejuvenation/, accessed 12 Oct. 2016.

Agence France-Presse. "Indonesia Will Join Trans-Pacific Partnership, Jokowi Tells Obama" , *The Guardian*, 27 Oct. 2015. https://www.theguardian. com/world/2015/oct/27/Indonesia-will-join-trans-pacific-partnership-jokowi-tells-obama, accessed 13 Oct. 2016.

Allison, Laura. *The EU, ASEAN and Interregionalism: Regionalism Support and Norm Diffusion between the EU and ASEAN*. Houndmills: Palgrave, 2015.

Allison, Tony. "Myanmar Shows India the Road to Southeast Asia" , *Asia Times*, 21 Feb. 2001. http://www.atimes.com/reports/CB21Ai01.html#top5, accessed 13 Oct. 2016.

Anderson, Benedict R. *Under Three Flags: Anarchism and the Anti-colonial Imagination*. London: Verso, 2005.

Andrade, Tonio. *The Gunpowder Age: China, Military Innovation, and the Rise of the West in World History*. Princeton: Princeton University Press, 2016.

Ang Cheng Guan. *Singapore, ASEAN and the Cambodian Conflict, 19781991*. Singapore: NUS Press, 2013.

Annan, Kofi A. and Kishore Mahbubani. "Rethinking Sanctions" , *Project Syndicate*, 11 Jan. 2016. https://www.project-syndicate.org/onpoint/rethinking-economic-sanctions-by-kofi-a-annan-and-kishore-mahbubani-2016-01/, accessed 12 Oct. 2016.

Antonio, Rufino. "We, the People" (Letters to the Editor), *Manila Times*, 11 May 1972.

Arudou, Debito. "Tackle Embedded Racism before It Chokes Japan" , *Japan Times*, 1 Nov. 2015. http://www.

japantimes.co.jp/community/2015/11/01/issues/tackle-embedded-racism-chokes-japan/, accessed 12 Oct. 2016.

Auger, Timothy. *S. R. Nathan in Conversation*. Singapore: Editions Didier Millet, 2015.

Ba, Alice. *(Re)Negotiating East and Southeast Asia: Region, Regionalism, and the Association of Southeast Asian Nations*. Singapore: NUS Press, 2009.

Baker, Christopher John and Pasuk Phongpaichit. *A History of Thailand.* New York: Cambridge University Press, 2005.

Bastin, John and R. Roolvink, eds. *Malayan and Indonesian Studies: Essays Presented to Sir Richard Winstedt on his Eighty-fifth Birthday*. Bali: Clarendon, 1964.

Bayuni, Endy M. "SBY, the Military Strategist Besieged by War on Two Fronts", *Jakarta Post*, 25 Nov. 2009. http://www.thejakartapost.com/news/2009/11/25/sby-military-strategist-besieged-war-two-fronts.html, accessed 10 Oct. 2016.

Bellwood, Peter S., James J. Fox and D. T. Tryon. *The Austronesians: Historical and Comparative Perspectives*. Canberra: Dept. of Anthropology as Part of the Comparative Austronesian Project, Research School of Pacific and Asian Studies, Australian National University, 1995.

Berggruen, Nicolas and Nathan Gardels. "How the World's Most Powerful Leader Thinks", *Huffington Post*, 30 Sept. 2015.

Bremmer, Ian. "The New World of Business", *Fortune International*, 22 Jan. 2015. http://fortune.com/2015/01/22/the-new-world-of-business/, accessed 12 Oct. 2016.

Chachavalpongpun, Pavin and Moe Thuzar. *Myanmar: Life after Nargis*. Singapore: Institute of Southeast Asian Studies, 2009.

Chanda, Nayan. *Brother Enemy: The War after the War*. New York: Harcourt, 1986.

Chandra, Siddharth and Timothy Vogelsang. "Change and Involution in Sugar Production in Cultivation System Java, 1840-1870", *Journal of Economic History* 59, 4 (1998): 885911.

Chochrane, Joe and Thomas Fuller. "Singapore, the Nation That Lee Kuan Yew Built, Questions Its Direction", *New York Times*, 24 Mar. 2015. http://www.nytimes.com/2015/03/25/world/asia/Singapore-the-nation-that-lee-builtquestions-its-direction.html, accessed 12 Oct. 2016.

Chongkittavorn, Kavi. "Asean to Push Back New Admission to December" , *The Nation* (Bangkok), 30 May 1997.

Christina, Bernadette. "Indonesia's Trade Minister Calls for TPP Membership in Two Years" , *Reuters*, 9 Oct. 2015. http://www.reuters.com/article/us-trade-tpp-Indonesia-idUSKCN0S312R20151009, accessed 13 Oct. 2016.

Citrinot, Luc. "ASEAN for ASEAN: Focus Will Be Given to Strengthening Intra-ASEAN Tourism" , ASEAN Travel, 2016. http://asean.travel/2016/01/24/asean-for-asean-focus-will-be-given-to-strengthening-intra-asean-tourism/, accessed 10 Oct. 2016.

Clinton, William J. "Transcript of 'Global Challenges': A Public Address Given by Former US President William J. Clinton at Yale University on October 31, 2003" , *YaleGlobal*, 31 Oct. 2003. http://yaleglobal.yale.edu/content/transcript-global-challenges, accessed 13 Oct. 2016.

Coedès, George. *The Indianized States of Southeast Asia*. Honolulu: East-West Center Press, 1968.

Cohen, Matthew Isaac. "Introduction: Global Encounters in Southeast Asian Performing Arts" , *Asian Theatre Journal* 31, 2 (2014): 353-68.

Cotterell, Arthur. *A History of Southeast Asia*. Singapore: Marshall Cavendish (Asia), 2014.

Country Studies/Area Handbook Series, Federal Research Division of the Library of Congress, http://countrystudies.us/, accessed 12 Oct. 2016.

Coxhead, Ian, ed. *Routledge Handbook of Southeast Asian Economics*. Abingdon: Routledge, 2015.

Croft-Cusworth, Catriona. "Beware ISIS' Threat to Indonesia" , *National Interest*, 24 Mar. 2015. http://nationalinterest.org/blog/the-buzz/beware-isis-threat-Indonesia-12472, accessed 13 Oct. 2016.

Dairymple, William. "The Great & Beautiful Lost Kingdoms" , *The New York Review of Books*, 21 May 2015. http://www.nybooks.com/articles/2015/05/21/great-and-beautiful-lost-kingdoms/, accessed 12 Oct. 2016.

Daquila, Teofilo C. *The Economies of Southeast Asia: Indonesia, Malaysia, Philippines, Singapore, and Thailand*. New York: Nova Publishers, 2005.

Das, Sanchita B. "What US-Asean Connect Means for the Region" , *Straits Times*, 17 Mar. 2016. http://www.straitstimes.com/opinion/what-us-asean-connect-means-for-the-region, accessed 12 Oct. 2016.

de Miguel, Emilio. “Japan and Southeast Asia: From the Fukuda Doctrine to Abe's Five Principles” , UNISCI Discussion Paper 32, May 2013. https://revistas.ucm.es/index.php/UNIS/article/viewFile/44792/42219/, accessed 12 Oct. 2016.

Development Co-operation Directorate (DCD-DAC). http://www.oecd.org/dac/, accessed 12 Oct. 2016.

Dilokwanich, Malinee. “A Study of Samkok: The First Thai Translation of a Chinese Novel” , *Journal of the Siam Society* 73 (1985): 77-112.

Dobbs, S. *The Singapore River: A Social History, 18192002*. Singapore: Singapore University Press, 2003.

Easen, Nick. “In Asia, a Boom in Low-cost Flights” , BBC, 2 Apr. 2012. http://www.bbc.com/travel/story/20120402-low-cost-flights-in-asia-booms, accessed 10 Oct. 2016.

Eisenman, Joshua, Eric Heginbotham and Derek Mitchell, eds. *China and the Developing World: Beijing's Strategy for the TwentyFirst Century*. New York: M.E. Sharpe, 2007.

Expansion. “Myanmar: Human Development Index” , Country Economy. http://countryeconomy.com/hdi/burma, accessed 12 Oct. 2016.

Fallows, James. “A Damaged Culture: A New Philippines?” *The Atlantic*, 1 Nov. 1987. http://www.theatlantic.com/technology/archive/1987/11/a-damaged-culture-a-new-philippines/7414/, accessed 13 Oct. 2016.

Fisher, Charles A. “Southeast Asia: The Balkans of the Orient? A Study in Continuity and Change” , *Geography* 47, 4 (1962) ·

Fitzgerald, C.P. *The Southern Expansion of the Chinese People*. New York: Praeger, 1972.

Fukasaku, Kiichiro, Fukunari Kimura and Shujiro Urata, eds. *Asia & Europe: Beyond Competing Regionalism*. Eastbourne: Sussex Academic Press, 1998.

Fukuzawa Yukichi. “Datsu-A Ron” , *JijiShimpo*, 12 Mar. 1885, trans. Sinh Vinh, in *Fukuzawa Yukichi nenkan*, Vol. 11 (Tokyo: Fukuzawa Yukichi kyokai, 1984). Cited in “Fukuzawa Yukichi (1835-1901)” , Nishikawa Shunsaku, *Prospects: The Quarterly Review of Comparative Education* 23, 3/4 (1993): 493-506.

Ganesan, N. *Bilateral Tensions in Post-Cold War ASEAN*. Singapore: Institute of Southeast Asian Studies, 1999.

Geertz, Clifford. *Islam Observed: Religious Development in Morocco and Indonesia*. Chicago: University of Chicago

Press, 1971.

Giersch, Charles Patterson. *Asian Borderlands: The Transformation of Qing China's Yunnan Frontier*. Cambridge, MA, and London: Harvard University Press, 2006.

Goh Keng Swee, "A Holy Order to Scale New Heights: Dr. Goh Keng Swee's Last Major Speech before Retiring from Politics, 25 September 1984", in *Goh Keng Swee: A Legacy of Public Service*, ed. Emrys Chew and Chong Guan Kwa. Singapore: World Scientific, 2012.

——. *The Economics of Modernization*. Singapore: Marshall Cavendish Editions, 2013.

Govaars, Ming. *Dutch Colonial Education: The Chinese Experience in Indonesia, 1900-1942*, trans. Lorre Lynn Trytten. Singapore: Chinese Heritage, Centre, 2005.

Government of India. Ministry of Development of Northeastern Region. *Kaladan Multi-Modal Transit Transport Project*, 2014. http://www.mdoner.gov.in/content/introduction-1, accessed 12 Oct. 2016.

Guilmoto, Christophe Z. "The Tamil Migration Cycle, 1830-1950", *Economic and Political Weekly* (16-23 Jan. 1993): 111-20.

Haddad, William. "Japan, the Fukuda Doctrine, and ASEAN", *Contemporary Southeast Asia* 2, 1 (1980).

Hall, D.G.E. *A History of South-East Asia*. London: Macmillan, 1955.

Hall, Kenneth R. "Review: 'Borderless' Southeast Asia Historiography: New Scholarship on the Interactions between Southeast Asia and Its South Asian and Chinese Neighbours in the Pre-1500 Era", *Bijdragen tot de Taal-, Land- en Volkenkunde* 167, 4 (2011).

Hamilton, A. *A New Account of the East Indies*, Vol. 2. Edinburgh: John Mosman, 1727.

Harrison, Brian. *South-East Asia, a Short History*. London: Macmillan, 1963. 1st ed., 1954.

Hayipiyawong, N. "The Failure of Peace Negotiation Process between Government of Thailand and Revolution National Front (BRN) in Southern Thailand Conflict (Patani)". BA thesis, Universitas Muhammadiyah Yogyakarta, 2014. http://thesis.umy.ac.id/datapublik/t39343.pdf, accessed 12 Oct. 2016.

Higham, Charles. "The Long and Winding Road That Leads to Angkor", *Cambridge Archaeological Journal* 22, 2 (2012).

Hirschman, C. "The Meaning and Measurement of Ethnicity in Malaysia: An Analysis of Census Classifications", *Journal of Asian Studies* 46, 3 (1987): 555-82.

Htway, Thurein Hla. "Military Party Awards Major Projects to China", *Nikkei Asian Review*, 13 Jan. 2016. http://asia.nikkei.com/Business/Companies/Military-party-awards-major-projects-to-China, accessed 10 Oct. 2016.

Imagawa, Takeshi. "ASEAN-Japan Relations", *Keizaigaku-Ronsan* 30, 3 (May 1989): 121-42. http://civilisations.revues.org/1664?file=1/, accessed 12 Oct. 2016.

India ASEAN Trade and Investment Relations: Opportunities and Challenges. Delhi: Associated Chambers of Commerce and Industry of India, July 2016. http://www.assocham.org/upload/docs/ASEAN-STUDY.pdf/, accessed 29 Sept. 2016.

Ismail, Latifah. "Factors Influencing Gender Gap in Higher Education of Malaysia: A University of Malaya Sample". Faculty of Education, University of Malaya, 2014. https://umexpert.um.edu.my/file/publication/00000380_116971.pdf, accessed 10 Oct. 2016.

Jain, Ravindra K. *South Indians on the Plantation Frontier in Malaya*. New Haven and London: Yale University Press, 1970.

Jalil, Haikal. "Malaysia's Tertiary Education Not up to Par, Says Nurul Izzah", *Sun Daily*, 22 Feb. 2015. http://www.thesundaily.my/news/1335663, accessed 1 Dec. 2016.

——. *Diplomacy: A Singapore Experience*. Singapore: Straits Times Press, 2011.

Japan External Trade Organisation, "East-Asia Economic Integration and the Roles of JETRO", Ministry of Foreign Affairs of Japan, http://www.mofa.go.jp/region/asia-paci/cambodia/workshop0609/attach5.pdf, accessed 12 Oct. 2016.

Jayakumar, S. *Be at the Table or Be on the Menu: A Singapore Memoir*. Singapore: Straits Times Press, 2015.

Jin Kai. "Building 'A Bridge between China and Europe'", The *Diplomat*, 23 Apr. 2014. http://thediplomat.com/2014/04/building-a-bridge-between-china-and-europe/, accessed 12 Oct. 2016.

Jing Sun. *Japan and China as Charm Rivals: Soft Power in Regional Diplomacy*. Ann Arbor: University of Michigan Press, 2012.

Jones, Lee. *ASEAN, Sovereignty and Intervention in Southeast Asia*. Houndmills: Palgrave Macmillan, 2012.

Joseph, C. and J. Matthews, eds. *Equity, Opportunity and Education in Postcolonial Southeast Asia*. New York: Routledge, 2014.

Kausikan, Bilahari. "The Ages of ASEAN", in *The Inclusive Regionalist: A Festschrift Dedicated to Jusuf Wanandi*, ed. Hadi Soesastro and Clara Joewono. Jakarta: Centre for Strategic and International Studies, 2007.

——. "Hard Truths and Wishful Hopes about the AEC", *Straits Times*, 2 Jan. 2016.

——. "Standing up to and Getting Along with China", *Today*, 18 May 2016. http://www.todayonline.com/chinaindia/standing-and-getting-along-china/, accessed 12 Oct. 2016.

Keown, Damien. *A Dictionary of Buddhism*. Oxford: Oxford University Press, 2004.

Khoman, Thanat. "Which Road for Southeast Asia?" *Foreign Affairs* 42, 4 (1964).

——. "ASEAN Conception and Evolution", ASEAN, 1 Sept. 1992. http://asean.org/?static_post=asean-conception-and-evolution-by-thanat-khoman/, accessed 12 Oct. 2016.

Khoo Boo Teik. *Paradoxes of Mahathirism: An Intellectual Biography of Mahathir Mohamad*. Kuala Lumpur: Oxford University Press, 1995.

Kim, Jim Yong. "Lessons from Vietnam in aSlowing Global Economy", *Straits Times*, 24 Feb. 2016. http://www.straitstimes.com/opinion/lessons-from-Vietnam-in-a-slowing-global-economy, accessed 14 Oct. 2016.

Knight, Nick. *Understanding Australia's Neighbours: An Introduction to East and Southeast Asia*. New York: Cambridge University Press, 2011.

Koh, Tommy T.B., Rosario G. Manalo and Walter C.M. Woon. *The Making of the ASEAN Charter*. Singapore: World Scientific, 2009.

Kristof, Nicholas D. "China Sees Singapore as a Model for Progress", *New York Times*, 9 Aug. 1992. http://www.nytimes.com/1992/08/09/weekinreview/the-world-china-sees-Singapore-as-a-model-for-progress.html/, accessed 12 Oct. 2016.

Lee, Cassey and Thee Kian Wie. "Southeast Asia: Indonesia and Malaysia", in *Routledge Handbook of the History of Global Economic Thought*, ed. Vincent Barnett. Abingdon: Routledge, 2014, pp. 306-14.

Lee Kuan Yew. “Speech by the Prime Minister, Mr. Lee Kuan Yew, at the Commonwealth Heads of Government Meeting in London on Wednesday, 8 June 1977: Changing Power Relations”, National Archives of Singapore, 8 June 1977. http://www.nas.gov.sg/archivesonline/data/pdfdoc/lky19770608.pdf/, accessed 12 Oct. 2016.

——. *From Third World to First: The Singapore Story, 1965-2000*, Vol. 2. Singapore: Marshall Cavendish, 2000.

Lim, Catherine. “An Open Letter to the Prime Minister”, 7 June 2014. http://catherinelim.sg/2014/06/07/an-open-letter-to-the-prime-minster/, accessed 14 Oct. 2016.

Lim, Linda. “The Myth of US-China Economic Competition”, *Straits Times*, 16 Dec. 2015. http://www.straitstimes.com/opinion/the-myth-of-us-china-economic-competition, accessed 13 Oct. 2016.

Lockard, Craig A. *Southeast Asia in World History*. Oxford: Oxford University Press, 2009.

Lopez, Greg. “Malaysia: A Simple Institutional Analysis”, *Malaysia Today*, 22 Aug. 2011. http://www.malaysia-today.net/Malaysia-a-simple-institutional-analysis/, accessed 13 Oct. 2016.

Lubis, Mila. “Indonesia Remains the 2nd Most Optimistic Country Globally”, *Nielsen*, 30 May 2015. http://www.nielsen.com/id/en/press-room/2015/Indonesia-remains-the-2nd-most-optimistic-country-globally.html/, accessed 12 Oct. 2016.

Luong, Dien. “Why Vietnam Loves the Trans-Pacific Partnership”, *The Diplomat*, 16 Mar. 2016.

Macaranas, Bonifacio S. “Feudal Work Systems and Poverty: The Philippine Experience”, International Labour and Employment Relations Association, 2009. http://www.ilera-directory.org/15thworldcongress/files/papers/Track_4/Poster/CS2T-2_MACARANAS.pdf, accessed 13 Oct. 2016.

MacKinnon, Ian and Mark Tran. “Brown Condemns ‘Inhuman' Burma Leaders over Aid”, *The Guardian*, 17 May 2008. https://www.theguardian.com/world/2008/may/17/cyclonenargis.burma2, accessed 12 Oct. 2016.

Mahathir bin Mohamad. “Look East Policy: The Challenges for Japan in a Globalized World”, Ministry of Foreign Affairs of Japan, 12 Dec. 2002. http://www.mofa.go.jp/region/asia-paci/malaysia/pmv0212/speech.html/, accessed 12 Oct. 2016.

Mahbubani, Kishore. *Beyond the Age of Innocence: Rebuilding Trust between America and the World*. New York: Public Affairs, 2005.

——. *The New Asian Hemisphere: The Irresistible Shift of Global Power to the East*. New York: Public Affairs, 2008.

——. "Australia's Destiny in the Asian Century: Pain or No Pain?" *Australian National University*, 31 July 2012. https://asiapacific.anu.edu.au/researchschool/emerging_asia/papers/Mahbubani_final.pdf/, accessed 12 Oct. 2016.

——. "Why Singapore Is the World's Most Successful Society", *Huffington Post*, 4 Aug. 2015. http://www.huffingtonpost.com/kishore-mahbubani/Singapore-world-successful-society_b_7934988.html, accessed12 Oct. 2016.

——. "Here's How the EU Should Start to Think Long-Term", *Europe's World*, 26 Nov. 2015. http://europesworld.org/2015/11/26/heres-how-the-eu-should-start-to-think-long-term/, accessed 12 Oct. 2016.

Mahbubani, Kishore and Lawrence H. Summers. "The Fusion of Civilizations", *Foreign Affairs*, May-June 2016.

Manguin, Pierre Yves, A. Mani and Geoff Wade. *Early Interactions between South and Southeast Asia: Reflections on Crosscultural Exchange*. Singapore: Institute of Southeast Asian Studies, 2011.

Martynova, Elena S. "Strengthening of Cooperation between Russia and ASEAN: Rhetoric or Reality?" *Asian Politics & Policy* 6, 3 (2014): 397-412.

McCaskill, Don N. and Ken Kampe. *Development or Domestication? Indigenous Peoples of Southeast Asia*. Chiang Mai: Silkworm Books, 1997.

McDougall, Derek. *The International Politics of the New Asia Pacific*. Singapore: Institute of Southeast Asian Studies, 1997.

McEvedy, Colin and Richard Jones. *Atlas of World Population History*. Harmondsworth: Penguin, 1978.

Miksic, John N. *Historical Dictionaries of Ancient Civilizations and Historical Eras, No. 18*. Lanham: Scarecrow Press, 2007.

Morgan, David O. and Anthony Reid, eds. *The New Cambridge History of Islam, Vol. 3: The Eastern Islamic World, Eleventh to Eighteenth Centuries*. Cambridge: Cambridge University Press, 2010.

Muhammad Amin B., Mohammad Rahim K. and Geshina Ayu M.S. "A Trend Analysis of Violent Crimes in Malaysia", *Health and the Environment Journal* 5, 2 (2014) ·

Nair, Deepak. "A Strong Secretariat, a Strong ASEAN? A Re-evaluation". *ISEAS Perspective*, 2016. https://www.iseas.edu.sg/images/pdf/ISEAS_Perspective_2016_8.pdf, accessed 10 Oct. 2016.

Nandy, Ashis. *The Intimate Enemy: Loss and Recovery of Self under Colonialism*. New Delhi: Oxford University Press, 1988.

Nelson, Dean. "India to Open Super Highway to Burma and Thailand", *The Telegraph*, 29 May 2012. http://www.telegraph.co.uk/news/worldnews/asia/india/9297354/India-to-open-super-highway-to-Burma-and-Thailand.html, accessed 13 Oct. 2016.

Nichol, Jim. *Soviet Views of the Association of Southeast Asian Nations: An Examination of Unclassified Soviet Sources*. Washington, DC: Federal Research Division for the Library of Congress, 1985.

Nye, Joseph. *Peace in Parts: Integration and Conflict in Regional Organization*. Boston: Little, Brown, 1971.

Oberman, Raoul, Richard Dobbs, Arief Budiman, Fraser Thompson and Morten Rossé. "The Archipelago Economy: Unleashing Indonesia's Potential", McKinsey & Company, http://www.mckinsey.com/insights/asia-pacific/the_archipelago_economy, accessed 13 Oct. 2016.

Ooi Kee Beng. *In Lieu of Ideology: The Intellectual Biography of Goh Keng Swee*. Singapore: World Scientific, 2013.

O'Reilly, Dougald J.W. *Early Civilizations of Southeast Asia*. Lanham: AltaMira Press, 2007.

Ortuoste, Maria Consuelo C. "Internal and External Institutional Dynamics in Member-States and ASEAN: Tracing Creation, Change and Reciprocal Influences". PhD dissertation, Arizona State University, 2008. http://gradworks.umi.com/33/27/3327250.html, accessed 10 Oct. 2016.

Osborne, Milton E. *Southeast Asia: An Introductory History*. St Leonards: Allen & Unwin, 1997.

Overholt, William H. "The Rise and Fall of Ferdinand Marcos", *Asian Survey* 26, 11 (1986): 1137-63.

Page, John. "The East Asian Miracle", in *NBER Macroeconomics Annual 1994*, Vol. 9, ed. Stanley Fischer and Julio J. Rotemberg. Cambridge: MIT Press, 1994.

Pedrosa, Carmen Navarro. *Imelda Marcos: The Rise and Fall of One of the World's Most Powerful Women*. New York: St. Martin's Press, 1987.

Peff er, Nathaniel. "Regional Security in Southeast Asia", *International Organization* 8, 3 (1954): 311-5.

Pimpa, Nattavud. "Amazing Thailand: Organizational Culture in the Thai Public Sector", *International Business*

Research 5, 11 (16 Oct. 2012). http://www.ccsenet.org/journal/index.php/ibr/article/view/21408/13905, accessed 12 Oct. 2016.

Pinker, Steven. *The Better Angels of Our Nature: Why Violence Has Declined*. New York: Viking, 2011.

Pires, Tomé . *Suma Oriental of Tomé Pires: An Account of the East, from the Red Sea to China, Written in Malacca and India in 1512-1515*, ed. and trans. Armando Cortesao. New Delhi: Asian Educational Services, 2005 (originally published by Hakluyt Society, 1944).

Pollock, Sheldon I. *The Language of the Gods in the World of Men: Sanskrit, Culture, and Power in Premodern India*. Berkeley: University of California Press, 2006.

Rajaratnam, S. "ASEAN: The Way Ahead" , ASEAN, 1 Sept. 1992. http://asean.org/?static_post=asean-the-way-ahead-by-s-rajaratnam/, accessed 12 Oct. 2016.

Rannan-Eliya, Ravi P. "Achieving UHC with Limited Fiscal Resources: Lessons for Emerging Economies" , Speech, Ministerial Meeting on Universal Health Coverage (UHC): The Post-2015 Challenge, Singapore, 2015. https://www.moh.gov.sg/content/dam/moh_web/PressRoom/Highlights/2015/Universal Health Coverage/Session 2 Slides 3 Rannan-Eliya.pdf, accessed 14 Oct. 2016.

Ravenhill, John. *APEC and the Construction of Pacific Rim Regionalism*. Cambridge: Cambridge University Press, 2011.

Reid, Anthony. *Southeast Asia in the Age of Commerce: 1450-1680*. New Haven: Yale University Press, 1988.

——. *Charting the Shape of Early Modern Southeast Asia*. Chiang Mai: Silkworm Books, 2000.

——. *Imperial Alchemy: Nationalism and Political Identity in Southeast Asia*. Cambridge: Cambridge University Press, 2010.

Ressa, Maria. "Indonesia's Tom Lembong: 'Let's Move Away from Playing Games'" , *Rappler*, 20 Nov. 2015. http://www.rappler.com/thoughtleaders/113434-Indonesia-minister-tom-lembong-trade-politics, accessed 10 Oct. 2016.

Romero, Alex. "Duterte to Talk with China on Sea Dispute If …" , *Philstar*, 23 May 2016. http://www.philstar.com/headlines/2016/05/23/1586122/duterte-talk-china-sea-dispute-if.../, accessed 12 Oct. 2016.

Roth, Kenneth. "Rights Struggles of 2013" , Human Rights Watch, 2014. https://www.hrw.org/world-report/2014/

essays/rights-struggles-of-2013, accessed 13 Oct. 2016.

Roy, Sourav. "ASEAN: What's That and Who Cares? Certainly Not the Common Man in Asia", *Huffington Post*, 9 Oct. 2013. http://www.huffingtonpost.com/sourav-roy/asean-whats-that-and-who-cares_b_3894984.html, accessed 13 Oct. 2016.

Safire, William. "Essay; Singapore's Fear", *New York Times*, 20 July 1995. http://www.nytimes.com/1995/07/20/opinion/essay-Singapore-s-fear.html, accessed 14 Oct. 2016.

——. "Essay; The Dictator Speaks", *New York Times*, 15 Feb. 1999. http://www.nytimes.com/1999/02/15/opinion/essay-the-dictator-speaks.html, accessed 14 Oct. 2016.

Sakonhninhom, Malayvieng. "Flagships and Activities of ASEAN-ISIS", ASEAN Regional Forum, Mar. 2007. http://aseanregionalforum.asean.org/files/Archive/14th/ARF_Inter-sessional_Support_Group/Annex(34).pdf, accessed 10 Oct. 2016.

Schwarz, Adam. "Indonesia after Suharto", *Foreign Affairs*, July/Aug. 1997. https://www.foreignaffairs.com/articles/asia/1997-07-01/Indonesia-after-suharto/, accessed 12 Oct. 2016.

Sen, Amartya. *The Argumentative Indian: Writings on Indian History, Culture, and Identity*. New York: Farrar, Straus and Giroux, 2005.

Severino, Rodolfo C. *Southeast Asia in Search of an ASEAN Community: Insights from the Former ASEAN Secretary-General*. Singapore: ISEAS Publishing, 2006.

Sjöholm, Fredrik. "Foreign Direct Investments in Southeast Asia". IFN Working Paper No. 987. Stockholm: Research Institute of Industrial Economics, 2013.

Sng, Jeffery and Pimpraphai Bisalputra. *Bencharong & Chinawares in the Court of Siam*. Bangkok: Chawpipope Osathanugrah, 2011.

——. *A History of the Thai-Chinese*. Singapore: Editions Didier Millet, 2015.

Sridharan, Kripa and T.C.A. Srinivasa-Raghavan. *Regional Cooperation in South Asia and Southeast Asia*. Singapore: ISEAS, 2007.

Storey, Ian. "Thailand's Post-Coup Relations with China and America: More Beijing, Less Washington", *Trends in*

Southeast Asia 20. Singapore: ISEAS-Yusof Ishak Institute, 2015.

Stuart-Fox, Martin. *A Short History of China and Southeast Asia: Tribute, Trade and Influence*. Crows Nest: Allen & Unwin, 2003.

Subrahmanyam, Sanjay. *The Career and Legend of Vasco Da Gama*. Cambridge: Cambridge University Press, 1997.

Sullivan, Michael. "Ask the Vietnamese about War, and They Think China, Not the U.S. ", *NPR*, 1 May 2015. http://www.npr.org/sections/parallels/2015/05/01/402572349/ask-the-Vietnamese-about-war-and-they-think-china-not-the-u-s/, accessed 12 Oct. 2016.

Suryadinata, Leo, ed. *Admiral Zheng He & Southeast Asia*. Singapore: Instituteof Southeast Asian Studies, 2005.

Tagliacozzo, Eric. *Secret Trades, Porous Borders: Smuggling and States along a Southeast Asian Frontier, 1865-1915*. New Haven: Yale University Press, 2005.

Tan Sri Abdullah Ahmad. *Conversations with Tunku Abdul Rahman*. Singapore: Marshall Cavendish (Asia), 2016.

Tarling, Nicholas. *A Concise History of Southeast Asia*. New York: Praeger, 1966.

——. ed. *The Cambridge History of Southeast Asia*, Vol. 1: *From Early Times to c. 1800*. Cambridge: Cambridge University Press, 1992.

——. *The Cambridge History of Southeast Asia*, Vol. 2: *The Nineteenth and Twentieth Centuries*. Cambridge: Cambridge University Press, 1992.

Techakanont, Kriengkrai. "Thailand Automotive Parts Industry" , in *Intermediate Goods Trade in East Asia: Economic Deepening through FTAs/EPAs, BRC Research Report No. 5*, ed. M. Kagami. Bangkok: Bangkok Research Centre, IDE-JETRO, 2011.

Termsak Chalermpalanupap. "In Defence of the ASEAN Charter" , in *The Making of the ASEAN Charter*, ed. T. Koh, R.G. Manalo and W.C. Woon. Singapore: World Scientifi c, 2009, pp. 117-36.

Thayer, Philip Warren, ed., *Southeast Asia in the Coming World*. Baltimore: Johns Hopkins Press, 1971.

Theparat, Chatrudee. "Tokyo to Help with EastWest Rail Link" , *Bangkok Post*, 28 Jan. 2015. http://www.bangkokpost.com/news/general/460975/Tokyo-to-help-with-east-west-rail-link/, accessed 12 Oct. 2016.

Trotman, Andrew. "Angela Merkel: Greece Should Never Have Been Allowed in the Euro" , *The Telegraph*, 27

Aug. 2013. http://www.telegraph.co.uk/finance/financialcrisis/10269893/Angela-Merkel-Greece-should-never-have-been-allowed-in-the-euro.html/, accessed 12 Oct. 2016.

Tun Razak, “Our Destiny” , *Straits Times*, 7 Aug. 1968. http://eresources.nlb.gov.sg/newspapers/Digitised/Article/straitstimes19680807-1.2.3.aspx/, accessed 12 Oct. 2016.

United Nations Conference on Trade and Development Statistics. http://unctadstat.unctad.org/, accessed 9 Apr. 2016.

van Leur, Jacob Cornelis. *Indonesian Trade and Society: Essays in Asian Social and Economic History*. The Hague: W. Van Horve, 1967.

Var, Veasna. “Cambodia Should Be Cautious When It Comes to Chinese Aid” , *East Asia Forum*, 9 July 2016. http://www.eastasiaforum.org/2016/07/09/Cambodia-should-be-cautious-when-it-comes-to-Chinese-aid/, accessed 13 Oct. 2016.

Vines, Stephen. “Vietnam Joins ASEAN Grouping” , *The Independent*, 29 July 1995. http://www.independent.co.uk/news/world/Vietnam-joins-asean-grouping-1593712.html, accessed 14 Oct. 2016.

Viviano, Frank. “China's Great Armada, Admiral Zheng He” , *National Geographic*, July 2005. http://ngm.nationalgeographic.com/features/world/asia/china/zheng-he-text/, accessed 12 Oct. 2016.

Walton, Gregory. “Sarcasm Gives Call Centres in Manila the Edge” , *The Telegraph*, 9 Mar. 2015. http://www.telegraph.co.uk/news/newstopics/howaboutthat/11460424/Sarcasm-gives-call-centres-in-Manila-the-edge.html, accessed 13 Oct. 2016.

Wanandi, Jusuf. *Shades of Grey: A Political Memoir of Modern Indonesia 1965-1998*. Singapore: Equinox Publishing, 2012.

Wang Gungwu. “Ming Foreign Relations: Southeast Asia” , in *The Cambridge History of China*, ed. Denis Twitchett . Cambridge: Cambridge University Press, 1998.

——, “Singapore's ‘Chinese Dilemma' as China Rises” , *Straits Times*, 1 June 2015.

Wang Gungwu and Ooi Kee Beng. *The Eurasian Core and Its Edges: Dialogues with Wang Gungwu on the History of the World*. Singapore: Institute of Southeast Asian Studies, 2014.

Weatherbee, Donald. *International Relations in Southeast Asia: The Struggle for Autonomy*, 2nd ed. Plymouth:

Rowman & Littlefield, 2009.

Weidenbaum, Murray. *One-Armed Economist: On the Intersection of Business and Government*. New Brunswick and London: Transaction Publishers, 2005.

Weiss, Thomas G., D. Conor Seyle and Kelsey Coolidge. “The Rise of Non-State Actors in Global Governance: Opportunities and Limitations”. One Earth Future Foundation, 2013. http://acuns.org/wp-content/uploads/2013/11/gg-weiss.pdf, accessed 13 Oct. 2016.

Wertheim, W.F. *Indonesian Society in Transition: A Study of Social Change*. The Hague: W. Van Hoeve, 1959.

Wichberg, E. *Early Chinese Economic Influence in the Philippines, 1850-1898*. Lawrence: Center for East Asian Studies, University of Kansas, 1962.

Wilkinson, R.J. “The Capture of Malacca, A.D. 1511”, *Journal of the Straits Branch of the Royal Asiatic Society* 61 (1912): 71-6.

Wolf, Martin. “Donald Trump Embodies How Great Republics Meet Their End”, *Financial Times*, 2 Mar. 2016. http://www.ft.com/cms/s/2/743d91b8-df8d-11e5-b67f-a61732c1d025.html#axzz4Kxj87a3R/, accessed 12 Oct. 2016.

Woon, Walter C.M. *The ASEAN Charter: A Commentary*. Singapore: NUS Press, 2015.

Wright, Robin. “How the Curse of Sykes-Picot Still Haunts the Middle East”, *New Yorker*, 20 Apr. 2016. http://www.newyorker.com/news/news-desk/how-the-curse-of-sykes-picot-still-haunts-the-middle-east/, accessed 12 Oct. 2016.

Xi Jinping, “Promote Friendship between Our People and Work Together to Build a Bright Future”, 7 Sept. 2013. http://www.fmprc.gov.cn/mfa_eng/wjdt_665385/zyjh_665391/t1078088.shtml, accessed 9 Nov. 2016.

Xuanzang, *The Great Tang Dynasty Record of the Western Regions*, trans. Li Rongxi. Berkeley: Numata Center for Buddhist Translation and Research, 1995.

Yegar, Moshe. *The Muslims of Burma: A Study of a Minority Group*. Wiesbaden: Otto Harrassowitz , 1972.

Yu, Sheng, Hsiao Chink Tang and Xu Xinpeng. “The Impact of ACFTA on People's Republic of China-ASEAN Trade: Estimates Based on an Extended Gravity Model for Component Trade”, Asian Development Bank, July 2012. https://www.adb.org/contact/tang-hsiao-chink, accessed 12 Oct. 2016.

Zaccheus, Melody. “Five Things to Know about the New Indian Heritage Centre”, *Straits Times*, 8 May 2015.

http://www.straitstimes.com/singapore/five-things-to-know-about-the-new-indian-heritage-centre/, accessed 12Oct. 2016.

Zakaria, Fareed. "America's Self-destructive Whites", *Washington Post*, 31 Dec. 2015. https://www.washingtonpost.com/opinions/Americas-self-destructive-whites/2015/12/31/5017f958-afdc-11e5-9ab0-884d1cc4b33e_story.html/, accessed 12 Oct. 2016.

Zhao, Hong. "China-Myanmar Energy Cooperation and Its Regional Implications", *Journal of Current Southeast Asian Affairs* 30, 4 (2011): 89-109. http://journals.sub.uni-hamburg.de/giga/jsaa/article/view/502, accessed 14 Oct. 2016.

Zheng Bijian. "China's 'Peaceful Rise' to Great-Power Status", *Foreign Affairs,* Sept./Oct. 2005. https://www.foreignaffairs.com/articles/asia/2005-09-01/chinas-peaceful-rise-great-power-status/, accessed 12 Oct. 2016.

Zheng Yongnian and John Wong, eds. *Goh Keng Swee on China: Selected Essays*. Singapore: World Scientific, 2012.

解讀東協

前進東協，你不可不知道的經濟、政治、歷史背景，以及現況與未來

THE ASEAN MIRACLE：A Catalyst for Peace

作　　者　馬凱碩 & 孫合記（Kishore Mahbubani & Jeffery Sng）
譯　　者　翟崑、王麗娜等
審 定 人　徐遵慈
責任編輯　汪若蘭
內文構成　賴姵伶
封面設計　生形設計
行銷企畫　許凱鈞

發 行 人　王榮文
出版發行　遠流出版事業股份有限公司
地　　址　臺北市南昌路 2 段 81 號 6 樓
客服電話　02-2392-6899
傳　　真　02-2392-6658
郵　　撥　0189456-1
著作權顧問　蕭雄淋律師

2017 年 8 月 5 日　初版一刷
定　　價　平裝新台幣 340 元（如有缺頁或破損，請寄回更換）

ISBN 978-957-32-8017-0
遠流博識網 http://www.ylib.com E-mail: ylib@ylib.com

本書由遠流出版事業股份有限公司與財團法人中華經濟研究院台灣東南亞國家協會研究中心合作出版
本書譯稿由北京大學出版社有限公司授權出版
The ASEAN Miracle: A Catalyst for Peace
by Kishore Mahbubani and Jeffery Sng

First published in Singapore by NUS Press

國家圖書館出版品預行編目 (CIP) 資料

解讀東協：前進東協，你不可不知道的經濟、政治、歷史背景，以及現況與未來 / 馬凱碩 (Kishore Mahbubani), 孫合記 (Jeffery Sng) 著；翟崑、王麗娜等譯. -- 初版. -- 臺北市：遠流, 2017.08
面；　公分
譯自：The ASEAN miracle
ISBN 978-957-32-8017-0(平裝)
1. 東協區域論壇 2. 政治經濟分析 3. 文集
578.19307　　106009063

THE ASEAN MIRACLE :
a Catalyst for Peace